약자를 위한 경제학

약자를 위한 경제학
이정우의 강의실 밖 경제 산책

2014년 2월 28일 초판 1쇄
2015년 3월 13일 초판 3쇄

지은이 | 이정우

편 집 | 김희중, 이민재
디자인 | 이창욱
제 작 | 영신사

펴낸이 | 장의덕
펴낸곳 | 도서출판 개마고원
등 록 | 1989년 9월 4일 제2-877호
주 소 | 경기도 고양시 일산동구 호수로 662 삼성라끄빌 1018호
전 화 | (031) 907-1012, 1018
팩 스 | (031) 907-1044
이메일 | webmaster@kaema.co.kr

ISBN 978-89-5769-232-5 03320
ⓒ 이정우, 2014. Printed in Goyang, Korea

약자를 위한 경제학

이정우 지음

개마고원

머리말

이 책은 오랜 난산 끝에 나왔다. 『한겨레』에 '이정우의 경제이야기'라는 칼럼을 연재하기 시작한 것이 2008년 가을 미국발 금융위기 직후였고, 글을 끝낸 것이 2011년 여름이었다. 3년 동안 매주 그때그때 사람들의 주목을 받는 경제현안을 골라 칼럼을 쓰는 것은 여간 어려운 일이 아니었다. 사람들이 경제 글은 딱딱하고 재미없다고들 하기 때문에 가급적 역사적, 인문학적 향기가 나는 글을 쓰려고 노력했는데 이건 더더구나 쉬운 일이 아니었다. 그때는 1주일이 얼마나 빨리 돌아왔는지!

칼럼이 신문에 실리는 것이 월요일, 원고 마감이 일요일 낮이었기 때문에 3년간 일요일 점심을 제때 먹어본 적이 없다. 마지막 순간에 글을 고치고 다듬고 하다 보면 오후 3시가 넘어서야 겨우 점심을 먹을 수 있었다. 아내도 경제학자는 아니지만 시민의 눈높이에서 글을 읽고 수정해주느라 무던히 애를 썼다. 그런 생활을 3년 만에 끝내고 나니 정말 속이 후련했다.

그 뒤 글을 묶어 바로 책으로 내려고 했는데, 이런저런 이유로 늦어졌다. 무엇보다 나의 게으름 때문이지만 변명하자면 격변하는 경제 현실, 그리고 2012년 대선도 발목을 잡았다. 세상은 자꾸 바뀌는데 책 출판이 늦어지니 원래 썼던 글이 시대에 안 맞는 게 많아졌다. 아깝지만 많은 칼럼을 버렸고, 남은 칼럼도 최신 자료를 찾아 수정, 보완했다. 출판이 늦어진 대신 좋은 점도 있다. 지면 제한이 없어진 만큼 필요한 내용을 마음대로 보충해 넣을 수 있었다. 책의 완결성을 높이기 위해 독일·프랑스·이탈리아·러시아 경제, 마거릿 대처 등에 대한 내용을 새로 추가했다.

글의 내용이 대체로 강대국이나 경제적 강자의 횡포를 고발하고, 약소국이나 경제적 약자를 옹호하는 경향이 뚜렷해서 책 제목을 『약자를 위한 경제학』이라 정했다. 원래 칼럼을 쓸 때 그런 의도를 갖고 쓴 건 아닌데, 지금 보니 그런 글이 대부분이다. 아무래도 평소 나의 성향이 그대로 글에 반영된 것 같다. 세상은 넓고 경제학자는 많은데, 보수파가 대부분이다. 미국도 그렇고 한국도 그렇다. 그러다 보니 약자들을 도와줄 경제학자가 드물다. 억울한 일을 당하는 건 주로 약자들인데, 이들은 문제 해결은커녕 하소연조차 어렵다. 이런 불균형은 바로잡아야 한다.

선뜻 이 책의 출판을 맡아준 출판사 개마고원에 감사드린다. 김희중, 이민재 두 민완 편집자가 적극 도와준 덕분에 참한 책이 나온 것은 천만다행이고 저자의 행운이다. 몇 년간의 노고가 담긴 책을 막상 출판하자니 시험공부 덜 하고 시험 치러 온 학생의 심정이다. 후회와 아쉬움이 남지만 이렇게 해서 인생의 한 고개를 넘는다. 아무쪼록 독자들의 아낌없는 비판과 질정을 바란다.

2014년 2월
매화꽃 피는 복현의 언덕에서
이정우

제2부 세계 경제의 흐름

제1장 미국의 그늘

제2장 유럽의 고민

제3장 떠오르는 아시아와 중남미에도 문제가…

제3부 한국 경제의 오늘

제1장 정치경제와 북한 경제

제2장 부동산, 재벌, 미시경제

제3장 노동·복지·교육의 경제학

1

경제의 세계,
세계의 경제

제1장
지금 우리의 경제

| 경쟁이냐 협력이냐 |

2009년 전국적으로 실시된 일제고사(국가수준 학업성취도 평가)에서 기초학력 미달 학생이 최저인 것으로 나타나서 칭송을 받았던 전북 임실 지역이 실은 조작을 한 것으로 드러나면서 '임실의 기적'이 '임실의 치욕'으로 바뀐 사건이 있었다. 그 전해에는 전국 일제고사 취지에 반대하는 일부 교사들이 시험을 치르는 대신 그 시간에 자율학습을 하도록 했다는 이유로 해직당하기도 했다. 전국의 모든 학생을 대상으로 일제히 치르는 학력고사가 과연 필요한가 하는 근본적 물음을 불러온 사건들이었다.

그러나 그로부터 다섯 해가 지나도록 일제고사는 살아남았다. 이 시험이 학교 간 과열경쟁과 줄세우기를 부추기고, 정규수업을 파행으로 몬다는 지적이 끊임없이 제기됐지만 초등학교만 그 대상에서 빠졌을 뿐 올 겨울방학에도 중고등학생들은 일제고사를 대비한 '나머지 공부'

에 돌입했다는 뉴스가 들린다.

전국적 학력고사를 찬성하는 사람들은 이런 경쟁적 평가를 통해 학생, 교사들이 스스로 실력을 점검해서 모자라는 부분을 보충하기 때문에 바람직하다고 주장한다. '경쟁'을 신주단지로 모시는 한국 정부의 교육철학은 이런 사고방식에 기초를 두고 있다. 경쟁을 통해서만이 교육에서 우월성을 확보할 수 있다는 것이다. 특히 이런 기조가 한층 더 노골화됐던 이명박 정부에서는 과거 여러 정권에서 온갖 비판에도 불구하고 지켜져왔던 대학입시 3불정책(고등학교 서열화 금지, 대학별 고사 금지, 기부금 입학 금지)이 경쟁의 논리 앞에서 흔들거렸다. 이미 일부 사립대에서는 3불정책의 명맥을 끊는 작업에 착수했다고 해도 결코 과언이 아니다. 물론 지금과 같은 세계화 시대에 시장의 논리, 경쟁의 논리는 일견 일리가 있어 보인다. 이런 상황에서 과연 경쟁을 반대하는 논리가 성립할 수 있을까?

사실 경쟁이냐 협력이냐 하는 철학적 논쟁은 오랜 역사를 갖고 있다. 무정부주의의 대가였던 러시아의 크로포트킨Pyotr Kropotkin은 1902년에 출간된 명저 『상호부조론Mutual Aid』을 통해서 동물과 인간은 때로는 경쟁을 하기도 하지만 기본적으로는 협조를 통해서 살아가는 존재라는 것을 밝혔다. 그는 이 책에서 다윈의 진화론을 사회현상에 확대적용하여 '적자생존'을 주장했던 19세기 말 보수적 철학자 허버트 스펜서Herbert Spencer류의 사회진화론에 반격을 가했다. 크로포트킨은 "만인에 대한 만인의 투쟁이 자연의 유일 법칙은 아니다. 상호 투쟁만큼이나 상호부조 역시 자연의 법칙이다"라고 주장했다. 크로포트킨은 서로 싸우는 개체보다는 서로 연대하고 돕는 개체들이 자연선택에서 더 잘 살아남는다는 것을 논증하는 수많은 예를 들었다. 개미·벌·딱정벌레·게·독수리에서부터 인간 세상에 이르기까지, 그리고 중세의 길드부터 현대의 노동조합까지 그가 드는 예는 무궁무진하다. 그는 사회성과 연대가 없는 종들은 결국 멸망에 이른다고 강력히 주장했다.

현대에도 이런 연구는 계속되고 있다. 1924년부터 1980년까지 경쟁과 협력의 효과를 비교한 결과 협력 쪽이 압도적으로 더 좋은 성과를 올린다는 보고가 있다. 경쟁적인 상황보다는 협력적인 상황에서 고품질의 제품이 만들어진다는 연구도 있다. 경쟁적·개인적 학습상황보다는 협력적·집단적 학습상황이 질적으로 보다 높은 인지방법을 개발하는 데 도움이 된다는 연구도 있다. 경쟁만이 우월성을 낳는 것은 아니다. 협동적 학습을 통해서 열등생뿐 아니라 우등생도 더 좋은 학업성과를 올린다는 연구도 있다.

PISA(국제학업성취도 비교평가)에서 한국을 제치고 항상 1등을 차지하는 핀란드는 우리와 교육을 보는 눈이 다르다. 핀란드 학교에서는 학생들의 석차를 매기지 않는다. 핀란드 교육당국은 학생들의 등수를 매긴다는 것 자체를 아예 하지 않을 뿐 아니라 그런 것은 불가능하다고 믿는다. 교육은 학생 각자가 자기의 능력을 개발하는 것이지 서로 다른 학생끼리 비교하고 서열을 매기는 것은 불가능하고 무의미하다고 생각한다. 덴마크에서도 7학년까지는 석차를 매기지 않는다.

그러나 우리는 어떤가. 등수 매기기, 한 줄로 세워서 욕보이기를 당연한 것으로 받아들이고 있지 않은가. 그것도 아직 나이가 너무도 어린 초등학교 아이들을 대상으로 그런 몹쓸 짓을 예사로 한다. 그러니 창피를 당하고 속상해하는 아이들이 너무 많이 나오는 것이 아닌가. 성적의 중압을 못 이긴 어린 영혼들이 매년 여럿 우리 곁을 떠나고 있다. 한때 유행하던 "세상은 2등을 기억하지 않습니다"라는 광고만큼 경쟁의 비인간성을 보여주는 표현이 또 있을까. 같은 반 친구끼리 공책도 빌려주지 않는 살벌한 과잉경쟁의 교실 분위기를 더욱 조장하는 일제고사는 정말 곤란하다. 학교는 경쟁의 장이 아니라 협동의 장이 돼야 한다.

'싹쓸이 사회'의 경제학

미국에서 발생한 금융위기가 일파만파로 번지면서 세계를 공포의 도가니로 몰아넣었다. 여러 해가 지났음에도 회복은 더디기만 하다. 가장 억울한 것은 이 사건에 별 책임이 없는 후진국의 빈민층이 집중 피해를 입고 있다는 사실이다. 이번 위기의 가장 큰 원인은 미국, 영국의 금융계와 정책당국이 시장만능주의에 도취되어 꼭 필요한 규제조차 생략하고 완화해버린 것에 있다는 데 많은 경제학자들이 동의하고 있다. 그래서 시장만능주의에 대한 비판이 거세다.

덧붙여 상궤를 벗어난 기업 내부 보상제도 역시 주연은 아니라 하더라도 조연 정도의 역할은 한 것으로 보인다. 각국 보상제도의 차이를 보여주는 하나의 지표로 회사의 사장과 일반 사원 사이의 소득격차를 들 수 있다. 이 값은 원래 미국에서는 20~30:1 정도로 예를 들어 6:1밖에 안 되는 평등국가 일본과 비교하면 꽤 높다고들 이야기하고 있었다. 사회주의국가들은 본래 평등을 추구하므로 당연히 격차가 낮았는데, 오래전 중국·쿠바·유고슬라비아에서는 약속이나 한 듯 모두 한 조직 안의 소득격차 상한을 3:1에 놓고 그 달성을 위해서 정책적인 노력을 기울이던 시절도 있었다. 실패로 돌아갔지만 중국의 대약진운동이나 문화대혁명, 그리고 쿠바의 1960년대 이른바 '혁명적 공세Revolutionary Offensive' 시기 등이 모두 그러했다.

미국 대기업에서 이 지표의 값은 지난 30년 동안 꾸준한 상승 경향을 보여 왔다. 특히 최근 가파른 상승으로 거의 400:1에 이르렀고, 극심한 경우에는 1만:1이 넘는 회사도 있어서 과거와는 완전히 다른 세상을 연출하고 있다. 연봉뿐만 아니라 임원들에게 주어지는 특혜인 스톡 옵션stock options이라는 대박 인센티브까지 감안하면 실제 소득격차는 이보다 훨씬 더 크다. 전통적으로 소득편차가 큰 직종인 배우·가수·스포츠 스타뿐만 아니라 재계까지 보상체계가 극심한 불평등을 보이니 미국 전체가 '모 아니면 도' 식으로 '싹쓸이 사회Winner-Take-It-All Society'라는 향기롭지 못한 별명을 갖게 되었다.

각종 기발한 금융파생상품이 다투어 개발된 것도 천문학적 크기의 물질적 인센티브가 있었기 때문에 나타난 현상이다. 2008년 금융위기가 발생한 것도 이런 불평등한 보상체제가 촉발한 면이 있다. 엄청난 보상이 눈앞에 아른거리는데, 이성을 발휘할 수 있는 냉철한 기업가, 금융인이 과연 몇 명이나 있을까. "큰 상 밑에는 반드시 용감한 사나이가 나타난다重賞之下必有勇夫"는 옛말이 있지만 용감을 지나쳐 반칙을 불사하는 풍조는 곤란하다. 금세기 초 세상을 뒤흔들었던 미국의 엔론, 월드컴의 분식회계 사건도 따져 보면 0이 몇 개인지 한참 헤아려야 하는 거액의 스톡 옵션의 유혹 앞에서 이성이 마비되어 일어난 사건이었다.

이번 금융위기를 해결하기 위해 금융개혁과 규제 강화가 필요함은 두말할 필요도 없거니와, 미국 경영진의 과도한 보상 또한 어느 정도 수술이 불가피하다. 독일 사민당의 대표로 총리직을 놓고 메르켈과 경쟁했던 페어 슈타인브뤽은 독일 재무장관 시절 부실 금융기관에 구제금융을 주는 조건으로 임원 연봉을 50만 유로 이하로 묶자고 제안한 바 있다. 이 제안이 범람한 시장만능주의에 별다른 영향을 끼치진 못할 것이다. 그러나 정도를 한참 벗어난 싹쓸이 사회를 조금이라도 교정하기 위해선 마땅히 경청할 만한 제안인 것도 분명하다.

'종신고용'의 위기와 '살아남은 자의 슬픔'

2008년 이후 세계경제가 깊은 장기불황에 빠져들면서 도처에서 들리는 것은 감원, 해고 등 우울한 소식뿐이다. 한 번 취직하면 그 회사에

뼈를 묻는 '종신고용'의 전통을 자랑하던 일본에서조차 심심찮게 대량 해고 뉴스가 들려온다. 카메라를 만드는 세계적 기업인 캐논은 경쟁업체 소니가 대량감원을 하던 1990년대, 이른바 '잃어버린 10년' 기간에도 한 명도 해고를 하지 않고 버틴 회사였는데, 이번 경제위기 앞에선 드디어 해고의 칼을 뽑아들었다. 토요타자동차는 10여 년 전 신용평가회사 무디스가 "종신고용제도를 유지하는 한 토요타의 장래는 어둡다"며 신용등급을 낮출 때에도 버티면서 종신고용 관행을 고수했지만 결국 국내외에서 6000명을 해고하고 말았다. 세계적 경제위기를 맞아 일본 고유의 경영관행인 '종신고용' 제도가 위기를 맞고 있는 것이다.

세상 일이라는 게 돌고 도는 것인지 과거 일본경제가 고도성장을 구가하고 있을 때는 종신고용 관행이 성장의 원동력이라고 찬양하는 주장이 주류였다. 일본의 전후 경제기적을 일으킨 공로자를 찾는 여러 가설이 있지만 그중 하나는 일본 노동시장의 세 가지 특징에서 찾는 소위 '3종의 신기神器' 가설이다. 종신고용, 연공임금, 그리고 기업별 노조가 그것이다. 이것은 서양의 노동시장에서는 보이지 않는 일본 특유의 전통으로, 이런 전통이 언제부터 생겼나 하는 것에 대해서는 또 여러 가지 학설이 있다. 아무튼 종신고용은 일본의 고도성장을 가져온 하나의 비결로 치부되고 있었는데, 한때 칭송받던 종신고용이 지금은 애물단지가 되어버렸으니 자못 금석지감이 있다.

말이야 종신고용이라 하지만 실제 종신고용 제도의 전성기에도 그대상은 일본의 전체 노동자가 아니고, 대기업의 남자 노동자만 해당되었다. 또한 문자 그대로 종신고용은 아니고, 50대 중반까지 고용을 보장해주되 그 뒤에는 그 기업의 방계 중소기업으로 옮겨가서 종전보다는 낮은 보수를 받고 몇 년 더 일하는 것이 관행이었다. 그렇다 하더라도 서구와 비교했을 때 일본의 장기고용 경향과 높은 고용 안정성은 틀림없는 사실이었다.

장기고용이 보장되면 노동자들이 장기적 시야를 갖고 회사에 필요한 기술을 연마하므로 생산성 향상이 빠르다는 장점이 있다. 따라서 일본경제의 고생산성의 비결이 종신고용에 있다고 보는 것도 충분히 일리가 있다. 반대로 해고를 남발하는 회사에서는 노사간에 신뢰가 깨지고, 노동자들은 살아남기 위한 약삭빠른 행동 즉 단기적·전략적 행동에 몰두하므로 장기적으로 생산성 향상을 저해하는 경우가 많다. 더구나 해고의 칼날에서 살아남은 노동자들은 쫓겨난 동료에 대한 미안함과 죄책감, 즉 '살아남은 자의 슬픔'에 빠져 인간관계가 나빠지며, 생산성이 지체된다고 보는 연구가 있다. 실제로 감원과 구조조정을 남발하는 회사가 심각한 내부 갈등에 시달리는 경우가 비일비재하다. 이런 점을 다 감안하면 해고는 결코 능사가 아님을 알 수 있다. 급할수록 돌아가라는 격언도 있듯이 어려울 때일수록 인간존중의 경영철학을 되새길 필요가 있다.

물론 나는 알고 있다.

오직 운이 좋았던 덕택에

나는 그 많은 친구들보다 오래 살아남았다.

그러나 지난 밤 꿈속에서

이 친구들이 나에 대하여 이야기하는 소리가 들려 왔다.

'강한 자는 살아남는다.'

그러자 나는 자신이 미워졌다.

—베르톨트 브레히트, 「살아남은 자의 슬픔」 中

대공황, 유효수요와 케인즈

　1929년 10월 미국 주식시장의 주가 폭락으로 시작한 대공황the Great Depression은 미국의 국민소득을 2/3로 줄이고, 실업률을 25%로 높여놓은 미증유의 경제적 재난이었다. 성인 네 사람 중 한 사람이 실업자이니 미국 자본주의가 휘청거릴 정도의 위기였다. 1930년대에는 미국뿐만 아니고 전세계가 불황에 빠졌다. 맑스경제학자들은 드디어 자본주의의 일반적 위기가 도래했다고 진단했다. 이런 큰 재앙 앞에 당시 정통파 경제학자들은 대책다운 대책을 내놓지 못했다.

　왜 그런가? 정통파 경제학자들은 "공급은 그 스스로의 수요를 창조한다"는 '세이의 법칙'을 굳게 신봉하고 있었는데, 이 법칙에 의하면 물건을 생산해놓으면 다 팔리게 되어 있기 때문에 공황 따위는 애당초 있을 수 없다. 이런 판에 갑자기 대공황이 발발하자 경제학자들은 속수무책이었고, 각국 정부는 어찌할 바를 몰라 우왕좌왕하고만 있었다.

그저 시간이 가면 해결될 것이라든가, 실업자가 많으니 임금을 인하해야 하는데 노조가 이를 거부하는 게 문제라고 한탄하든가, 어려운 때일수록 정부가 허리끈을 졸라매고 균형재정을 해야 한다고 주장할 뿐이었다. 세상이 무너지는데 아무런 답을 내놓지 못하는 경제학의 무능이 여지없이 폭로됐다. 이 시기는 자본주의의 위기이자 경제학의 위기였다.

대공황이 일시적 교란이며 장기적으로는 시장메커니즘이 작동해서 다 해결될 것이라는 정통파 경제학자들의 낙관에 '장기에는 우리는 다 죽고 없다In the long run, we are all dead'라는 말로 일갈한 이가 있다. 대공황기에 자본주의의 구원투수로 등장한 영국의 경제학자 케인즈John Maynard Keynes(1883~1946)였다.

케인즈는 불황의 원인을 유효수요의 부족에 있다고 진단했다. 불황에 대한 타개책도 당연히 유효수요 증대가 될 수밖에 없다. 유효수요는 소비·투자·정부지출로 구성되는데, 불황기에는 사람들이 구매력이 없으니 소비 증가는 기대할 수 없고, 물건이 안 팔리고 재고가 쌓이는 불황 때 기업이 투자를 할 리도 없다. 그러니 정부가 나서서 적극적으로 지출을 늘리라고 요구했다. 정통파 경제학자들은 경제가 위기일수록 정부가 허리끈을 졸라매라고 권고했는데, 케인즈는 정반대를 주장한 것이고 그 점에서 케인즈의 사고방식은 혁명적이었다.

1930년대는 작은 정부, 건전재정이 신성불가침한 진리로 여겨지고 있던 시대였다. 사실 정통적 사상은 대공황이란 위기를 맞아 문제 해결에 도움은커녕 오히려 유해한 사고방식이었다. 미국의 후버 대통령은 대공황에 떨고 있는 국민을 위로차 연설을 하고 다닌 것까지는 좋았는데, 연설 요지가 '어려운 때일수록 근검절약해야 한다'는 내용이어서 오히려 유효수요를 줄이고 사태를 악화시키는 것이었다. 대공황을 맞아 실제로 그가 채택한 정책도 소득세 인상, 정부지출 축소로 유효수요를 감퇴시키는 오답이었다.

이런 상황에서 유효수요의 부족이란 개념을 가지고 공황을 설명하고, 정부가 앞장서서 유효수요를 진작하라고 정부의 적극적 역할을 주문하고 나선 경제학자가 케인즈였던 것이다. 유효수요 원리를 잘 보여주는 삽화 한 토막을 소개해보자. 대공황 때 실직한 광부와 어린 아들의 대화다.

> 아들: 아빠, 날씨가 이렇게 추운데 왜 난로에 불을 안 피워요?
> 아버지: 아빠가 실직을 해서 석탄 살 돈이 없단다.
> 아들: 왜 실직을 했는데요?
> 아버지: 사람들이 석탄을 안 때서 그렇지.

케인즈는 유효수요를 살리기 위해서 적자재정정책 등 국가의 적극적 역할을 요구했다. 심지어 땅을 파고 돈을 묻은 뒤 다시 파내 가도록 하는 일견 바보처럼 보이는 조치조차 안 하는 것보다는 낫다고 말했다. 몇 년 전 일본의 아소 다로 총리는 국민 1인당 1만2000엔씩 나누어 주는 경기부양책을 추진하기도 했는데, 이 역시 좀 우습지만 원리적으로는 케인즈적 발상이다.

케인즈주의에 대한 구소련 시절 유머 하나. 어느 외국인 관광객이 모스크바 시내를 걷다 보니 노동자 두 명이 일을 하는데, 한 명은 땅을 파고, 다른 한 명은 흙을 도로 묻고는 다시 옆으로 옮겨 똑같은 일을 반복하는 것이었다. 외국인은 이걸 보고 호기심이 발동해서 물었다. "당신들 혹시 케인즈주의자입니까?" 그러자 소련 노동자가 답했다. "케인즈주의가 뭔데요? 우리는 원래 3명이 한 조로 나무를 심는 일을 하는데, 오늘 나무를 심는 친구가 아파서 안 나왔답니다." 계획경제의 경직성, 비합리성을 풍자하는 유머다.

돌이켜 보면 시장메커니즘에 대한 신뢰, 수요와 공급이 모든 문제를 해결하리라는 믿음, 이것이 케인즈 이전 정통파경제학의 금과옥조였다. 이런 믿음이 대공황 앞에서 여지없이 무너져내렸다. 대공황에 속수무책인 고전파경제학은 뒷전으로 밀려나고, 케인즈경제학이 시대의 총아로 등장했다. 경제학의 패러다임이 근본적으로 바뀌게 됐는데 이를 가리켜 케인즈혁명the Keynesian Revolution이라고 부른다. 2차대전 이후 경제학은 케인즈경제학이 주류를 이루게 됐다. 경제를 시장에만 맡기지 않고 정부가 해결한다고 하는 사고방식, 이것이 케인즈주의의 핵심이다.

2차대전이 끝난 뒤 시간이 지나면서 경제학계의 판도가 다시 요동치게 된다. 즉, 거시경제학에서는 새로 등장한 케인즈경제학이 맞고, 케인즈경제학에 의해 실업 문제가 해결되고 완전고용이 달성되고 나면 미시경제학에서는 종래 정통파경제학(신고전파경제학이라고 부른다)의 정당성이 다시 회복된다는 주장이 나오게 된다. 그래서 거시는 케인즈경제학, 미시는 신고전파경제학, 이 둘을 종합하면 완전한 경제학 체계가 성립한다는 주장이 등장했다. 이를 신고전파종합neoclassical synthesis이라 부르는데, 이것이 현대의 주류경제학이 됐다. 신고전파종합을 주창한 대표적 학자가 미국 경제학계의 대부 폴 새뮤얼슨이다.

그런데 이게 과연 맞나 하는 의문이 든다. 왜냐하면 케인즈경제학은 원래 신고전파경제학을 정면으로 비판하고, 그것을 해체하면서 등장한 것인데, 나중에는 결국 '적과의 동침'을 하는 이상한 모습이 됐기 때문이다. 그래서 케인즈가 있던 영국 케임브리지대학에서는 신고전파종합을 인정하지 않으려는 태도를 보인다. 자기들이야말로 정통 케인즈파이고, 미국의 신고전파종합은 서출庶出케인즈파bastard Keynesians라고 경멸적으로 부르는 것이다.

친기업이 친경제는 아니다

박근혜 대통령은 취임 첫해 전경련을 방문한 자리에서 '비즈니스 프렌들리'를 선언했다. 당선인 시절까지만 해도 대기업에 정리해고 자제와 골목상권 보호를 요구하며 겉으로나마 '경제민주화'를 말했던 대통령의 모습은 간데없었다. 예상 못한 바는 아니지만 그 누구보다 '원칙과 신뢰'를 내세우던 정치인의 핑계 한마디 없는 표변이라 적잖이 당황스럽다. 요즘은 대통령이 앞장서서 규제완화를 통한 일자리 창출을 강조하는데, 번지수가 틀렸다. 실은 한국은 규제가 많은 나라가 아니다. 세계은행이 매년 발표하는 기업하기 좋은 나라Doing Business 순위에서 한국은 2013년 현재 세계 7위에 올라 있는 나라다. 한국이 세계 7위 하는 게 이것 말고 또 있는가?

한국에서 '비즈니스 프렌들리'라는 말을 처음 유행시킨 사람은 이명박 전 대통령이다. 이명박 대통령은 취임 후 줄곧 친기업·반노조의 태도로 일관했다. 취임 초기 대통령 직통전화 번호를 기업가 100여 명에게 알려주는 파격을 보이더니 그 뒤 파업중인 철도공사를 방문해서 반노조 발언을 예사로 하기도 했다. 대통령의 철학이 이러니 철도공사, 한국노동연구원 등에서 사용자 측이 필요 이상으로 강경한 태도를 고수해서 노사분규가 오래 끌었다. 그 결과 철도공사에서는 파업으로, 한국노동연구원에서는 직장폐쇄로 엄청난 분란과 손실이 발생했다. 얼핏 생각하면 대통령의 친기업·반노조 철학이 경제에 도움이 되는 것처럼 보이지만 실제로는 전혀 그렇지 않다. 오히려 친기업·반노조가 경제를 망친 사례가 많다.

미국에서 가장 존경받는 대통령들의 공통점은 이상하게 들릴지 모르지만 반기업적 태도다. 미국의 사우스 다코타주의 러시모어 산에는 미국 대통령 네 명의 얼굴이 18미터 높이로 새겨져 있는데, 그것은 초대 대통령 워싱턴, 3대 제퍼슨, 16대 링컨, 26대 T. 루즈벨트다. 이들 대통령의 공통점은 부자와 기업에 비판적이었다는 점이다. 제퍼슨은 "금융계는 군대보다 더 위험하다"라고 했다. 링컨은 "노동은 자본에 선행하며 독립적이다. 자본은 노동의 아들이며, 노동 없이는 애당초 존재조차 않을 것이다. 노동은 자본보다 우위이며, 더 우대받을 자격이 있다"라고 친노동적 발언을 했다. 링컨이 암살되었을 때 부통령이었으며, 그의 뒤를 이어 대통령직을 수행한 앤드루 존슨은 임기를 마치고 백악관을 떠나면서 "우리가 다음에 싸워야 할 전쟁은 금융과의 전쟁이다"라고 술회했다. 시어도어 루즈벨트는 "이 세상에는 두 종류의 부자가 있다. 범죄자 부자와 바보 부자"라고 반부자 발언을 했고, 그는 대통령이 되기 전이나 후나 항상 대기업과 정면으로 싸웠기 때문에 '독점분쇄자Trust Buster'란 별명을 갖고 있다.

이들과 반대쪽에 친기업적 대통령들이 있다. 친기업적 대통령 중에서 존경받는 대통령은 거의 없다. 1884년 민주당 클리블랜드가 대통령에 취임하자 재계에서는 공화당보다 반기업적이지 않을까 걱정했다. 그러자 클리블랜드는 "제가 대통령으로 있는 한 정부 정책으로 피해를 입는 기업은 전혀 없을 것입니다. 정권이 바뀐다고 혼란이 발생하지 않을 것입니다"라고 안심시켰다. 그는 임기 내내 친기업으로 일관하며 실업자 시위와 철도 파업을 군대를 투입해서 진압했다. 농민들의 약소한 구제기금 안건에 대해서는 거부권을 행사하면서 국채를 소유한 부자들에게는 4500만 달러를 선물했다. 친기업 대통령은 주로 공화당이 많은데, 1920년대의 하딩·쿨리지·후버 그리고 근래의 레이건과 부시 부자가 손꼽힌다. 친기업적 대통령들은 임기 중 경제성적이 나빴고, 심지어 대공황과 경제위기를 일으킨 장본인들이기도 하다.

친기업이 거꾸로 경제를 망치고, 반기업이 경제를 살린다는 역설적 현상은 깊이 음미해볼 만한 가치가 있다. 친기업을 표방한 한국의 대통령이 이런 역사를 안다면 혹시 정책 방향이 조금이라도 달라질는지 궁금하다.

공정무역이란 무엇인가?

매년 5월 둘째주 토요일은 '세계 공정무역의 날'이다. 공정무역이란 가난한 나라의 생산자들이 억울하게 착취당하는 일을 줄이고 국제무역에서 공정을 실현하자는 운동이다. 후진국 생산자·노동자들의 권리를 신장하고, 그들에게 보다 유리한 교역조건을 제공함으로써 빈곤을 줄일 뿐 아니라 생산방법에서도 생태계 파괴를 줄이는 방향으로 유도함으로써 지속적 발전에 기여한다는 다목적 운동이다. 가급적 중간상인의 개입을 줄이고, 생산자와 소비자를 직접 연결함으로써 생산자들에게 한 푼이라도 더 돌아가도록 노력한다. 일반 제품과 식별하기 위해서이 운동에 참여한 제품에는 '공정무역'이란 인증 마크가 붙어 있다.

이 운동은 1940년대 일부 종교단체와 시민단체에서 후진국의 공예품을 교회나 바자회에서 팔아주는 데서 시작됐다. 1960년대 들어서는 세계적으로 상승세를 타던 급진적 학생운동, 지식인 운동과 결합하면서 반제국주의적 성격이 가미됐다. 당시 국제연합무역개발기구UNCTAD가 '원조 대신 무역Trade, not Aid'이란 구호를 채택했고, 이 말이 유행어 비슷하게 된 것도 공정무역 운동에 힘을 보태줬다.

1980년대에 오면서 종래의 공예품 사주기 운동은 한계에 도달했는데, 그 대신 차·커피·코코아·설탕·바나나 등 1차산품을 제값에 사주자는 운동으로 중심이 바뀌면서 큰 동력을 얻게 됐다. 그때까지만 해도 공정무역의 8할이 공예품이었는데, 지금은 역전되어 농산물 등 1차산품이 7할 이상을 차지한다. 1차산품은 1970년대 이후 공급과잉으로 가격이 장기 하락 추세에 있다. 가격이 떨어지니 후진국 농민들은 빈곤을 벗어나 보려고 더 많은 양을 시장에 내다팔았고, 이는 공급과잉을 더욱 부추겨 가격을 더 크게 하락시키는 악순환을 일으켰다. 그 바람에 설탕·커피·코코아 등의 가격은 30~60%나 하락했다.

이 운동을 비판하는 학자들은 이 운동이 일종의 가격하한제price floor로서 농산물의 가격을 올리는 역할을 하는데, 가격 상승의 결과로 공급이 증가하고 따라서 가격이 다시 하락하는 악순환에 빠지지 않을까 걱정한다.

1차산품의 세계적 유통구조에도 문제가 많다. 세계에서 1년에 4000억 잔의 커피가 소비된다고 하는데, 커피 한 잔의 가격 구성을 분석해 보면 유통 마지막 단계인 소매점이 25%를, 수출업자가 10%를 가져간다. 세계 커피 무역의 3/4을 지배하는 네슬레Nestle, 크래프트Kraft, 제네럴푸드General Foods 등 거대 다국적기업이 제일 큰 몫인 55%를 가져간다. 이리저리 가져가고 나면 정작 땡볕에서 땀 흘리며 고생한 가난한 농민들의 몫은 1%도 안 된다. 50킬로그램짜리 커피콩 한 자루의 가격은 뉴욕이나 런던에서 팔리는 커피 가격으로 계산하면 1만3000달러인데, 생산지에서는 그 1/180에 불과한 70달러에 팔린다. 바나나도 3대 다국적 기업인 치키타Chiquita, 돌Dole, 델몬트Del Monte가 세계 무역의 2/3를 지배하고 있다.

이런 불공정한 현실을 타파하자는 것이 공정무역의 취지이므로 적극 공감할 만하다. 공정무역의 수혜자는 후진국의 생산자와 그 가족으로 750만 명 정도이고, 총 거래 액수는 2007년 현재 36억 달러로서 세계총무역의 0.01%에 불과할 정도로 아직은 미미하다. 그러나 연간 47%란 경이적인 속도로 성장하고 있으니 먼 장래에는 희망을 걸어볼 만하다.

착취를 줄이고, 생태계를 보호하자는 좋은 취지의 이 운동이 성공을 거둘지 우리 모두 관심을 갖고 지켜볼 필요가 있다. 나아가서 커피 한 잔을 마시더라도 가급적 공정무역 마크가 붙은 커피를 팔아주려는 성의를 가진다면 세상이 조금은 더 아름다워지지 않겠는가.

공포의 전염병과 '우울한 과학'

신종 인플루엔자가 다시 유행할 기세다. 이 질병은 앞서 2009년에도 세계인을 공포에 몰아넣은 바 있다. 당시 세계은행은 신종 인플루엔자로 인한 경제적 손실이 최대 3조 달러(약 3000~4000조 원), 즉 세계 총생산의 5%가 될 수 있다는 놀라운 예측을 내놓기도 했다. 그보다 몇 년

전에 '사스'라는 괴질로 인해 경제성장률이 떨어진 데서 보듯이 충분히 가능한 이야기다. 실제로 중국은 당시 감염원으로 지목된 미국산 돼지고기 수입을 금지하고 나섰고, 세계 무역과 인구 이동의 축소가 우려되기도 했다. 이런 괴질이 돌면 유달리 수출의존적인 한국경제는 다른 나라보다 큰 타격을 받게 된다. 사스가 한창 기승을 부릴 때인 2003년 5월 한국은행은 사스 요인만으로 성장률이 0.3%포인트 감소할 것이란 예상을 내놓았다. 또 아시아개발은행ADB은 사스가 성장률을 0.2%포인트 떨어뜨린 것으로 분석했다. 실제로 한국은 2002년 7%에 달했던 성장률이 2003년 3.1%로 뚝 떨어졌는데 이 중에는 '사스' 요인도 조금은 가미됐다고 볼 수 있다.

전염병이 인류에 재앙을 가져온 역사적 사례는 많지만 1347년부터 5년간 유럽을 휩쓴 흑사병black death만큼 참혹했던 것은 없다. 이 병은 중국 혹은 중앙아시아에서 발병한 뒤 무역 경로를 따라 유럽으로 전파된 것으로 추측된다. 사후 분석에 의하면 쥐벼룩을 통한 전염병인데, 당시로서는 병의 원인을 도무지 알 수 없어서 속수무책으로 당했다. 사망자 추정치가 적게는 2500만 명, 많게는 7500만 명이다. 당시 유럽 인구의 1/3 혹은 절반이 죽었다는 말이 된다. 독일·영국은 인구의 2할 정도가 사망해서 그래도 피해가 적은 편이었지만 이탈리아·프랑스·스페인 등 남부 유럽은 인구의 7할 이상이 죽어 그야말로 쑥대밭이 되었다. 당시 사람들은 이 병을 '떼죽음big death'이라고 불렀다.

알베르 카뮈Albert Camus의 소설 『페스트』가 흑사병에 직면한 인간의 다양한 모습을 다루었듯이 중세 유럽에서 흑사병에 대한 인간의 반응은 다양하게 나타났다. 괴현상을 설명할 수 없는 기독교는 권위가 실추됐고, 이성을 잃은 군중은 괜히 유대인·거지·나병환자를 의심해서 수천 명을 화형에 처하는 만행을 저질렀다. 또한 덧없는 인생에 절망해 쾌락주의가 만연하기도 했다. 흑사병 피해가 컸던 이탈리아에서 보카치오는 『데카메론』(1353)을 썼는데, 이 작품은 피렌체에서 흑사병을 피해 시골에 온 10명의 젊은 남녀가 주고받는 이야기로 꾸며져 있다. 이 작품에서 보카치오는 흑사병으로 피렌체에서만도 10만 명이 죽었다고 썼다.

시간이 많이 흐른 뒤 흑사병으로 인한 인구 격감은 당시 유럽의 부족한 식량과 과잉인구 사이의 불균형을 해소하는 하나의 방법이었다는 묘한 해석이 나왔다. 이는 18세기말 영국의 목사이자 경제학자였던 토마스 맬서스가 쓴 『인구론』에 입각한 해석이다. 맬서스는 목사답게 인간의 성욕이 억제불능인 것을 한탄하면서, 인구는 기하급수로 늘어나는데, 식량은 산술급수로밖에 늘지 않기 때문에 양자의 불균형은 불가피하고, 결국 간헐적인 전염병이나 전쟁 같은 대재앙을 통해서만이 불균형이 해소된다는 우울한 결론을 내렸다. 이런 비관적 진단을 보고 경제학에 '우울한 과학Dismal Science'이란 별로 좋지 않은 별명을 붙여준 사람은 19세기 영국의 문필가 토마스 칼라일이었다.

흑사병 이후에도 대형 전염병은 18세기까지 끊임없이 나타나 인류를 괴롭혔지만 19세기 이후에는 의술과 과학의 발달로 거의 사라졌다. 그런데 문명개화한 21세기에 온갖 괴질이 난무하니 이는 인간의 오만에 대한 자연의 경고가 아닌지.

고리대의 횡포, 눈물의 역사

악덕 사채업자의 농간에 빠져 빚더미에서 헤어나지 못한 여대생 딸을 죽이고 아버지가 자살한 사건이 있었다. 딸이 친구와 쇼핑몰을 차리려고 빌린 300만 원이 1년 반 만에 6700만 원으로 불어났다. 교묘한 계약에 따라 눈더미처럼 불어나는 빚을 갚아보려고 사채업자의 강요에 따라 급기야 룸살롱으로, 성매매로 내몰렸던 딸과 그 아버지의 운명이 너무나 측은하다. 고소도 없었는데 어느 경찰관이 신문에서 이 기사를 읽고 정의감이 발동하여 스스로 넉 달 동안 열심히 수사를 해서 악덕 사채업자와 룸살롱 주인을 찾아내 구속하는 개가를 올렸다. "죽은 부녀의 억울함이 조금이나마 풀렸으면 좋겠다"는 경찰의 말이 감동을 준다. 우리나라 경찰 역사를 통틀어 가장 감동적인 사례가 아닌가 한다.

고리대의 횡포는 역사가 끈질기게 오래다. 아리스토텔레스는 돈은 돈을 낳을 수 없는 불임성不姙性이 있으므로 이자를 받아서는 안 된다고 주장했다. 중세 신학자들도 이자를 받는 것은 신의 섭리에 어긋나는 것이라며 반대했다. 기어코 이자를 받아야 한다면 어느 수준으로 받는 게 정의로운가 하는 '공정 이자' 논쟁은 신학자들에게 대단히 중요한 토론 주제였다.

세계 이자율의 역사를 보면 예외적으로 이자율이 아주 높은 시기, 나라도 있었지만 그리스·로마 시대부터 중세, 근대에 이르기까지 이자율

수준은 그리 높지 않았다. 시대와 장소가 천차만별로 달라도 신기하게도 이자율은 대체로 연 10% 내외를 크게 벗어나지 않았다. 그러나 가난한 사람들의 궁핍을 이용해서 고리사채업을 하는 사람들은 언제나 존재했다. 이들이 사람들 눈에 좋게 비쳤을 리 없다. 이들에 대한 혐오는 문학에서도 단골 소재였는데, 셰익스피어가 『베니스의 상인』에서 유대인 고리대업자 샤일록을 비방·풍자했는가 하면, 도스토예프스키의 『죄와 벌』에서는 주인공의 살해 대상이 하필이면 전당포 노파다.

조선시대 농촌에는 장리長利라는 악명 높은 고리대가 있었다. 양식이 떨어지는 춘궁기에 쌀 한 말을 빌리면 가을에 수확해서 반 말을 얹어서 갚아야 했으니 금리가 반년 만에 50%이고, 1년으로 치면 100%나 되는 착취적인 고금리였다. 많은 농민들이 장리 때문에 더욱 궁핍해졌고, 양반·지주들에게 담보로 잡혔던 땅마저 빼앗겨 부익부빈익빈이 더 심해졌다. 『성종실록』에 정창손이 "지금 재상 중에서 장리를 놓지 않는 사람이 누가 있겠습니까?"라고 말하는 대목을 보면 양반·지주들의 고리대 횡포가 만연했음을 알 수 있다.

지금 정부에서는 최고 이자율을 연 39%로 제한하는 이자제한법을 시행중이다. 그러나 법은 멀고 서민들에게는 목구멍이 포도청이다. 중국에서도 오래전부터 이자제한법이 있어서 원나라와 명나라 때는 연 36%, 청나라에 와서는 24%로 제한했지만 별 효과가 없었다. 서민금융의 기회를 확대하는 보완적 조치가 반드시 필요하며 법으로 엄단하는 것만으로는 이 문제를 풀기 어렵다.

부패의 역사, 부패의 경제학

어제오늘의 일이 아니지만 최근에도 공무원 부패 사건이 연이어 터지고 있다. 얼마 전 검찰이 국민권익위원회와 손잡고 공직자 부정부패 척결을 천명했다지만 바로 그 검찰의 수장이 기자들과 회식 자리에서 추첨이란 기이한 방법으로 촌지를 돌린 일이나 고등검찰청 부장검사가 수사무마를 대가로 수억 원의 뇌물을 받았다가 적발된 것이 그리 먼 과거의 일이 아니다. 과연 이런 전근대적 의식을 가진 검찰이 제대로 부패를 수사할 수 있을지 의문스럽다. 매번 논의만 거듭하다 결실을 맺지 못한 공직부패수사처 도입을 진지하게 다시 이야기해야 되는 게 아닌가 하는 생각이 든다. 국제투명성기구의 연차보고서에 따르면 한국의 국가 청렴도는 조금씩 개선되고 있기는 하나 아시아에서도 일본·홍콩·싱가포르에 뒤처져 있고, 여전히 OECD 하위권이다.

뇌물수수를 가리켜 "인류 역사상 가장 오래된 파트타임 직업"이라고 하는 농담도 있지만 부패는 끈질기게 오랜 역사를 갖고 있다. 영국의 새뮤얼 페피스Samuel Pepys, 1633~1703는 미천한 집안 출생이었으나 해군성 관리로 들어가 나중에는 장관까지 올라갔다. 페피스를 유명하게 만든 것은 무려 125만 단어에 달하는 그의 일기인데, 영국에서는 『성경』에 버금가는 장기 베스트셀러라고 한다. 그는 일기에서 매일의 생활을 자세히 기록해두었는데, 재미있는 것은 자기가 받은 뇌물 액수와 전후 상황까지 적고 있다는 점이다. "지금 나는 951파운드의 재산을 갖고 있다. 하나님, 감사합니다." 이런 식이다.

페피스는 끊임없이 현금과 선물을 받아 챙기고, 그 보답으로 무언가 도와줄 길을 모색하면서도, 부정한 돈을 받았다는 양심의 가책을 받는 장면은 전혀 보이지 않는다. 이 점은 우리나라의 각종 부패 사건 연루자들과 공통점이 있다. 차이가 있다면 우리나라의 고위 공직자, 정치인 치고 이런 기록을 남겨 그나마 후세를 위한 경종을 울린 사람이 없다는 점이다. 세계에 부패가 없는 나라는 없지만 그래도 민주주의가 발달하고, 언론의 자유, 표현의 자유가 보장된 나라일수록 부패가 적은 경향이 있다. 그런 점에서 요즘 정부가 혐오하고 탄압하는 공무원 노조가 부패 방지에 긍정적 효과가 기대되므로 결코 그렇게 원수 대하듯 해서는 안 될 것이다.

시장경제의 발전 역시 부패를 막는 데 도움이 된다. 정부가 각종 인허가권을 쥐고 민간에 특혜를 나누어줄 때, 인허가를 따내기 위한 로비가 치열해지고, 거기서 한발짝만 더 나가면 뇌물수수로 연결될 가능성이 크다. 그러니 소위 이권추구형 사회rent-seeking society는 관치경제 아래에서 싹트기 쉽다. 전통적으로 남미에서 부패가 심한 이유가 바로 여기에 있다. 한국도 뿌리 깊은 관치경제의 폐해를 근본적으로 손볼 필요가 있다. 보수파에서는 항상 법치를 강조하는데, 법치의 기본은 노조나 경제적 약자를 엄단하는 게 아니고, 공직자의 솔선수범과 부패 척결이라는 점을 명심해야 한다.

노조는 무엇을 하나?

버스와 트럭을 만드는 현대자동차 전주공장에는 정규직 3500여 명과 사내하청 노동자 1200여 명이 일하고 있다. 2010년 초 회사측은 그 전년도 버스 판매가 부진했다며 버스 생산을 줄이기로 하고 사내하청 노동자 18명을 해고하겠다고 발표했다. 이에 반발해서 현대자동차 전주공장 정규직 노조는 잔업을 거부하고 나섰다.

2013년 박근혜 정부는 전교조에 대해서 해직자 9명의 노조원 자격을 문제 삼아 전교조의 노조 자격을 박탈하는 횡포를 저질렀다. 전교조가 하루아침에 법외노조로 둔갑하고 말았다. 세계노동기구ILO가 거듭 한국에 권고하듯이 9명의 해직자가 노조에 가입할 수 있느냐 없느냐 하는 것은 근본적으로 노조의 권한이지 정부가 이래라저래라 할 사항이 아니다. 백보 양보해서 정부 주장이 맞다고 하더라도 9명의 소속을 따지는 사소한 문제 때문에 6만 명의 교사들이 노조를 결성해서 스스로를 보호할, 헌법에 보장된 권리를 박탈당한다는 것은 법의 기본원리인 과잉금지의 원칙에 어긋나는 것으로 보인다. 심히 일탈된 해석이요, 도를 넘은 월권이라 하지 않을 수 없다. 이 문제는 결국 법원의 판단에 맡겨지겠지만 최종 결론이 내려질 때까지 학교와 사회에서 벌어질 온갖 소란과 비용을 생각하면 이것이야말로 긁어 부스럼이 아니고 무엇이랴. 정부가 이렇게도 할 일이 없는지, 해야 할 일은 하지 않고, 해서는 안 되는 일은 어지간히도 열심히 한다.

이 두 개의 사건은 우리로 하여금 노조에 대해 다시 한 번 생각하게 만든다. 도대체 노조는 무엇을 하는 조직인가? 최근 한국에서 노조에 대한 평가는 대체로 부정적이다. 회사와 국민경제의 어려움, 비정규직의 고통은 무시하고 오로지 자신의 이익만을 챙기는 이기적 조직이라는 평가가 주류를 이룬다. 노조에 대한 부정적 평가는 시장만능주의의 메카라 할 수 있는 시카고대학에서 맨 먼저 나왔다. 시카고학파의 대부 밀턴 프리드먼은 노조는 높은 보수를 받는 소수의 전문직, 기능직의 임금을 주로 높인다고 주장했다. 왜냐하면 이들은 소수이면서 생산과정에서 필수적인 업무를 맡고 있으므로 이들의 임금인상 요구를 회사 측이 거부하기 어렵다는 것이다. 그 반면 비숙련 노동자는 숫자가 많아서 임금총액에서 차지하는 비중도 높거니와 인력 대체도 용이하므로 그들의 임금인상 요구에 회사 측은 완강히 저항하게 된다. 그리하여 노조는 원래 고임금인 집단의 임금을 더 올리는 결과를 가져오게 되므로 결국 임금 불평등을 확대시킨다는 것이다.

거기에 덧붙여 시카고학파는 노조를 노동공급을 인위적으로 제한하여 노동시장의 자유경쟁을 방해하는 일종의 독점 조직으로 간주하여 매우 부정적인 시각으로 바라본다. 이것이 오랫동안 경제학계에서 정설로 굳어져 있었다. 그렇기 때문에 정통파 경제학자들 중에는 노조에 대해 비판적 관점을 가진 사람이 많다.

그러나 그 뒤 하버드학파는 노조에 대한 새로운 시각을 내놓았다. 하버드대학의 리처드 프리먼, 제임스 메도프 교수는 1984년에 쓴 책『노조는 무엇을 하나?』에서 시카고학파와 정반대의 가설을 내놓았다. 노조는 연대의 정신에 입각해서 임금표준화 전략을 추구하므로 오히려 임금 불평등을 축소시킨다는 사실을 이론적·실증적으로 밝혀냈다. 그리고 노조는 노동자들이 고충을 털어놓고 해결을 촉구하는 민주적 '목소리voice'의 기능을 하며 생산성을 향상시킨다는 점도 밝혔다.

목소리voice란 개념은 원래 경제학자 알버트 허쉬만Albert O. Hirschman이 제시한 것인데, 사람들이 불만이 있을 때 취하는 행동이 정치학에서는 목소리를 내는 것인 반면, 경제학에서는 퇴장exit을 한다고 이야기한다.(『떠날 것인가 남을 것인가Exit, Voice, and Loyalty』, 1971) 실제로 정치학에서는 사람들이 불만이 있을 때 항의, 시위, 혁명 등 목소리를 높이는 것으로 설명하는 데 반해서 경제학에서는 불만이 있는 사람이 물건을 사지 않고 그 상점을 나가거나 회사를 그만두고 나가거나 하는 식으로 퇴장한다고 설명하는 것이 사실이다. 왜 같은 인간인데 정치학에서와 경제학에서의 행동이 다르게 나타나느냐, 이것이 허쉬만의 문제의식이었다. 이런 대조적 행동에 대해 허쉬만은 여러 가지 재미있는 분석을 했다. 이 아이디어에 착안하여 경제학자 프리먼과 메도프는 노동조합은 경제적 조직이지만 목소리를 내는 조직이라는 새로운 주장을 펴게 된 것이다.

노조의 생명은 연대다. 과거 스웨덴에서는 노조의 요구에 의해 대기업·중소기업 간 임금 평등을 추구하는 '연대임금정책solidarity wage policy'이 추진된 바 있다. 물론 노조라고 해서 항상 거룩하게 행동하는 것은 아니다. 연대의 정신과 정반대로 간 경우도 있다. 토요타자동차 노조는 협력업체 노동자들의 임금을 올리지 말라고 압력을 넣고 다녔다. 이게 어찌 노조가 할 행동인가? 노조의 이런 이기적 행동이 최근 토요타자동차의 위기를 가져온 요인 중 하나로 손꼽힌다.

2010년 현대자동차 전주공장 노조가 연대의 정신에 입각해서 비정규직 노동자의 고용안정을 위해서 '목소리'를 낸 것은 오랜만에 보는 노조의 참된 모습이었으며, 우리나라 노조에서 보기 드문 연대 사례로 기록되어야 할 것이다. 정부는 전교조에게 9명의 해직교사를 노조에서 쫓아내라고 요구하지만 노조가 어찌 자기 조직원을 제명할 수 있겠는가. 그건 배신이며, 인간이 결코 해서는 안 되는 짓이다. 전교조가 배신 행위를 거부하고, 스스로 법외노조를 감수한 것은 연대의 정신에서 나온 행동이고 당연히 해야 할 일을 한 것이다.

2013년 말 철도노조가 정부의 수서발 KTX 자회사 설립에 맞서서 싸운 것도 철도 민영화가 가져올 폐해에 대해 경종을 울린 것이므로 공익적 활동이다. 한국의 노동법은 노조가 임금 인상이나 근로조건 개선을 이유로 파업을 하면 합법이고, 그 밖의 이유로 파업을 하면 불법이라고 규정하고 있다. 그러나 한번 생각해보자. 과연 어느 쪽이 더 지탄받을 행동인가. 전자는 국민경제를 희생하는 이기적 행동이고, 후자는 국민경제를 걱정하는 대승적 행동이 아닌가. 그런데도 전자는 합법이고, 후자는 불법이라니! 법체계가 너무나 설득력이 없다. 현재 노조 지도자가 대거 구속되고 있지만 이들 행동의 정당성을 참작해야 한다.

앞으로 많은 노조가 이런 정신을 살려나가서 한국에서도 노조가 국민 사이에 광범위하게 퍼져 있는 '이기적 조직'이라는 오해를 풀고 국민경제를 살리는 건강한 조직이란 새로운 평가를 받는 새로 태어나는 날이 앞당겨지기를 바란다. 노조는 결코 이기적 조직이 아니라 삭막한 자본주의의 사막을 적시는 한줄기 샘물이며, 회사를 살리고, 국민경제에 기여하는 긍정적 조직이다. 앞으로 노조가 행동으로 이를 증명하여 국민의 신뢰를 회복해야 할 것이다.

가사노동의 경제적 가치

5월은 유난히 기념일이 많은 달이라서 5월 21일은 부부의 날이라는 것을 모르는 사람이 많을 것이다. 가정의 달에 둘(2)이 만나서 하나(1) 된다고 해서 5월 21일을 부부의 날로 정했다고 한다. 어느 해인가 '부부의 날'을 맞아 한 인터넷쇼핑몰에서 2800여 명의 기혼자를 대상으로 가장 부러운 부부에 대해 물었더니 '가사노동, 육아 공동분담'이 28%로 1위, '배우자가 돈 많이 벌어오는 부부'가 21%로 2위로 나타났다. 얼핏 생각하면 부부생활에서 돈벌이를 제일로 칠 것 같은데 오히려 가사노동 분담을 더 중요하게 생각한다는 것은 놀라운 결과다.

비슷한 시기 서울가정법원에서는 전업주부가 제기한 이혼 소송에서 가사노동의 재산형성 기여도를 50%로 인정하는 판결이 나왔다. 과거에는 재산분할시 전업주부의 재산형성 기여도를 30% 정도 인정받는 게 관례였고, 맞벌이 주부처럼 재산형성에 크게 기여한 경우에만 50%를 인정받았었는데 이 판결은 전업주부에게 처음으로 50%를 인정한 획기적 판결이다.

흔히 가사노동은 '일 같지 않은 일'로 취급된다. 가사노동은 '해도 안 보이고, 안 하면 금방 보이는 일'이라는 말이 있다. 매일 똑같은 일의 반복인데 생색도 나지 않고 해도 해도 끝이 없다. 가사노동만큼 '시지프스의 형벌'을 닮은 노동도 없다. 한국 주부의 하루 설거지에 3000번의 손놀림이 필요하다고 하고, 우리 옛말에 '어머니 하루 살림살이가 도량 80리'란 말이 있다.

풍자의 달인인 영국의 조지 버나드 쇼는 "가정은 소녀의 감옥이자, 여성의 노역장이다"라고 직설적으로 묘사했다. 파슨즈는 "가정은 인간을 만들어내는 데 가장 시간을 많이 들이는 거대한 사회적 공장"이라 말했고, 비슷한 말로 "소비시간으로 치면 가정은 한 국가의 가장 큰 산업에 투입되는 시간과 맞먹는 산업"이라고 독일의 경제학자 비고친스키가 1916년에 말한 바 있다.

실제로 비고친스키의 말이 조금도 과장이 아니다. 20세기 초 독일에서 4인 가족을 위해 주부가 1년간 하는 일을 조사한 결과를 보자. 접시 닦기 1만3000개, 사발 닦기 3000개, 포크와 나이프 씻기 1만8000개, 컵 씻기 6000개, 빵 썰기 9만 번, 마루 청소 3만 평방미터, 침대 시트 갈기 1500번, 식품 운반 7톤, 집안 물건 나르기 5톤, 집안 걷기 5000킬로미터…… 어휴! 생각만 해도 머리가 돌 지경이다.

미국의 경제학자 갤브레이스는 이렇게 말했다. "오늘날 봉건사회에서 착취당하던 머슴과 노비는 사라졌으나 뒷바라지와 봉사에 전념하는 주부들은 매우 민주적 방식으로 남성에 의해 노동력이 혹사되고 있다." 그래서 주부를 가리켜 '보이지 않는 봉사계급'이라고 이름 붙였다.

한국 주부의 가사노동은 다른 나라보다 더하면 더했지 조금도 덜하지 않다. 한국 가사노동의 경제적 가치를 계산한 연구를 보면 국민총생산의 30~40% 정도로서 다른 나라의 10~40%에 비해 높은 편이다. 갤브레이스에 의하면 미국은 25% 정도라고 한다.

통계청이 5년에 한 번 조사하는 '생활시간 조사'를 보면 우리나라 성인 남성의 가사노동 시간은 하루 42분으로 2004년에 비해 6분 증가했다. 그러나 여전히 세계 최하 수준이다. 스웨덴, 중국에서는 남성의 가사노동 시간이 3시간을 넘는다. 스페인에서는 2시간인데 너무 짧다고 정부가 남편들에게 가사노동 더하기 캠페인을 벌인 적도 있다. 한국 남성을 위해 변명을 해준다면 과중한 업무, 늦은 퇴근, 잦은 술자리 때문에 파김치가 되어 귀가하는 한국적 현상이 가사노동을 하기에 어렵게 만든다고나 할까. 그래도 중요한 건 마음가짐이다. 가사노동을 아예 남자의 일이 아니라고 여기는 남성이 있다면 생각을 고쳐먹어야 한다.

한국의 세계 최저 출산율도 여성들이 애 키우기 어려운 것이 큰 요인이니 남성의 분발이 요구된다. 최근 영국 런던경제대학의 연구에 의하면 남편의 가사 및 육아 공동분담이 이혼 확률을 현저히 감소시킨다고 한다. 꼭 이혼이 두려워서가 아니라 나라와 후손을 생각해서라도 이제 한국 남성도 생각을 바꾸고, 회사도 일하는 방식을 바꾸고 국민도 생활방식을 바꿀 때가 되지 않았을까.

탈세의 유혹, 할인의 유혹

최근에도 탈세 사건이 끊이지 않는다. 특히 소위 '사'자 들어가는 고소득 자영업자들의 탈세가 심해서 몇 년 전 국세청이 학원, 병원 등 전문직 자영업자 130명을 조사했더니 평균적으로 수입의 60%만 신고해서 1인당 6억8000만 원을 탈세했다는 사실이 드러나기도 했다. 자영업자들은 소득 파악이 어려우니 탈세의 유혹이 그만큼 크다고도 할 수 있다.

1995년은 삼풍백화점 붕괴, 성수대교 붕괴 등 상상을 초월하는 대형 재난이 많이 일어난 해였는데, 그중 대구 상인동 지하철 공사장 가스폭발 사고 또한 워낙 많은 인명이 희생된 재난이라서 많이들 기억할 것이다. 특히 아침 시간에 등교하던 인근 중학의 학생들이 다수 목숨을 잃어 애처로움을 더해주었다. 필자의 집은 사고현장에서 약 2킬로미터 정도 떨어진 데 위치하고 있는데, 사고 순간에 '꽝' 하는 굉음을 들은 기억이 난다. 사고 다음날 현장을 가 보니 장정 여러 명이 들어도 못 드는 그 무거운 공사장 철제 강판이 휙 날아가서 인근 기와집 지붕을 뚫고 박혀 있어서 폭발의 위력이 실감이 나고도 남음이 있었다.

한데 사고 수습의 와중에 파괴된 주변 점포의 피해보상 문제가 제기됐다. 대구시에서 상인들에게 주는 보상액은 과거에 신고, 납부한 소득세를 피해보상 기준으로 삼겠다는 것이었다. 이는 누가 봐도 온당한 방안이다. 그러나 상인들은 이 방안에 극력 반대하여 플래카드까지 내걸었다. "자영업자들이 소득을 제대로 신고하지 않는다는 것은 삼척동자도 아는 사실이다. 이를 무시하는 시청은 각성하라" 이런 내용이었다. 억지를 부려도 정도가 있지. 이건 너무 심했다.

자영업자 소득파악은 좀처럼 해결되지 않는 해묵은 숙제였다. 오래전 서울에 있는 국책 연구소인 한국보건사회연구원을 방문했더니 거기에 '자영업자 소득파악위원회'라는 커다란 나무 현판이 걸려 있어서 속으로 실소를 금하지 못했던 기억도 난다. 얼마나 자영업자 소득파악이 힘들면 국가가 나서서 소득파악위원회라는 걸 만들었을까. 외국에도 이런 위원회가 있을까? 외국인들 보기에 좀 부끄럽다.

국세청에서 몇 년 전부터 신용카드 결제에 소득공제 혜택을 준 것이 뜻밖에도 자영업자 소득파악이란 오랜 숙제를 푸는 실마리가 됐다. 사람들이 약소하나마 세금 혜택을 보려고 현금 대신 신용카드로 결제를 하게 됐고, 이것이 식당 등 수많은 자영업자들의 소득을 노출시키는 결정적 계기가 된 것이다. 지금은 택시조차 카드 결제가 가능하니 세상이 참 많이 바뀌었다. 가히 상전벽해라 할 만하다.

그러나 이런 추세에도 불구하고 일부 자영업자들은 여전히 소득이 노출되지 않고 있다. 현금으로 결제하면 대금을 할인해준다는 미끼를 내거는 일부 병원과 변호사 사무실은 여전히 소득파악의 사각지대다. 여기는 식당과 달리 액수가 워낙 크므로 소비자로서는 할인의 유혹이 크고, 따라서 탈세에 악용됨을 뻔히 알면서도 현금으로 결제하는 관행이 사라지지 않는다. 사회적으로 가장 존경받아야 할 전문직인 의사와 변호사가 우리나라 탈세의 최후의 보루로 버티는 모습은 부끄러운 풍경이다.

이 세상에 세금 내기 좋아하는 사람은 없고, 누구나 절세를 원한다. 그러나 합법적 절세와 불법적 탈세는 종이 한 장 차이다. 우리나라에 농담처럼 유행하는 법언法諺에 '변호사는 감옥 담벼락 위를 걷는 사람'이란 말이 있지만 영국의 전 재무장관 데니스 힐리는 이렇게 말했다. "절세와 탈세의 차이는 감옥 벽의 두께의 차이다."

탈세라면 빼놓을 수 없는 사람이 있다면 바로 미국의 알 카포네다. 카포네는 젊을 때 깡패한테서 뺨에 칼을 맞은 상처가 남아 있어서 늘 콤플렉스가 있었다. 오래전 알 파치노가 주연한 알 카포네 영화의 제목도 〈스카페이스Scarface〉다. 20세기 미국의 범죄왕이라 할 만한 알 카포네는 살인, 상해, 방화, 밀조주 등 숱한 중죄를 저질렀다. 그가 1927년 한 해에만 1억 달러를 벌고 기네스북에 '세계 최고의 시민'으로 등재될 수 있었던 것도 미국의 금주법을 교묘히 악용하여 막대한 치부를 했기 때문이다. 우리의 위대한 시인 이상은 그의 시에서 이렇게 읊었다. "네온싸인으로 장식된 어느 교회의 입구에서는 뚱뚱보 카포네가 볼의 상흔을 신축시켜가면서 입장권을 팔고 있었다." 사실 이런 풍자는 이상이 살던 시대보다는 교회가 물질적으로 급성장하는 요즘 세상에 더욱 더 적절하겠다.

알 카포네는 거물급답게 교묘히 법망을 피해 다녔는데 꼬리가 길면 밟힌다는 속담이 있듯이 나중에는 기어코 체포되어 투옥되었다. 그런데 죄목이 우습다. 탈세. 천하의 범죄왕의 죄목이 겨우 탈세라니! 한때

1000명이 넘는 부하를 거느리며 '밤의 대통령'(한국에는 조선일보사 전 회장이 이런 별명을 가지고 있었다)으로 불리던 희대의 범죄왕은 샌프란시스코 앞바다의 바위섬 알카트라즈 감옥에 수감되어 다른 죄수들로부터 수시로 수모를 당하며 7년간 수형생활을 했다. 알 카포네는 석방된 뒤에는 다시 범죄의 세계로 돌아가지 않고 시골에 은둔하여 조용히 여생을 보내다가 세상을 떠났다. "이 세상에서 피할 수 없는 것은 죽음과 세금이다"라는 명언을 남긴 미국 건국의 아버지 벤자민 프랭클린의 말을 알 카포네가 새겨들었더라면 혹시 구속은 피할 수도 있었을까?

기부의 계절, 기부의 경제학

『탈무드』에는 '가난하고 불쌍한 사람들을 위해 베푼 선행은 사후에도 영원히 남으며, 재산이나 친구보다 더 소중하다'는 말이 나온다. 거리에 구세군 냄비가 등장하고, 딸랑딸랑 종소리가 울리는 연말이 오면 사람들은 또 한 해가 저무는 걸 알게 된다. 연말에는 가난한 이웃을 위해 한 푼의 돈을 기부하는 것이 일종의 관습이 되고 있다. 기부와 계절 사이에는 무슨 상관관계가 있을까? 사람이 죽음을 앞두고 공통적으로 갖는 세 가지 후회가 있다고 하는데 듣고 보니 꽤 수긍이 간다. 첫째, 남에게 베풀지 못한 점. 둘째, 조금 더 참지 못한 점. 셋째, 너무 바쁘게 살아오느라 하고 싶은 것을 못한 점. 아마 많은 사람들이 이런 후회를 하며 세상을 떠날 것 같다. 기부와 관련된 것은 첫번째 후회다. 사람은 인생의 끝에 가서야 비로소 남을 돕지 못한 것을 후회하듯이, 한 해가 저물 때 비로소 남에게 베풀지 못한 걸 후회하는가 보다. 그래서 연말이 기부의 계절이 되는 게 아니겠는가.

국세청과 기빙코리아, 기빙USA의 자료에 따르면 2012년 우리나라의 기부금은 11조6000억 원으로서 국내총생산GDP 대비 0.9%인 데 비해 미국의 기부금은 3000억 달러(324조 원)로서 GDP 대비 2.2%였다. 기부 규모가 성장했다고 하지만 총액으로 보나 비율로 보나 아직은 현격한 차이가 있다. 해마다 연말 풍경을 장식하는 사회복지공동모금회는 모금 목표액을 '사랑의 온도계' 100°C로 설정하고 독려하는데 최근 들어 100°C에 미달하는 해가 잦다고 한다. 아무래도 불경기의 여파가 기부에까지 미친 모양이다.

경제학은 인간을 자신의 만족 혹은 이익을 극대화하는 이기적인 존재로 가정한다. 그런 관점에서 보면 기부라는 이타적 행동은 설명하기가 어렵다. 그러나 최근 경제학에서는 인간의 이타성을 설명해주는 다양한 이론들이 나오고 있다(최정규, 『이타적 인간의 출현』 참조). 러시아의 무정부주의자 크로포트킨은 1902년에 출간한 『상호부조론』에서 곤충이나 동물에서도 이타적 행동은 무수히 발견되며, 오히려 이기적 행동보다 더 보편적이라고 주장했다. 사실 이 문제는 찰스 다윈이 『진화론』을 쓸 때 깊이 고민했던 주제였다. 남을 누르고 이기적으로 행동하는 개체가 환경에 더 잘 적응해서 살아남는다는 소위 '적자생존'의 원리는 흔히 다윈의 이론인 것처럼 오해받고 있지만 실은 다윈의 이론을 사회현상에 적용한 허버트 스펜서의 이론이다(이 책 첫머리의 '경쟁이냐 협력이냐' 참조).

스펜서는 무자비한 생존경쟁을 강조했고, 빈자에게 자선을 베푸는 것은 "잡초 제거에 방해가 되기 때문에"라는 이유로 반대했다. 역시 사회진화론자인 윌리엄 섬너는 "백만장자는 자연도태의 산물"이라며 적극 옹호했다. 하버드대학 앞에는 지금도 윌리엄 섬너의 동상이 서 있는데 하버드의 진보적 학풍과는 안 어울리는 풍경이다. 사회진화론은 부자, 강자의 이익에 봉사하는 이데올로기다.

성선설과 성악설은 오랜 논쟁거리지만 최근 심리학의 연구에서는 성선설 쪽의 증거가 증가하고 있다고 한다. 굶은 쥐 한 마리에게 먹이를 주는데, 먹이를 먹는 순간 옆 칸에 있는 쥐는 전기충격을 당하게 되는 실험을 했더니 굶은 쥐가 처음에는 아무 것도 모르고 무조건 먹이를 먹다가 조금 지나서 옆 칸 쥐의 고통을 알고 나서는 결국 먹는 것을 포기하더라고 한다. 세상에 이럴 수가! 미물인 쥐조차 남의 고통에 대한 연민이 있는데, 하물며 인간이야 더 말할 필요가 있겠는가. 자본주의 시장경제도 이기심만으로 움직이는 것은 아니고, 측은지심과 동정심이 있어야 움직이는 체제다.

기부에 대해서는 재미있는 연구가 많다. 부자와 빈자 중 누가 더 기부를 잘할까? 이런 질문을 하면 '부자'라고 답하는 사람이 많을 것이다. 그런데 버클리 캘리포니아대학의 폴 피프 교수의 실험은 예상과 다른 결과를 보여주었다(『이코노미스트』, 2010. 7. 31). 피프 교수의 실험에 참가한 115명은 각자 10점의 점수를 받고, 이 중 일부를 남에게 기부할 수 있었다. 실험이 끝나면 각자 남은 점수에 따라 돈을 받았다. 실험 참가자들이 기부한 점수는 평균 4.1점이었는데, 놀랍게도 가난한 참가자들이 기부를 더 많이 했다. 최하층은 최상층보다 무려 44%나 더 많이 기부했다. 또 참가자들에게 자기 소득의 몇 퍼센트를 기부하는 것이 적당하다고 생각하는지를 물었더니 상류층은 평균 2.1%로 대답한 반면 하류층은 5.6%로 대답해서 역시 빈자가 기부에 더 열성적이라는 사실을 보여주었다.

이 결과를 어떻게 해석해야 할까? 하나의 해석은 이기적인 사람일수록 부자가 되기 쉽다는 가설이다. 그러나 피프 교수의 실험에서 원래 부잣집 출신이든 자수성가한 부자이든 관계없이 부자의 기부성향이 낮게 나온 걸로 볼 때 이 가설은 성립하지 않는다. 피프 교수의 해석은 이렇다. 빈자들 사이에는 인정이란 게 있어서 그것이 기부로 나타난다. 빈자들이 인정이 많은 이유는 무엇일까? 인정이 있음으로써 신뢰와 협력이 생기고 그것을 통해서 빈자들이 경제적 어려움을 극복하고 살아남을 수 있다는 것이다.

최근 세계 최고 부자인 빌 게이츠와 워렌 버핏이 미국의 억만장자들을 대상으로 재산의 절반을 기부하는 '기부서약The Giving Pledge' 운동을 벌이고 있다. 두 사람이 '포브스 400' 목록의 억만장자 중 80여 명을 접촉하기 시작한 것이 2010년 6월인데, 벌써 105명이 호응해서 총액 5000억 달러(약 560조 원)가 모였다고 하는 보도가 있었다. 버핏과 게이츠는 기부서약 운동을 전세계로 확산시키기 위해 중국·인도 부자들도 만날 계획이라고 한다.

빌 게이츠는 이미 자기 재산 대부분을 사회에 환원하겠다고 약속한 바 있고, 몇 년 전부터는 마이크로소프트 회사 일에서 손떼고 부인과 함께 자선사업에 전력을 쏟고 있다. 빌 게이츠는 역사적으로 가장 큰 기부를 한 철강왕 카네기와 석유왕 록펠러를 연구하고 영향을 받았다고 한다. 카네기는 "부자인 채로 죽는 것은 수치"라는 명언을 남겼고, 실제로 재산의 9할을 기부하고 죽었다. 록펠러는 평생 탈법과 반칙을 거듭하면서 돈을 모았지만 생애 후반에는 마치 참회라도 하듯이 기부에 열심이었다. 그는 시카고대학을 설립하는 등 재산의 절반을 기부하고 죽었다.

서구의 부자들은 사회가 기회를 줬기에 많은 돈을 벌 수 있었다고 생각하는 경향이 있다. 그렇기 때문에 재산을 자녀에게 물려주기보다는 사회적 약자들을 위해 쓰는 게 옳다고 믿는다. 워렌 버핏은 자신을 '자궁 속 복권'에 당첨된 행운아라고 말했다. 빌 게이츠 역시 어릴 때부터 받은 가정교육이 오늘의 자선사업가로 변신하게 만든 것 같다. 우리는 어떤가? 한국 부자들은 정경유착, 탈세 등 수단방법 가리지 않고 돈을 모으다가 법망에 걸리면 비로소 거액 기부를 선언해서 법의 심판과 사회적 비난을 모면하려는 묘한 습관이 있다.

삼성경제연구소가 OECD 30개 회원국을 조사한 결과, 한국 지도층의 기부활동 등 '노블레스 오블리주' 항목은 꼴찌였다. 한국 부자들은 부의 편법 상속에는 열심이지만 약자들에 대한 배려에 인색하다. 한국에서 큰돈을 기부하는 사람들은 끝내 얼굴을 드러내지 않는 익명의 독지가, 시장에서 설렁탕이나 김밥 파는 할머니들, 기부천사로 알려진 가수 김장훈 등 일부 연예인들이 주류를 이루고 있다. 이를 본받아 한국의 진짜 큰 부자들도 이제 좀 생각을 바꿔야 하지 않을까.

제2장

세계 경제의 앞날

시장경제의 세 모델

2008년 금융위기가 터지면서 미국 자본주의의 위신이 땅에 떨어져 버렸다. 사람들이 기존 경제체제를 불신하고, 미래를 불안하게 생각하며, 뭔가 대안을 찾아야 한다는 목소리가 높다. '1% 대 99%의 사회를 극복하자' '월가를 점령하라!' 이런 과격한 구호도 들린다. 아직 구체적인 논의가 전개되는 것은 아니지만 자본주의 3.0이니 4.0이니 하는 이야기들이 나오는 것도 자연스런 귀결이다.

그런데 여기서 한 가지 주의할 점이 있다. 이번 위기는 고삐 풀린 자본주의, 규제되지 않은 금융시장의 문제점이 폭발적으로 나타난 것이다. 이것을 자본주의 혹은 시장경제 일반의 문제점으로 확대해석해서 시장경제 자체를 배척해서는 안 된다. 이번 금융위기에서 문제가 된 것은 미국의 시장만능주의 경제모델이지 시장경제 자체는 아니기 때문이다. 이 두 개념을 혼동해서는 안 된다.

　미국 자본주의는 자본주의 대표선수답게 별명도 많다. 월가 자본주의, 영미형 자본주의, 자유시장경제, 시장만능주의, 신자유주의 등으로 불린다. 모든 나라에서 시장과 정부가 힘을 모아 경제를 운영하고 있으므로 현대경제를 혼합경제라고 하는데, 그 혼합 비율은 나라마다 크게 다르다. 영미형 자본주의에서는 시장이 주연이고, 정부는 조연이다.

　시장경제에 여러 가지 유형이 있다는 것을 이해할 필요가 있다. 시장경제에는 시장만능주의만 있는 게 아니고, 크게 봐서 영미형·북구형·유럽형의 세 가지 유형이 있다. 시장이 큰 역할을 하고, 성장을 중시하는 것이 영미형 모델이며, 영국·미국·캐나다·호주·뉴질랜드 등이 여기에 속한다. 모두 다 영국의 자손 국가들이란 공통점이 있다. 영미형 모델의 대척점에는 정부의 역할이 크고, 분배를 중시하는 스웨덴·노르웨이·핀란드·덴마크의 북구형 사회민주주의가 있다. 양자의 중간에 위치하는 것이 독일·벨기에·네덜란드·스위스·오스트리아 등의 유럽 복지국가다. 영미형 국가의 조세부담률이 20~25% 정도인 데 비해 북구는 무려 50%나 되고, 유럽은 양자의 중간쯤 된다. 이념적으로 본다면 영미형은 우파, 북구형은 좌파로 부를 수 있다.

　지난 수십 년간 세 모델의 종합성적은 어떤가? 세 모델의 평균소득은 모두 3만 달러 정도로 우열을 가리기 어렵다. 그러나 영미형에 비해서 분배가 평등하면서 성장은 비슷하고, 교육과 혁신능력이 탁월하고, 범죄가 적고 인간적인 사회라 할 수 있는 북구형이 우등생임을 부정하기 어렵다. 국민소득 대비 20%의 세금을 내면서도 감세와 '작은 정부'

가 인기가 있고, 좌파는 경제를 망친다는 것이 정설처럼 통하는 한국에서는 참으로 믿기 어렵겠지만 50%나 세금을 거두는 북구 좌파 국가의 경제성적이 우수하다는 사실은 우리에게 과연 '시장경제'란 무엇인가를 다시 한 번 생각하게 한다.

세계화와 '바닥을 향한 경주'

세계화가 오늘날 세계를 움직이는 기본원리가 되고 있다는 사실을 부정할 사람은 없을 것이다. 선진국은 물론이거니와 아프리카의 오지에도 세계화의 물결은 넘실댄다. 지금 세계화에서 동떨어져 살 수 있는 사람은 없다. 그런데 세계화는 야누스처럼 좋은 얼굴과 나쁜 얼굴 두 개의 얼굴을 갖고 있다. 세계화의 장점은 무역 확대, 자본이동 증가, 기술과 지식의 전파를 통해 각국의 경제성장이 촉진되고 생활이 개선되는 것이다. 그 대신 세계화는 어두운 그늘도 있으니 각국이 외국자본을 유치하기 위해서 경쟁적으로 임금 인하, 사회보장 축소, 규제완화 등으로 치달을 우려가 있다. 이를 '바닥을 향한 경주race to the bottom'라 한다.

특히 현재 진행중인 소위 제2차 세계화의 특징은 19세기 말에 있었던 제1차 세계화에 비해 노동 이동과 장기자본 이동은 적고, 다국적기업 형태의 직접투자가 활발하다는 점이다. 따라서 각국에서는 외자 유치를 위해 자본에 대한 과세 축소, 국제적인 '바닥을 향한 경주', 자본의 활발한 이동 등이 일어날 것으로 예상된다.

그러나 이론적 추론이 시사하는 바와는 달리 현실에는 이런 일이 별로 일어나지 않는다. 자본은 발 빠르게 다른 나라로 이동할 것처럼 위협을 가하지만 실제로는 좀처럼 행동으로 옮기지 않는다. 그 이유는 각국의 법인세율이 다국적기업에게 그리 큰 부담이 되지 않는다는 점, 그리고 실제 어떤 나라에 일단 투자되고 난 다음에는 자본이동을 어렵게 만드는 여러 현실적 요인이 존재하기 때문이다. 흔히 국경 너머 자유자재로 이동할 수 있는 자본의 성질을 가리켜 '발빠른 자본footloose capital'이란 표현을 쓰지만 실제로 일단 어느 나라에 투자한 뒤에는 자본도 발이 무거워진다고나 할까.

'바닥을 향한 경주' 가설의 증거는 어떤가? 실증 분석에 의하면 이 가설을 지탱해줄 증거는 별로 없다. 미국 컬럼비아대학 교수인 인도 출신의 저명한 경제학자 바그와티Jagdish Bhagwati에 의하면 아무리 국제경쟁이 치열해도 바닥으로의 경주는 없고, 오히려 '위를 향한 경주race to the top'가 있을 뿐이라고 한다. 세계화가 대규모로 진행된 1980년 이후에도 대부분의 선진국에서 복지지출이 증가하고 있다는 사실도 '바닥을 향한 경주' 가설과 모순된다. 치열한 국제경쟁이 벌어지는 세계화 시대에 복지정책은 노동비용을 증가시키기 때문에 세계화와 양립할 수 없는 게 아닌가 하는 의심을 하는 사람이 많지만 지금까지 드러난 증거를 보면 복지국가는 여전히 왕성하고, 오히려 경쟁이 심해질수록 사회안전망이 더 필요해지는 측면도 있다.

세계화 시대 복지국가 무용론, 복지국가 와해론이 무성하고, 세계화 시대이므로 복지 대신 오직 성장에 매진해야 한다는 주장을 자주 듣고 있지만 각종 증거를 종합해볼 때, 그런 주장은 근거가 희박하다는 결론에 도달하게 된다.

세계 경제 불균형의 동상이몽

세계 경제에서 어떤 나라는 만성적으로 국제수지가 적자인 반면 어떤 나라는 만성적 흑자를 보인다. 이런 현상을 가리켜 세계 경제 불균형global imbalances이라고 한다. 전자의 대표는 미국이고, 후자의 대표는 중국을 비롯한 동아시아 국가들이다. 중국의 외환보유고는 2013년 10월 말 현재 3조7000억 달러로 세계 1위며, 일본·타이완·한국 등 동아시아 국가들이 그 뒤를 잇고 있다. 그 반면 미국의 국제수지는 레이건 시절인 1982년 이래 줄곧 적자다. 특히 아들 부시 정부 시절에는 적자가 눈덩이처럼 커져 국내총생산 대비 5%를 초과하기도 했다.

국제수지가 적자라는 것은 자국의 생산보다 더 많이 소비한다는 뜻이고, 그 차액만큼 해외에 빚을 지는 베짱이 국가라는 뜻이다. 반대로 국제수지 흑자 국가는 생산보다 적게 소비하며, 해외에 채권을 갖는 개미를 뜻한다. 따라서 미국의 만성적 국제수지 적자라는 동전의 뒷면에는 중국과 동아시아 국가들이 수출해서 번 달러를 갖고 미국 재무부 국채 등 채권을 사주는 현상이 있다. 쉽게 말해서 베짱이가 나무 그늘에서 노래 부를 수 있는 것은 개미가 열심히 일해 채권을 사주기 때문이다. 세계 최대 적자국인 미국이 IMF 구제금융을 신청하는 신세를 면하고 있는 것은 달러가 국제 기축통화라는 점(90~92쪽 '기축통화 달러의 운명' 참조)과, 동아시아 국가들의 미국 채권 구입 덕분이다.

그러나 이런 불균형이 무한정 계속될 수는 없다. 2009년 이후 미국은 '균형회복rebalancing'을 주장하고 나섰다. 1980년대에도 미국은 수시로 세계 경제의 균형회복을 요구했는데, 당시 미국의 표적은 일본의 국제수지 흑자였다. 그 문제는 1985년 9월 '플라자 합의'로 엔화가 대폭 가치 절상되는 방식으로 해결됐다. 그 대신 미국을 살린 일본은 엔화가치 상승으로 수출경쟁력이 크게 떨어져 장기간 고생길에 접어들었다.

미국이 최근 다시 '균형회복'을 외치고 있는데, 이번에는 주요 타깃이 일본이 아니고 중국이다. 문제는 균형회복 방식이다. 미국이 원하는 균형회복 방식은 중국이 무려 30%에 달하는 가계저축률을 낮추고 소비를 늘릴 것, 그리고 저평가된 위안화 가치를 절상해서 국제수지 흑자를 줄여달라는 것이다. 그 반면 중국은 미국에 대해서 과다한 소비를 억제하고 저축을 늘리라고 요구한다. 하나의 현상을 놓고 나라간에 진단과 처방이 이렇게 다르니 동상이몽이 아니고 무엇이랴.

베짱이의 저축률은 한때는 1% 수준으로 떨어졌고, 최근에도 겨우 4% 수준이니 30%를 자랑하는 개미와는 비교가 안 된다. 베짱이의 방만한 행동은 분명 문제가 있다. 그러나 지난 30년간 미국경제의 양극화가 심해지고 노동자의 실질임금이 줄어들었기 때문에 저축을 하려야 할 여력이 없다는 로버트 라이히 교수의 지적도 일리가 있다. 그렇다면 세계경제 불균형은 결국 미국경제의 허약체질을 개선하는 데서 해결책을 찾아야 하는 게 아니겠는가.

IMF, 구세주인가 개혁대상인가?

2014년 1월 미 의회가 국제통화기금IMF 개혁법안 승인을 거부했다. 이로써 IMF 개혁이라는 국제사회의 약속이 또 한 차례 미뤄지게 됐다. 이번 개혁안의 골자가 브릭스(브라질, 러시아, 인도, 중국, 남아프리카공화국)를 비롯한 신흥경제국들의 영향력 확대와 미국의 기득권 축소(집행위원회 영구이사 추천권)인 만큼 미국 입장에서야 거부가 자명한 선택이겠지만 국제사회 전체로선 여간 아쉬운 일이 아니다.

그런데 국제기구인 IMF 안에서의 합의를 미국 의회가 대체 무슨 권리로 거부할까? 이를 알기 위해선 IMF의 독특한 투표권 지분구조를 들여다봐야 한다.

2009년 이후 IMF 투표권 지분은 선진국 52%, 후진국 48%로 이루어져 있다. 언뜻 보면 상당히 평등한 구조다. 문제는 미국이 18%의 투표권 지분을 갖고 있다는 점이다. 그리고 IMF의 의사결정은 전체 투표수의 85% 이상 찬성으로 이루어지도록 되어 있다. 이 두 가지를 묶어서 생각하면 미국이 반대하면 어떤 결정도 이루어질 수 없다는 뜻이 된다. 15% 이상의 몫을 가진 유일한 나라인 미국이 거부권을 가진다는 뜻이다.

실제로 2차대전 직후 창설된 IMF는 지금까지 늘상 미국이 좌지우지해왔다. 총재 임명도 미국 입맛에 맞는 사람에 한정된다. 1997년말 우리나라가 IMF의 구제금융을 받을 때 한국에 왔던 캉드쉬 총재는 프랑스 관료 출신인데, 그가 장기간 총재 자리를 지킨 것도 미국이 적극 밀어주었기 때문이다. 그 뒤 뉴욕 호텔에서 성추문을 일으켜 쫓겨난 스트로스 칸, 현재의 라가르드 총재 모두 프랑스 출신이다. 미국은 프랑스 출신을 IMF 총재로 앉히기로 단단히 결심한 모양이다.

IMF는 세계은행World Bank과 더불어 1944년 브레튼우즈 체제의 산물이다. 여기에 세계무역기구WTO를 합하여 '철의 3각형' 혹은 '불경한 삼위일체Unholy Trinity'라 부른다. 브레튼우즈 회담에서 케인즈가 국제통화기금 창설을 주장한 이유는 '시장의 실패' 때문이다. 각국은 불황 타개에 소극적일 수 있는데, 이를 해결하기 위해서는 세계적, 집합적 행동이 필요하다는 것이 케인즈의 생각이었다.

그러나 지금 IMF는 케인즈주의 반대편에 선 시장만능주의자들이 장악하고 있다. 구조적 국제수지 불균형이나 외채 누적에 허덕이는 나라가 국제통화기금에 구제를 요청하면 예외 없이 혹독한 구조조정, 고금리와 재정긴축, 민영화, 규제완화 등을 강요받게 된다. 조건부로 융자해주기 때문에 이를 'IMF 조건IMF conditionality'이라 부른다. 멀리 갈 것도 없이 1997년 이후 한국 상황을 생각해보라.

　IMF가 요구하는 메뉴는 어느 나라에 가든 거의 같다. 시장, 시장, 시장! 전형적 시장만능주의 처방을 들이대서 선진국 금융자본에게 사업하기 유리한 토양을 제공해준다. 그 대신 후진국에서는 사회보장 예산이 삭감되고, 실업자가 늘어나 사회적 약자들은 엄청난 고통을 겪게 된다. 그래서 IMF의 구조조정 프로그램은 후진국에서 인기가 없는 정도가 아니고, 원성의 대상이다. 동남아에서는 IMF 일행이 탄 차를 향해 시민들이 돌팔매질을 하는 사건도 터졌다.

　IMF는 워낙 문제가 많아서 개혁 대상이 아니라 아예 폐지돼야 한다는 주장도 만만치 않다. 이번 개혁안 역시 근본적인 개혁이라기보다는 압도적 불균형을 다소나마 교정하자는 취지에 불과하다. IMF가 갖는 시장만능주의 철학을 폐기하고 출발 때의 정신, 즉 세계의 약자를 돕는 집합적 행동을 하라는 케인즈의 정신으로 되돌아가는 것이 개혁의 단초다. 그러기 위해서는 무엇보다 미국이 누리는 과다한 기득권을 폐기하지 않으면 안 된다.

국가경쟁력의 수수께끼

　스위스에는 세계 각국의 국가경쟁력 순위를 정하는 두 개의 주요 기관이 있다. 하나는 세계경제포럼World Economic Forum, WEF이요, 다른 하나는 국제경영개발원Institute of Management Development, IMD이다. 두 단체는 원래는 하나였다. 1989년부터 국가경쟁력 순위를 발표한 이래 1995년까지는 한 몸이었는데, 국가경쟁력 개념과 조사방법론에 대한 이견 때문에 갈라졌다.

2010년도 세계경제포럼의 국가경쟁력 순위에서 한국은 139개국 중 22위를 기록하여 3년 연속 순위가 후퇴한 것으로 나타났다. 그런데 2010년도 IMD의 국가경쟁력 순위에서는 한국이 58개국 중 23위를 기록하여 2년 연속 성적이 좋아졌을 뿐 아니라 역대 최고기록을 올렸다. 아니 국가경쟁력을 평가하는 두 기관의 평가가 이렇게 다를 수 있나. 하나는 성적이 좋아졌고, 다른 하나는 나빠졌다니 우리는 웃어야 하나, 울어야 하나.

이 사례는 국가경쟁력 순위가 얼마나 허망한 것인지를 잘 보여준다. 사실 다른 나라에서는 이 순위에 대해서 그다지 관심이 없는데 유독 우리나라는 매년 발표되는 국가경쟁력 순위에 유달리 신경을 곤두세우고 높은 관심을 보이고 있다. 언론은 매년 이 발표가 나면 대번에 대서특필하는데, 마치 그때그때 정부의 성적을 평가하는 유력한 기준이라도 되는 양 취급한다. 한 가지 재미있는 현상은 참여정부 때는 두 기관의 국가경쟁력 순위가 발표되기만 하면 보수언론들이 기다렸다는 듯이 대서특필하면서 정부 비판에 열을 올렸으나 이명박 정부 이후에는 그런 모습이 사라졌다는 점이다.

세계경제포럼의 평가방식에는 객관적, 수량적 자료와 더불어 각국 기업가에 대한 주관적 설문조사가 상당히 큰 비중을 차지하고 있다. 기업가들에게 설문을 보내 각국의 경제사정이나 정부 정책에 대한 평가를 하는데, 여기에서 문제가 발생한다. 2000년경의 일이다. 한국의 국가경쟁력이 낮은 이유를 조사하러 한국 학자들이 스위스의 양대 기관을 방문한 적이 있다. 이때 그 기관의 책임자로부터 한국 대표단이 들은 대답은 이렇다. "그것 참, 다른 나라는 그렇지 않은데 유독 한국 기업가들은 자기 나라를 그렇게 부정적으로 평가하는지 그 이유를 우리도 모르겠어요." '누워서 침 뱉기'란 이럴 때 쓰는 말이 아닌가.

노벨경제학상을 받은 폴 크루그먼은 1990년대 국가경쟁력 개념이 유행하기 시작할 무렵부터 개념 자체가 틀린 것이라고 비판한 바 있다. 그는 1994년 『포린 어페어스』에 기고한 「경쟁력: 위험한 집착」이란 글에서 기업경쟁력 개념은 별로 문제될 게 없으나 국가경쟁력 개념은 성립할 수 없다고 주장했다. 첫째, 이윤 획득이 목표인 기업과 달리 국가의 기능은 복잡하므로 국가경쟁력이란 개념을 정의하기 어렵다. 둘째, 정치적으로 이용될 소지가 있다. 셋째, 국가경쟁력에 대한 집착은 국내 공공정책을 왜곡하고 국제경제체제를 위태롭게 할 위험이 있다는 점에서다.

결국 우리는 국가경쟁력에 웃을 필요도 울 필요도 없다. 국가경쟁력은 개념 자체에 문제가 많고, 조사방법도 문제가 많아 신뢰할 만한 게 못 된다. 앞으로는 국가경쟁력 순위가 발표되더라도 일희일비하지 말고 초연하게 우리 할 일이나 하면 좋겠다.

토지개혁의 정당성과 위험성

　브라질의 아마존 인근 파라주써에서 빈농을 위한 토지개혁 운동을 하던 페드로 알칸타라 데 소사는 2010년 아내와 함께 자전거를 타고 가던 중 괴한들의 총탄에 맞아 숨졌다. '아마존의 성녀'로 불리던 도로시 스탱 수녀 역시 2005년 파라주에서 벌목업자의 사주를 받은 살인청부업자의 총탄에 살해됐다. 브라질은 1990년대부터 토지개혁을 추진하고 있지만 거대 농장주, 벌목꾼들의 폭력행사로 비극이 끊이지 않는다. 2008년 한 해에만 토지문제로 13명이 살해됐다. 경제규모 세계 12위인 브라질은 인구의 1%가 농지의 50%를 소유할 정도로 토지소유 집중이 극심하고 소득분배도 세계 최악에 가깝다.

　토지소유의 집중은 많은 나라에서 농촌 빈곤의 가장 큰 원인이다. 토지소유가 평등하면 소득분배가 개선될 뿐 아니라 경제성장에도 유리하다는 연구가 있다. 2003년에 나온 클라우스 다이닝어Klaus Deininger의 연구를 보면 26개국을 조사한 결과 초기 토지분배가 평등할수록 경제성장이 높은 것으로 나와 있다. 한국·타이완·중국이 대표적 사례에 속한다.

　토지개혁은 경제적·정치적으로 지극히 정당하지만 동시에 대단히 위험한 일이다. 로마 시대 호민관 티베리우스 그라쿠스는 대지주의 토지를 농민들에게 분배하는 개혁을 추진했다. 농민들이 물밀듯이 로마로 몰려와 그라쿠스의 법안을 지지하는 벽보로 성벽을 뒤덮으며 적극 지원했기 때문에 그 법안은 통과되었다. 겁에 질린 귀족들은 일단 후퇴했으나 토지라는 큰 이권을 완전히 포기한 것은 아니었다. 농민들이 추수를 하기 위해 농촌으로 되돌아가기를 기다렸다가 드디어 반격을 가했다. 원로들은 그라쿠스가 '헌법을 위반했다'고 주장하며 그라쿠스를 몽둥이로 때려죽였고 그의 지지자들을 300명이나 죽였다. 귀족들은 시체만이라도 돌려달라는 가족의 탄원마저 무시한 채 그라쿠스의 시체를 테베레강에 던져버렸다. 10년 뒤 티베리우스의 동생 가이우스 그라쿠스가 호민관으로 선출돼서 다시 같은 개혁을 추진했으나 원로원의 공격을 받아 이번에는 가이우스 그라쿠스와 그의 지지자 3000명이 무참히 살해됐다. 로마의 빈민들은 그라쿠스 형제를 순교자로 숭배해서 매일 무덤을 참배했다.

한편 조선 시대에도 비슷한 장면이 나온다. 중종반정 이후 공신들에게 막대한 토지가 상으로 주어졌는데, 그중에는 가짜 공신도 많았다. 훈구파의 대표격인 유자광의 땅이 워낙 넓어서 당시 유자광의 땅을 밟지 않고는 전라북도를 지나갈 수 없다는 말이 있었다. 소수의 훈구파 손에는 대토지가 집중된 반면 농민들은 '송곳 하나 꽂을 땅'조차 없었다. 조광조를 비롯한 사림파들은 117명의 공신 중 88명을 공신록에서 삭제하는 데 성공했지만 얼마 못가서 훈구파의 반격을 받았다.

훈구파는 나뭇잎에 '주초위왕走肖爲王'이란 글자를 단물로 써서 벌레들이 파먹게 한 뒤 이것을 중종에게 보여 趙(走+肖)씨가 왕이 된다고 모함을 했다. 로마 귀족들도 티베리우스 그라쿠스가 왕이 되려고 한다고 모함했는데 시대와 동서양이 달라도 이런 모함은 똑같은 점이 놀랍다.

조광조가 죽음을 맞는 장면은 장엄하다. 그는 서울에서 내려온 금부도사를 정중히 맞이하고, "임금께서 사형을 명하셨다면 반드시 죄명이 있을 것이다. 죄명이 무엇인가?"라고 물었다. 그런데 가져온 교지에는 죄명이 빠져 있었다. "대신을 대접하는 도리가 이렇게도 허술하단 말인가. 당장에 상소를 올려 바로잡아야 하겠지만 나 자신의 이익에 관한 일이라 그만둔다"고 말했다. 사약을 마시기 전 조광조는 한 편의 시를 지었다.

> 임금 사랑하길 아버지 사랑하듯 했고愛君如愛父
> 나라일 걱정하길 집안 걱정하듯 했네憂國如憂家
> 밝은 해가 이 땅을 굽어보니白日臨下土
> 내 붉은 충정을 밝게 밝게 비추리라昭昭照丹衷

우리나라의 1960~1970년대 고도 경제성장도 해방후 토지개혁이 있었기에 가능했다고 하는 가설이 있다. 해방후 토지개혁의 주창자였던 초대 농림부 장관 죽산 조봉암은 초대 각료 중 독야청청 유일한 좌파 독립운동가 출신이었다. 이승만이 죽산에게 장관직을 제안하자 죽산은 당신과 나는 생각이 다른데, 내 소신대로 일하도록 하겠는가 물어보고 난 뒤에 이승만이 그렇게 하겠다고 약속하자 장관직을 수락했고, 실제로 소신대로 농지개혁을 추진했다. 이후에 그는 터무니없는 모략을 받아 장관직을 불과 반년 만에 그만두게 되었지만 그래도 죽산이 추진한 농지개혁은 결실을 맺었다. 무상몰수·무상분배를 한 북한에 비해 덜 철저한 유상매입·유상분배라는 미온적 개혁이긴 해도 많은 나라에서 토지개혁 자체가 거의 불가능하다는 사실과 비교한다면 남한의 토지개혁은 그 자체로 큰 성과였다.

몇 년 뒤 1956년 대통령 선거에서 국민들 사이에 조봉암의 인기가 엄청나게 높은 것을 보고 위기감을 느낀 이승만은 1958년 소위 진보당 사건이란 걸 날조해서 죽산 제거 공작에 들어갔다. 이승만은 자기 라이벌은 반드시 제거하고 마는 성격이었다. 해방후 수많은 애국자들이 의문의 죽음을 당하지 않았던가. 죽산은 터무니없게도 간첩으로 몰렸는데, 실제로는 아무런 증거도 없었고, 신분이 불분명한 밀무역업자 양명산의 증언 달랑 하나뿐이었다. 더구나 2심에서 양명산이 1심에서의 증언이 사실은 허위자백이었다는 양심선언을 했음에도 불구하고, 당연히 무죄로 풀려나야 할 죽산은 2심과 3심에서 북한의 간첩으로 사형 판결을 받고 이듬해인 1959년 7월 말 형장의 이슬이 되고 말았다. 죽산의 신원은 사후 반세기가 지나서야 재심을 통해 회복될 수 있었다.

토지개혁은 동서고금을 막론하고 대개의 경우 정당하고 농민의 빈궁을 해결해주며 경제성장에도 도움이 된다. 허나 얄궂게도 이를 추진하는 개혁파는 억울하게 목숨을 뺏기는 경우가 비일비재하다. 정녕 토지개혁은 정의로운 개혁가의 무덤인가.

세계적 양극화

우리나라에서 양극화라는 고질병이 나타난 것은 1997년 외환위기 이후의 일이다. 그런데 소득 양극화가 세계적 현상이라는 관찰이 나와서 우리의 관심을 끈다. 소득 양극화 경향이 가장 심한 나라는 미국이다. 미국 소득분배에서 최고 소득계층의 몫은 대공황과 2차대전 기간에 감소했으나 1980년 이후 크게 증가했다. 1976년에서 2007년 사이 미국의 총소득 증가분의 58%를 최고 1%의 부자들이 가져갈 정도로 집중이 심해졌다. 아들 부시 대통령의 친기업정책이 이런 경향을 더욱 강화시켰다. 전에는 최고 1% 부자들의 소득몫이 8%였는데, 지금은 18%나 된다. 미국의 최고 10%의 부자들이 소득의 절반을 가져가고, 90%의 사람들이 나머지 절반을 가져갈 정도로 큰 격차가 벌어지고 있다.

양극화의 원인은 무엇인가? 무엇보다 노동시장에서 일어나는 일자리 양극화를 들 수 있다. 전문직·관리직·금융·연예·스포츠 분야에 소위 '좋은 일자리'가 늘어나고 있고, 그 반대쪽 극단에 있는 청소·간병 등 소위 '궂은 일자리'도 늘어나고 있다. 문제는 사회의 허리를 떠받치는 생산직·사무직 등 중간 일자리가 줄어들고 있다는 사실이다. 일자리의 양극화가 중산층 붕괴와 소득 양극화를 초래하고 있다.

미국에서는 중산층 붕괴 현상이 심각하다. 미국의 보통 시민을 대표하는 중간소득은 1970년대 이후 실질적으로 감소하고 있어 충격을 준다. 과거 수세기 동안 아버지 세대보다는 아들 세대의 물질적 생활수준이 높은 게 당연한 사실이었으나 이런 철칙은 더 이상 성립하지 않는다. 지금 청장년 세대의 평균 실질소득은 아버지 세대보다 낮아졌다. 그렇다고 평균소득이 절대적으로 감소한다는 이야기는 아니다. 평균소득은 계속 증가하고 있으나 그 증가분이 꼭대기의 극소수 부자들에게 집중되고 중산층 이하로는 국물이 떨어지지 않는 것이다. 그러니 중산층 붕괴라는 말이 과장이 아니다.

전에는 이것이 미국 특유의 현상으로 해석되었다. 정보화·세계화와 더불어 시장의 승자가 소득을 독식하는 '싹쓸이 사회'가 탄생했고, 미국에는 가난한 미국과 부유한 미국이라는 두 개의 미국이 있다는 말도 나온다. 그러나 최근에는 소득 양극화가 미국만의 현상이 아니라 유럽, 일본까지 포함해서 전지구적 현상이라는 사실이 밝혀져 우리에게 충격을 준다. 세계 선진국 22개국 중 소득 양극화가 진행중인 나라가 17개국이나 된다. 지난 4반세기 동안 프랑스·벨기에를 제외한 대부분의 유럽 국가에서 빈부격차가 확대되어 왔다. 전통적 복지 강국 스웨덴·덴마크·독일도 양극화 현상에 예외가 아니니 양극화를 벗어나기는 정말 어렵다는 걸 알 수 있다. 모든 나라에서 일자리 양극화가 진행중이다.

중산층 붕괴는 필연적으로 소비여력 감퇴를 가져온다. 현대는 소비사회이므로 소비를 떠받치지 않고는 2008년 금융위기 이후 5년째 계속중인 세계적 불황에서 탈출하기도 어렵다. 세계적 불황을 타개하기 위해서라도 세계적 양극화 현상에 대한 근본적인 대책이 요구되고 있다.

초인플레이션의 악몽

1987년 주가 대폭락을 예언해서 '파국 박사'란 별명을 갖고 있는 마크 파버는 2009년 "미국경제가 5~10년 안에 초인플레이션에 시달릴 수 있다"고 경고했다. 당시 IMF의 스트로스 칸 총재와 세계은행의 로버트 졸릭 총재도 "경기가 회복되면 세계적 인플레이션이 발생할 수 있다"고 걱정하고 있었다. 국내에서도 초인플레이션 걱정이 슬슬 나돌고 있다. 세계적 불황이 여전히 깊기 때문에 이런 경고는 아직은 강 건너 불이다. 그러나 초인플레이션은 무시무시한 것이다.

물가가 지속적으로 상승하는 현상을 인플레이션이라 한다. 초인플레이션이란 인플레이션 중에서도 그 정도가 아주 심한 것이다. 역사적으로 가장 유명한 초인플레이션은 제1차 세계대전 직후 독일에서 일어났다. 1921년 1월에 0.3마르크 하던 신문 한 부 값이 1922년 11월에는 7000만 마르크가 됐으니 2억 배가 넘게 오른 셈이다. 신문값만 오른 게 아니고 다른 상품들도 모두 비슷하게 올랐다.

당시 세태를 풍자하는 전설 같은 이야기가 전해 내려온다. 사람들이 맥줏집에 가면 한꺼번에 여러 잔을 주문해서 앞에 놓고 마셨는데, 그 이유는 맥주 김 빠지는 속도보다 맥주 가격 상승속도가 더 빨랐기 때문이다. 술고래가 몇 년간 쌓아둔 빈 병의 가치가 술이라곤 안 마시고 근검절약한 사람이 모은 저축의 가치보다 높았다는 이야기도 있다. 회사에서 노동자 봉급을 월 1회 지불하다가 주 1회로, 하루 한 번으로, 급기야 하루에 두 번 지불하기에 이르렀다.

사람들은 봉급을 받자마자 지체 없이 뛰어나가 물건 사기에 바빴는데, 조금만 동작이 늦으면 지폐가 휴지 조각이 되기 때문이었다. 돈은 가치가 없으니 손에 들어온 돈은 될 수 있는 대로 빨리 물건과 바꾸는 게 유리한데, 이것을 환물換物사상이라고 한다. 초인플레이션 때는 환물 사상이 극대화된다고 할 수 있다.

당시에는 실제로 지폐를 벽지로 사용하는가 하면 지폐를 불쏘시개로 쓰기도 했다. 모두 실화다. 어떤 아주머니가 장바구니에 지폐를 가득 담아 장보러 갔는데, 물건을 고르는 사이에 도둑이 장바구니를 슬쩍 훔쳐 갔다. 아주머니가 '도둑이야!'하고 쫓아가니 다급해진 도둑이 돈은 몽땅 길에 버리고 장바구니만 들고 도망가더라는 믿기 어려운 이야기도 전해내려온다. 믿거나 말거나, 이런 게 초인플레이션이다.

초인플레이션은 주로 전쟁, 혁명 등 사회 혼란기에 발생하는 경향이 있다. 우리나라에서도 해방 직후에 초인플레이션이 있었다. 원인은 무엇인가? 통화 증발增發과 통화의 신뢰 상실이다. 이 둘이 상호촉진 작용을 해서 거대한 인플레이션을 유발한다. 독일의 초인플레이션도 통화 증발 때문이었다.

1차대전 직후 열린 파리 강화회의에서 독일에 대해 무려 1320억 마르크란 전쟁 배상금을 물리자 독일은 통화 증발에 의지할 수밖에 없었다. 이 회의에 참석했던 젊은 경제학자 케인즈는 독일에 과도한 배상금을 물려서는 안 된다고 역설했으나 역부족이었다. 패전국 독일에 대한 거액 배상금은 통화 증발→초인플레이션→바이마르공화국 붕괴→히틀러의 등장을 거쳐 마침내 2차대전이란 인류의 대참화로 연결되었으니 우리는 케인즈의 선견지명에 탄복하지 않을 수 없다.

식품 인플레이션

우리나라에서 해마다 가을이면 배추와 무 가격 폭등으로 홍역을 치르듯, 인도에서는 양파값 파동이 연례행사다. 2013년에는 양파값이 1kg에 35루피(600원)에서 100루피(1700원)로 폭등했다. 그까짓 양파쯤이야 하겠지만 인도인들에게는 양파가 필수 식품이다. 대부분의 인도 음식에는 양파가 들어간다. 실제로 인도에서는 양파 때문에 정권이 바뀐 적이 두 번 있었다. 1980년 선거에서 야당이었던 인디라 간디의 승리, 그리고 1998년 선거에서 당시 여당이었던 세카와트 정부의 패배는 양파 가격 폭등이 큰 요인이었다.

인도의 싱 총리는 "양파 가격 안정을 위해 정부가 할 수 있는 모든 수단을 동원하겠다"고 말하며 국민들 달래기에 나섰다. 양파 수입 관세를 대폭 낮추고 안정적인 양파 공급을 위해서 양파 수출까지 금지시켰다. 인도의 앙숙인 파키스탄에게 양파 공급을 요청하기도 했다.

2008년, 세계적 애그플레이션(농산물 가격 급등)으로 이집트, 방글라데시에서 폭동이 일어났다. 전화위복이라 할까 그해 가을에 닥친 미국 금융위기 여파로 세계경제가 불황에 빠지면서 애그플레이션은 저절로 사라졌다. 그런데 금융위기가 끝나가는 국면에 접어들자 식품 가격이 다시 들썩이고 있는 것이다. 최근 식품 인플레이션 때문에 일어난 알제리·모잠비크·튀니지의 폭동은 2008년의 악몽을 떠올리게 한다.

2011년 미국 정부가 발표한 옥수수·콩 등 주요 식품의 재고 물량이 아주 낮은 것으로 나타나 식품 인플레이션 우려를 더 키웠다. 실제 이들 식품 가격은 3년 전의 기록을 깨고 정점에 도달했다. 미국은 세계 옥수수 수출 1위 국가인데, 가축 사료로 쓰이는 옥수수 가격이 상승하면 육류 가격 상승을 가져오므로 예의주시할 필요가 있다.

사정이 이러니 중국 정부도 인플레이션 대비 쪽으로 정책을 급선회하고 있다. 최근 중국 인민은행은 연달아 금리와 은행 지불준비율을 인상해 돈줄을 죄고 있는데, 이는 물론 인플레이션에 대한 우려 때문이다. 또 중국 정부는 채소 가격 상승을 완화시키기 위해 채소를 운반하는 트럭의 고속도로 통행료 면제를 발표하기도 했다.

식품 가격이 폭등하는 이유는 크게 두 가지다. 하나는 중국과 인도를 합한 25억 인구의 소득 증대로 인해 식품에 대한 수요가 꾸준히 증가하고 있다는 사실이다. 노벨경제학상 수상자인 인도 출신의 센에 의하면 인도 국민은 여전히 영양실조에 허덕이고 있으므로 소득증대에 따른 식품 수요 증가는 당분간 불가피하다. 또 하나는 이상기후로 인한 공급 부족이다. 세계 3대 곡물 수출국인 러시아가 2010년 곡물 수출을 금지한 것은 40년 만의 혹심한 가뭄 때문이었다. 다른 곡물 수출대국인 아르헨티나, 브라질도 가뭄 때문에 작황이 우려되는가 하면 호주에서는 홍수로 고통을 겪기도 했다.

식품 인플레이션의 영향은 나라마다 다르다. 선진국에서는 엥겔계수(가계지출 중 식품의 비중)가 낮으므로 그 피해가 비교적 작다. 그러나 중국·인도는 엥겔계수가 50% 가까이 되므로 그 영향이 대단히 크며, 아프리카 등 최빈국에서는 엥겔계수가 75%나 되기 때문에 그 영향은 가히 폭발적이라 할 수 있다. 식품 인플레이션으로 인한 폭동이 최빈국에서 일어나는 것은 그 때문이다. 식품 인플레이션에 특별히 주의를 기울일 필요가 있다.

진퇴양난의 원전

2011년 3월 일본 후쿠시마 원전 사고는 일본은 물론 전세계를 공포에 빠뜨렸다. 도쿄전력 다이이치 발전소의 원전 6기가 멈추어 섰고, 그중 일부는 최악의 사태인 노심 용융의 위험성마저 걱정하는 단계에 접근했었다. 사고 수습은 엄청난 시간을 요하고 근원적 해결에는 어쩌면 몇십 년이 걸릴지도 모른다는 암울한 전망까지 나오고 있다. 후쿠시마 원전 사고는 원전에 대한 세계인의 사고방식을 바꾸어 놓고 있다. 독일이 낡은 원전의 운행을 멈추고 점검에 들어갔으며 중국도 신규 원전 신청을 받지 않겠다고 선언했다.

1979년 미국의 스리마일 섬Three Mile Island 원전 사고와 1986년 구소련의 체르노빌 원전 사고는 원전에 대한 세계 여론을 결정적으로 나쁘게 만들었다. 그 결과 원전 산업은 20년간 꽁꽁 얼어붙었는데, 21세기에 들어오자 슬슬 훈풍이 불더니 최근에는 '원전 르네상스'라는 말이 나올 정도로 부활에 성공했다. 원전 공포는 자취를 감추고 거꾸로 원전은 값싸고 깨끗하고 안전한 에너지라는 인식이 자리 잡기 시작했다.

이런 변화에는 이유가 있다. 첫째는 석유 가격의 인상이다. 유가가 천정부지로 오르니 대체에너지로 원전의 매력이 커진 것이다. 둘째는 지구온난화다. 지구온난화를 일으키는 주범이 이산화탄소 배출이고, 이것을 줄이는 것이 지구를 지키는 일이 됨에 따라서 온실가스를 일으키지 않는 원전과 수력발전이 각광을 받게 됐다. 그러나 수력발전은 한계가 있으므로 자연히 원전 붐이 불게 됐다.

현재 세계에서 사용하는 전력의 14%를 원전이 담당하고 있다. 일본은 원전 의존도가 매우 높아 30%이고, 한국은 한술 더 떠 31%나 된다. 더구나 한국 정부는 이 비율을 2030년까지 59%로 높인다는 계획을 갖고 있다. 한국은 이미 세계 5위의 원전 국가다. 그러나 후쿠시마 이전 세상과 이후 세상은 근본적으로 다르다. 원전에 대한 재검토가 필수적이다.

이와 관련해 최근 근본적 수정을 밟고 있는 독일의 에너지 정책이 주목받고 있다. 독일에서는 이를 '에너지 전환Energiewende'이라고 부른다. 이 계획에 의하면 2022년까지 모든 핵발전소를 가동 중단하기 때문에 현재 전체 에너지의 16%를 담당하고 있는 원자력 발전이 기능을 상실한다. 그 대신 현재 22%를 담당하고 있는 풍력·태양열 등 재생가능에너지의 비중을 2050년까지 80%로 높이는 것을 목표로 한다. 에너지 전환 정책은 원래 녹색당이 강세를 띠던 2000년대 초 사민당과 녹색당의 연합에 의해 마련되었지만 메르켈 집권 이후 답보상태에 있다가 후쿠시마 사태를 계기로 빛을 보게 됐다. 독일의 재생가능에너지 기술 수준은 세계 최고를 자랑하며, 그 확산도 빠른 속도로 이루어지고 있다. 2008년에만 해도 전체 전력 공급에서 재생가능에너지가 차지하는 비율이 15%에 불과했으나 2012년에는 22%, 핵발전이 폐지되는 2022년에는 48%에 도달할 것으로 전망된다.

이처럼 후쿠시마 이후 원전의 위험성에 대한 세계의 각성이 높아진 것은 분명한데, 문제는 독일 등 극소수 국가를 제외한 대부분 나라들은 뾰족한 대안이 없다는 점이다. 환경 근본주의자들은 차제에 원전 자체를 포기할 것을 주장하고 있다. 이는 이상론으로 그 실현가능성을 잘 검토해볼 필요가 있다. 원전을 폐기하려면 대체에너지가 있어야 하는데, 대부분의 지역에서 태양은 그렇게 뜨겁지 않고 바람도 그리 강하게 불지 않는다. 그러니 대체에너지 개발에 주마가편하되 당분간은 원전에 의지하는 것이 불가피하다.

동시에 원전에 대한 철저한 감독이 필요하다. 도쿄전력은 전에도 여러 번 사고를 은폐한 적이 있다. 이번 후쿠시마 원전 사고도 도쿄전력에 대한 정부의 감독 부실이 원인이라는 비난이 쏟아졌다. 감독이 부실한 이유는 일본의 고질적인 '아마쿠다리天下リ'(하늘에서 내려온 사람) 관행

때문이다. 감독을 해야 할 관료들이 퇴직후 피감독 기업에 중역으로 내려가는 잘못된 관행이 감독을 느슨하게 만든다. 노벨경제학상을 받은 게리 벡커 교수의 '포획'가설capture hypothesis, 즉 규제를 받는 기업이 규제를 하는 감독 관청을 포획하여 규제를 무력화시킨다는 가설이 딱 들어맞는다. 일본과 비슷한 전관예우 관행과, 높은 원전 의존도를 가진 한국은 후쿠시마가 주는 경고를 결코 가볍게 봐서는 안 된다.

맥나마라의 추억

지금은 이미 세상을 떠난 전 미국 국방장관 로버트 맥나마라Robert Strange McNamara(1916~2009) 이야기다. 맥나마라는 케네디·존슨 정부 때 7년 동안 국방장관으로서 베트남전을 총지휘했던 인물이다. 그래서 베트남전을 '맥나마라의 전쟁'이라 부르기도 한다. 그는 자기 이름처럼 특이한 인생을 살았다. 버클리 캘리포니아대학에서 경제학, 하버드대학에서 경영학을 공부하고 하버드 경영대학원 최연소 교수를 지낸 뒤 포드 자동차에 입사하여 승승장구, 44세에 포드 가문이 아닌 사람으로서 최초의 포드 자동차 사장이 됐다. 그 뒤 케네디의 간청을 받고, 국방장관에 취임했다. 그러나 정당성 없는 베트남전에서 5만8000명의 무고한 미국 젊은이들이 목숨을 잃어 그는 전범으로 지탄받았다. 그와 반대로 그나마 맥나마라가 그 자리에 있었기에 정신없이 돌아가는 전쟁의 와중에서 호전적 장군들을 통제해서 더 이상 사태가 악화하는 것을 막을 수 있었다고 그를 옹호하는 사람도 있다.

그는 전쟁 방향을 놓고 존슨 대통령과 불화한 끝에 1968년 사임하고, 바로 세계은행 총재가 됐다. 그가 세계은행 총재로 갈 때는 전범戰犯이 갈 곳이 아니라며 반대가 많았다. 말도 많고 탈도 많았으나 그가 세계은행에서 남긴 업적은 대단하다. 13년간 총재로 있으면서 맥나마라는 세계은행의 철학을 근본적으로 바꾸었다. 그는 세계은행의 운영방침을 빈국의 빈민들을 돕는 방향으로 전환시켜 빈국의 교육, 보건, 식량 문제 개선에 힘을 쏟았다. 그때까지 투자·성장 중심이던 사고방식을 빈곤퇴치·분배개선으로 전환한 것은 높이 평가할 만하다.

1981년 필자는 미국 유학 중이었는데, 하루는 TV를 켜니 세계은행 총재에서 퇴임하는 맥나마라의 연설이 중계방송되고 있었다. 맥나마라의 퇴임연설은 빈국의 비참한 실정에 무지하고 무관심한 부국 사람들을 질타하면서 빈민들을 도울 것을 역설하는 감동적인 내용이었다. 특히 맥나마라가 스스로 격해진 감정을 억제하지 못하고 눈물을 흘리면서 연설하던 장면, 그리고 연설이 끝나자 넥타이를 매고 정장한 참석자들이 일제히 자리에서 일어나 우레와 같은 박수를 보내던 장면이 생생히 기억에 남아 있다.

맥나마라는 퇴임 후에는 반핵·평화운동에 힘을 쏟았고, 부시의 이라크 침공을 정면 비판했다. 만년에는 침묵을 깨고 회고록과 다큐멘터리 영화에서 자기가 "심각한 과오를 범했다"고 솔직하게 시인했다. 자신의 인생에서 얻은 교훈은 "사람은 선을 행하려고 하면 오히려 악을 행하게 된다"는 것이었다고 말했다. 2004년에는 베트남전 때 반전 운동의 중심이었던 모교 버클리 캘리포니아대학의 초청을 받고 "20세기 인류는 무려 1억6000만 명을 살해했지만 21세기에는 결코 그런 일이 있어서는 안 된다"고 연설했다. 한 사람에게 이처럼 전쟁과 평화, 영광과 오욕이 겹치는 경우도 드물 것이다.

그는 통계에 기초한 냉철한 합리주의자였는데 그의 천재성을 보여주는 일화는 많다. 그는 반드시 서면보고를 요구했는데, 이유는 "그들이 말하는 속도보다 내가 읽는 속도가 더 빠르기 때문"이라는 것이었다. 하루는 장군들이 수많은 차트를 넘기면서 맥나마라 장관에게 브리핑을 하고 있었다. 듣고 있던 맥나마라가 "잠깐! 이 차트는 아까 차트와 모순된 내용"이라고 말하기에 되돌아가보니 맥나마라의 지적대로였다는 전설도 내려온다. 마치 임진왜란 뒤 일본을 방문한 사명대사가 지나는 길에 일본 당국이 자랑스레 병풍을 끝없이 늘어놓았는데, 소감을 묻자 사명대사가 몇 번째 병풍에 글자가 틀렸더라고 지적해서 일본의 기를 죽였다는 일화를 연상시킨다.

맥나마라는 언론인 데이비드 할버스탬이 쓴 『최고의 천재들The Best and the Brightest』이란 베스트셀러에 등장하는 대표적 천재다. 미국 수뇌부에 포진했던 천재들이 베트남전에서 왜 그렇게 바보같이 판단착오하고 수렁에 빠졌나 하는 것이 할버스탬의 문제의식이었다. 불세출의 언론인 할버스탬도 2007년 불의의 교통사고로 타계했는데, 할버스탬의 마지막 유작은 『가장 추운 겨울The Coldest Winter』이란 한국전쟁을 다룬 책이다.

한편 맥나마라와 같은 시기에 백악관에서 일한 유명한 경제학자인 월트 로스토우(1916~2003)는 그와 대비가 된다. 두 사람은 동갑이고, 둘 다 경제학을 전공했다. 로스토우는 케네디·존슨 밑에서 국가안보 보좌관으로서 베트남전을 지휘했다. 그는 대표적인 북폭론자였다. 월맹(북베트남)을 폭격하기만 하면 전쟁을 이긴다는 생각을 갖고 있었다. 그의 주장에 따라 당시 돈으로 하루 1억 달러의 폭탄이 월맹 땅에 투하됐지만 미국은 전쟁에서 줄곧 밀렸고, 그의 생각은 틀렸음이 입증됐다. 한 가지 재미있는 사실은 젊은 시절 로스토우는 2차대전에 참전하여 유럽 전선에서 비행기로 땅 위에 폭탄을 투하하는 지점을 찍어주는 일을 맡고 있었는데 그때도 폭격의 효과는 거의 없었다는 점이다.

로스토우는 백악관을 그만둔 뒤 원래 소속이던 MIT 경제학과로 돌아가려 했으나 학생들이 그를 전범이라고 공격하는 바람에 뜻을 이루지 못하고 존슨 대통령이 만든 텍사스대학으로 발길을 돌렸다. 로스토우는 『경제성장단계론』이란 책에서 유명한 경제성장 5단계 가설을 내놓아 세계적으로 명성을 날렸다(이 책은 맑스의 역사발전 5단계설에 대항하기 위해 의도적으로 쓴 책이고 책의 부제도 반공산주의 선언이라고 붙어 있다). 그중 셋째 단계인 '이륙Take-off'이 핵심이다. 그는 출장이 잦아 비행기를 타는 일이 많았는데, 공항에서 비행기가 이륙하는 걸 보고 '이륙' 개념을 착상했다고 하는 소문이 있다. 로스토우는 1965년부터 세 차례 한국을 방문했다. 1960년대 한국에 와서는 박정희 대통령도 만났고, "한국경제는 곧 이륙할 것"이라는 아첨성 발언을 하더니 1983년 전두환 대통령 시절 다시 방한해서 '한국은 이미 이륙했다'는 듣기 좋은 말을 하

고 갔다. 맥나마라와 로스토우, 두 사람 다 천재지만 어쩐지 로스토우
보다는 맥나마라에 더 인간적 연민과 존경심이 간다.

2

세계 경제의
흐름

제1장
미국의 그늘

과연 역사는 반복되는가?

미증유의 금융위기로 세계를 고통에 빠뜨린 최근의 미국 상황과 비슷한 시대를 찾자면 '재즈의 시대' 혹은 '광란의 시대'로 불리는 1920년대로 가면 된다. 1920년 대통령에 당선된 공화당의 워렌 하딩은 무능하기로 둘째가라면 서러워 할 인물인데, 임기중 부자감세와 대기업 지원에 열심이었다. 그의 임기는 무능과 부패로 얼룩졌다. 그는 대통령 업무를 도무지 파악하지 못해서 기자들의 질문에 동문서답하기 일쑤였고, 밤에는 고향 친구들을 백악관에 불러 카드놀이하는 게 취미였다. 그나마 4년 임기를 채우지도 못하고 1923년 돌연 세상을 떠났다.

부통령이던 캘빈 쿨리지가 대통령을 승계했고, 그는 1924년 대선에서 대통령에 당선됐다. 쿨리지 대통령은 "사업이 미국의 사업America's Business is Business"이라고 선언할 정도로 친기업적이었다. 당시 『월 스트리트 저널』은 쿨리지의 친기업 노선을 적극 환영하면서 "그 어느 때, 어느 곳에서도 정부와 기업이 이처럼 완벽히 혼연일체가 된 적이 없었다"고 논평하였다. 쿨리지는 감세, 규제완화, 친기업 정책으로 일관한 반면 노조에는 법과 질서를 강조하였다. 쿨리지는 주식시장에 투기 조짐이 역력한데도 불구하고 시장만능주의를 굳게 신봉하여 전혀 손을 쓰지 않고 수수방관함으로써 결국 대공황을 초래한 상당한 책임이 있다.

1928년에 대통령에 당선된 공화당의 허버트 후버도 비슷한 경제철학을 갖고 있었다. 후버는 1928년 8월에 "오늘 우리는 세계 역사상 최초로 빈곤 극복 직전의 상황에 도달해 있으며, 이제 구빈원은 우리 사회에서 자취를 감추어가고 있습니다"라고 지극히 장밋빛 전망을 이야기했는데, 그것은 희망사항에 불과했다. 그 말이 떨어진 지 얼마 안 되어 사상초유의 대공황이 닥쳐 빈곤이 전국을 휩쓸었다. 사람들은 후버를 조롱하기 위해서 집 없는 사람들이 모여 사는 곳을 '후버 마을', 벤치에서 자는 사람들이 덮는 신문지를 '후버 담요'라고 불렀다.

공화당의 하딩, 쿨리지, 후버 밑에서 3대 연속 재무장관을 지낸 사람은 재벌 출신 앤드루 멜론이었다. 그는 시종일관 감세에 적극적이었다. 그는 1923년 최하위 소득계층의 세율은 4%에서 3%로 인하하는 시늉만 내고, 최상위 소득계층의 세율은 50%에서 25%로 대폭 인하하는 소위 '멜론 계획'을 의회에 제출했다. 이 법안으로 멜론 자신은 소득세 80만 달러를, 동생 리차드 멜론은 60만 달러를 경감받았다. 1920년대 미국의 소득분배는 엄청나게 악화했다. 미국에서 최고 10% 부자의 소득 몫은 대개 35% 정도인데, 공화당 정권의 연이은 경제실정으로 1920년

대말에는 50%까지 올라갔다. 그러다가 대공황을 맞았다. 이 비중이 다시 50%로 치솟은 것은 80년 뒤 부시 임기중이었다. 레이건과 부시(아버지와 아들)의 경제정책은 1920년대와 판박이처럼 같았다. 작은 정부·부자감세·규제완화·친기업·반노조가 그것이다. 그 결과 빈부격차가 사상최고로 커졌고, 2008년 금융위기, 그리고 세계적 불황이 닥쳤다. 역사는 80년을 사이에 놓고 정확하게 반복했다.

1932년 11월 대선에서 미국 국민은 '변화'를 구호로 내건 민주당의 프랭클린 루즈벨트를 선택했다. 루즈벨트는 국민 투표수에서 56%를 얻었고, 42개주에서 승리하여 선거인단 수에서 472:59로 공화당을 침몰시켰다. 뿐만 아니라 민주당은 상원과 하원을 석권하는 압승을 거두었다. 2008년 대선에서 오바마는 역시 '변화'를 선거구호로 내걸고 루즈벨트에 필적할 만한 압승을 거두었다. 이 모든 과정을 보면서 우리는 저절로 묻지 않을 수 없다. 과연 역사는 반복되는가?

버락 오바마는 역대 최다의 투표자에 역대 최다의 지지를 얻어 제44대 미국 대통령에 당선되었다. 그가 흑인이라는 불리함에도 불구하고 압도적 지지를 얻을 수 있었던 배경에는 급작스레 닥친 금융위기도 있었지만 미국경제의 심각한 양극화가 크게 작용한 것으로 보인다. 역대 선거에서 투표율이 낮았던 흑인, 소수민족, 여성들이 대거 투표장에 나가서 압도적으로 오바마를 찍은 것은 지금껏 차별받아온 사람들이 오바마에게 뭔가 희망을 걸었기 때문이었을 것이다.

오바마가 선거 과정에서 줄기차게 내걸었던 구호는 '변화' 한 단어다. 무엇을 변화시켜야 할까? 가장 중요한 과제를 꼽는다면 단기적으로는 난마와 같이 얽힌 금융위기를 해소하는 것이요, 장기적으로는 미국경제가 안고 있는 저성장과 양극화 문제를 해결하는 것이다. 미국 역대 대통령의 경제 성적표를 돌아보면 오바마에게 상당한 기대를 걸어도 좋을 듯하다. 왜냐하면 2차대전 후 지금까지 미국 민주당은 공화당 정권보다 우수한 경제적 성과를 거두었기 때문이다.

첫째, 민주당 집권기는 공화당 집권기보다 평균 경제성장률이 높았다. 둘째, 민주당 집권기는 소득분배가 개선되었는 데 반해 공화당 집권기에는 소득분배가 악화하였다. 2차대전 후 소득분배가 악화한 시기를 보면 아이젠하워·닉슨·포드·레이건·부시 부자 때인데, 이들은 공교롭게도 모두 공화당 대통령이다. 반면 민주당이 대통령으로 있을 때는 카터만 예외로 하고 트루먼·케네디·존슨·클린턴 때 모두 소득분배가 개선되었다.

이것은 정권에 따라 경제정책이 달라지고, 소득분배가 영향을 받는다는 사실을 강력하게 시사해준다. 예를 들어 공화당은 부자와 대기업에 감세를 해주는 데 반해, 민주당은 저소득층에 감세를 해준다. 소득분배에 큰 영향을 주는 최저임금을 평균임금과 비교해보아도 공화당 정권 때는 최저임금이 상대적으로 하락하고, 민주당 집권기에는 상대적으로 상승하는 경향이 발견된다. 결국 정권의 철학이 문제다.

지금 미국의 소득분배는 레이건, 부시 이후 엄청나게 나빠져서 역사적으로 보면 19세기 후반의 '도금시대Gilded Age'(마크 트웨인이 붙인 이름)나 '광란의 1920년대'에 비유된다. '도둑남작'이라 불린 록펠러, 반더빌트 등이 거대한 부를 쌓은 반면 빈부격차가 극심해졌던 도금시대에 빗

대어 현대 미국을 신도금시대라고 부르기도 한다. 과연 과거 도금시대가 끝났듯이 신도금시대가 끝나고 보다 평등한 자본주의 사회가 될 수 있을까.

투기와 거품의 역사

월가에서 시작한 금융위기가 일파만파로 번져 세상을 공포에 몰아넣고 있다. 한때 천문학적 연봉을 뽐내던 월가의 전문가들이 지금은 구조조정 1순위 대상이 돼버렸다. 머리 좋은 사람들이 만든 금융파생상품이 한때는 감탄의 대상이었으나 이제는 애물단지일 뿐이다. 『돈키호테』의 작가 세르반테스는 "사람들은 이상한 안경을 쓰고 있다. 구리를 황금으로, 가난을 풍요로 보이게 하는 안경을 끼고 있다. 그래서 눈에 난 다래끼도 진주알로 보인다"고 썼는데, 월가 사람들이야말로 이런 안경을 끼고 있었던 모양이다.

미국의 금융위기는 전세계에 민폐를 끼치고 있다. 한 나라의 무책임한 경제운영이 얼마나 많은 사람들을 궁지로 몰아가고 있는가. 그 여파로 우리나라에서도 주가는 폭락하고 환율은 폭등해서 온 국민이 불안에 떨었다. "사회의 토대를 전복시키는 데는 통화를 붕괴시키는 것보다 더 정교하고 확실한 수단은 없다"고 한 케인즈의 경구가 생각난다.

사실 금융위기는 역사상 이번이 처음이 아니고, 오래전부터 수시로 반복적으로 일어났다. 투기와 거품은 자본주의 역사만큼이나 오래되었다. 17세기 네덜란드의 튤립 광풍은 참으로 믿기 어려울 정도다. 그저 한 송이 예쁜 꽃에 불과한 튤립에 슬금슬금 투기 바람이 불기 시작하더니 나중에는 튤립 한 포기가 집 한 채 가격과 맞먹을 정도로 뛰었다. 꿈을 깨고 나면 어이없는 일이지만 투기의 광란 속에서는 너도 나도 튤립 사재기를 했다. 그 뒤 미시시피 거품Mississippi Bubble, 남해 거품South Sea Bubble도 대표적 투기 사례로 손꼽힌다.

1920년대 미국은 여러모로 최근 미국 금융위기 상황과 닮았다. 당시 플로리다에 부동산 투기 바람이 불어 심지어 부동산을 사자마자 그 자리에서 되팔아 투자액의 10배를 남기기도 했다. 마이애미에는 투기꾼들을 맞이하기 위해 중개인들이 부동산 목록을 들고 길에서 기다리고 있었다. 당시 공화당의 쿨리지 대통령은 경제는 재벌 출신 앤드루 멜론에게 일임하고 철저하게 규제완화, 친기업 정책으로 일관한 반면 노조에는 법과 질서를 강조했다. 그는 노조 파업에 엄중한 포고문을 발표했는데, 이는 나중에 항공관제사 파업을 강경진압한 레이건을 연상시킨다. 레이건이 백악관에 쿨리지의 초상을 소중히 걸어둔 것도 그런 인연 때문일까?

쿨리지는 주가가 폭등하여 투기 조짐이 역력한데도 불구하고 경제는 시장에 맡긴다는 원칙을 맹신하여 아무런 조치 없이 수수방관하다가 결국 대공황을 일으킨 대통령이란 오명을 남기고 말았다. 1929년 대공황 발발 직전인 1928년말에 쿨리지는 국회에서 이런 연설을 하여 나중에 두고두고 웃음거리가 되었다. "지금 상황처럼 낙관적인 적은 일찍이 없었습니다. 국내에는 평온, 만족, 수년간의 번영이라는 최고 기록이 있습니다". 역사는 반복된다고 했던가. 쿨리지는 반면교사로 삼을 사람인데, 한국에서는 오히려 교사로 삼는 대통령이 연이어 등장하는 것 같아서 적이 걱정스럽다.

「 '바이 아메리칸'의 추억 」

2009년 미국 의회는 8000억 달러의 경기부양법안을 통과시키면서 철도·교량·댐 등 사회간접자본 확충을 위해 철강·아연 등 자재를 구입할 때는 미국 제품을 우선 사용해야 한다는 단서를 달았다. 이른바 '바이 아메리칸Buy American'이라는 국산품 애용 조항이다. 이 조치는 즉각 많은 나라의 의구심과 반발을 불러일으켰다.

'바이 아메리칸' 정책의 유래는 대공황기다. 1929년 대공황이 닥쳤을 때 미국의 후버 대통령은 속수무책이었고, 그나마 손을 댄 정책도 차라리 아니함만 못한 유해한 내용이 많았다. 예컨대 1930년 6월 '스무트-홀리 관세법안Smoot-Hawley Tariff Bill'이 통과되어 미국의 평균 관세율이 59%로 올랐는데, 이는 다른 나라의 희생하에 경기를 회복하려는 전형적인 '이웃궁핍화' 정책이었다. 다른 나라들이 가만히 있으면 이 정책은 효과가 있겠지만 다른 나라들이 가만히 있을 리가 없다. 결과적으로 23 개국의 관세보복을 불러와서 세계 무역을 축소시켰을 뿐이다. 미국의 무역 규모도 거의 1/3 수준으로 떨어졌다. '스무트-홀리 법안'에 대해서 1028명의 경제학자들이 백악관에 반대 청원을 제출했지만 후버 대통령은 막무가내로 서명, 발효시키고 말았는데 그것은 치명적 실수였다. 약간 회복 기미를 보이던 대공황이 더욱 악화됐고, 장기화됐다.

이때 나타난 또 다른 이웃궁핍화 조처가 '바이 아메리칸' 정책이었다. 미국의 언론 재벌 윌리엄 허스트는 1932년에 이르러 대공황 대책으로는 국산품 애용밖에 없다는 자기 나름대로의 결론에 도달하고는 자기 소유의 27개 일간지와 수십 개 잡지를 총동원해서 '바이 아메리칸' 추진에 나섰다. 원래 허스트는 악의적 선전으로 유명한 언론인이어서 저급한 상업적 언론을 혹평해서 부르는 '황색 저널리즘yellow journalism'이란 말이 바로 허스트 때문에 생겼다고 한다. 허스트는 27개 일간지에 매일 1개 이상의 '바이 아메리칸' 관련 기사를 실었고, 매일 사설을 통해 '바이 아메리칸' 홍보에 나섰다. 이런 노력에 힘입어 '바이 아메리칸' 법안은 상하 양원을 통과했고, 후버 대통령은 임기 마지막 날 이 법안에 서명하여 발효시켜 놓고 백악관을 떠났다.

그러나 '바이 아메리칸'은 허스트의 창작품은 아니다. 1920년대 영국에서는 이미 '바이 브리티시Buy British' 운동이 활발했다. 영국 정부는 '바이 브리티시'라는 포스터를 400만 장이나 전국 버스에 부착했고, 넬슨 제독의 동상이 우뚝 서 있는 런던의 트라팔가 광장에는 '바이 브리티시'라는 5미터 짜리 대형 입간판이 1300개 전구의 불빛을 받으며 찬

란히 빛나고 있었다. 심지어 미국에서 영국에 수출했던 상품 중 미국에 반품되는 소포에는 '영국 제품이 최고'라는 스탬프가 찍혀 있었다. 영국의 국산품 애용 운동이 허스트를 자극하여 그로 하여금 격렬한 '바이 아메리칸' 운동을 전개하게 만든 배경이 되었던 것이다. 미국이 이렇게 나오자, 프랑스와 독일도 각각 국산품 애용 운동에 나섰다. 모두 이렇게 행동하면 결과는 뻔하다. 각국의 수출이 감소했고, 한 나라도 수출을 늘이지 못했으니 모두 손해를 본 셈이다. '애국심은 악당의 마지막 도피처'란 명언도 있듯이 애국이라고 무조건 옳은 건 아니다.

기축통화 달러의 운명

2009년 중국 인민은행장 저우샤오촨周小川이 "달러화 대신 국제통화기금IMF 특별인출권SDR을 새 기축통화로 사용하자"고 제안한 뒤 기축통화 논쟁이 일어났다. 러시아, 브라질 등 신흥공업국들이 중국의 주장에 동조하고 나섰고, 나중에 성추문으로 물러났지만 당시 국제통화기금의 총재이던 도미니크 스트로스 칸도 지지 의사를 나타냈다. 노벨 경제학상 수상자인 조지프 스티글리츠를 대표로 하는 유엔UN 금융·경제개혁 자문단은 미국 달러를 대체할 새로운 기축통화 문제에 세계 지도자들이 합의할 것을 촉구하는 보고서를 유엔 총회에 제출했다. 세계의 기축통화 달러가 세계적 금융위기 와중에서 정면으로 도전을 받게 된 것이다.

달러 기축통화의 연원을 찾아가면 2차대전 시기로 올라간다. 전쟁이 한창이던 1942년에 전후 국제통화질서 문제가 대두되었고, 당대 최고의 경제학자인 영국의 케인즈와 미국의 재무차관 화이트에게 숙제가 주어졌다. 다음 해 두 사람이 숙제를 제출했다. 1943년 4월에 나온 케인즈 안은 영국의 이해관계를 반영한 것으로서 새 국제통화 방코르Bancor의 발행, 충분한 국제유동성 공급, 무역수지 적자국과 흑자국 공동 조정의무 부과가 골자였다. 반면 같은 해 7월에 나온 화이트 안은 미국의 이해관계를 반영하여 미국 달러의 기축통화화, 고정환율제 채택, 무역수지 적자국에 불균형 해소 의무 부과가 핵심이었다. 양국의 힘겨루기 끝에 결국 1944년 7월 미국 뉴헴프셔주의 브레튼우즈에 모인 44개국 회의에서 미국의 힘의 우위를 기반으로 화이트 안이 채택되는 것으로 결론이 났다.

이렇게 해서 성립한 브레튼우즈 체제는 2차대전 후 그럭저럭 굴러갔으나 오래지 않아 문제점이 속출했다. 다른 나라는 국제수지 적자가 발생하면 긴축정책, 평가절하 등을 통해 고통을 감수하면서 불균형을 해소하는 의무가 주어졌으나 기축통화국 미국만은 예외였다. 미국은 만성적으로 무역수지 적자를 내면서도 아무런 조정 책임이 없었고, 계속해서 달러만 찍어내 공급하면 됐다. 이를 가리켜 다른 나라들은 "눈물 없는 적자deficit without tears"라고 부르며 선망의 눈으로 바라볼 수밖에 없었다. 비유하자면 노름할 때 집주인이 바둑알을 돈으로 치자고 하면서 자꾸 바둑알을 꺼내 쓰는 것과 비슷하다.

한 나라의 통화를 국제통화로 쓰면 부작용은 불가피하다. 미국의 무역수지가 흑자가 되면 달러가 강해지고, 달러의 신인도는 높아지지만 다른 나라들은 달러 부족에 시달리고, 반대로 미국의 무역수지가 적자가 되면 달러가 다른 나라에 공급되어 유동성 문제는 해결되지만 그 대신 달러의 가치 하락, 신인도 문제가 발생한다. 이래도 문제 저래도 문제, 진퇴양난이다. 이를 처음 지적한 경제학자의 이름을 따서 '트리핀의 딜레마Triffin's Dilemma'라고 한다. 과연 트리핀의 딜레마가 없는 방코르 같은 새 국제통화가 출현할 것인지 귀추가 주목된다.

소유자 사회의 비극

프랑스의 사상가 알렉시스 토크빌은 1835년 신생국 미국을 둘러본 뒤『미국의 민주주의』라는 탁월한 여행기를 남겼다. 토크빌은 이렇게 썼다. "미국은 부동산 분배의 공평성 면에서 독보적인 나라인데, 한 나라의 개인 부동산이 많아지고 골고루 분배되며, 부동산 소유자의 숫자가 늘어날수록 혁명이 일어날 확률이 낮아지는 경향이 있다."

세월이 많이 흐른 뒤 토크빌의 동조자들이 나타났다. 미국 대통령 부시는 2004년 10월 재선을 향한 선거운동에서 토크빌을 연상시키는 연설을 했다. "미국의 가족이 내집 마련의 꿈을 이룰 때마다 미국은 더 강한 나라가 됩니다." 이것이 바로 '소유자 사회Ownership Society'의 아이디어다. 대통령이 내집 마련을 강조하자 기다렸다는 듯 각종 정책적 지원이 뒤따랐다. 사람들에게 보증금 없이 주택담보대출을 주는가 하면, 2년 동안 원리금 상환을 유예해주기도 하고, 차입자의 구두 답변만 듣고 즉석에서 돈을 빌려주기도 했다. 주택담보대출을 바탕으로 각종 채권과 섞은 뒤 이리저리 쪼개서 그 안에 뭐가 들었는지 모르는, 따라서 그 가치를 아무도 모르는 금융파생상품들도 우후죽순처럼 나타났다.

중산층과 서민들이 내집 마련 대열에 대거 동참하여 미국의 자가소유 비율은 1995년 64%에서 2005년에는 69%로 급상승했다. 그러나 무리는 무리를 낳는 법. 서브 프라임 모기지(비우량주택담보대출) 파동이란 반갑지 않은 손님이 따라왔고, 그것이 바로 2008년 금융위기의 진앙지다. 200만이 넘는 미국 서민, 중산층 가구가 집을 차압당하고 길거리에 나앉을 위험에 빠졌다. 많은 금융기관이 파산하고 서민들이 집을 잃었다. 미국 주택가격은 30% 이상 하락했다. 미국은 '소유자 사회'에 보다 접근했지만 강한 나라는커녕 금융위기를 일으켜 세계경제를 나락에 빠뜨렸다는 비난을 면할 수 없다.

영국도 비슷하다. 일찍이 대처 총리가 '부동산 소유 민주주의'를 강조했고, 토니 블레어와 고든 브라운이 적극 호응해서 정책을 추진했다. 그 결과 런던 금융가가 돈을 투입해서 인위적으로 끌어올렸던 부동산 가격이 2008년 경제위기 이후 13% 하락하고도 계속 하락중이다. 영국의 금융위기는 미국을 능가할 것이라고 진단하는 사람도 있다. 오래전 토크빌의 온당한 말이 미국과 영국에서 부메랑이 되어 돌아오는 현실은 너무나 역설적이다. 한국에서도 이명박 전 대통령이 "무주택자를 임기중에 없애겠다"는 도저히 실현불가능한 포부를 털어놓은 적이 있다. 아니 이런 위험한 말을! 좋은 취지에서 꺼낸 이야기겠지만 영국과 미국의 전철을 돌이켜본다면 희망보다 공포를 주는 말이라는 걸 아시는지.

잭 웰치의 전향

제너럴 일렉트릭GE의 전 회장 잭 웰치가 2008년 금융위기 이후 영국 『파이낸셜 타임즈』와의 인터뷰에서 종래의 자기 주장을 180도 뒤집는 발언을 해서 화제가 됐다. 그는 경영자들이 분기별 이익과 주가 상승에만 지나치게 주의를 집중하는 것을 비판하면서 "주주가치shareholder value는 이 세상에서 제일 바보 같은 생각"이라고 직격탄을 날렸다. 나아가 주주가치는 전략이 아니라 기업 구성원들의 총체적 노력의 결과일 뿐이라면서 경영자들이 신경을 써야 하는 대상은 노동자·고객·제품이라는 말도 남겼다. 다른 사람이라면 몰라도 잭 웰치가 이런 말을 했다는 것은 의미심장하다.

잭 웰치는 1981년 GE 최고경영자의 자리에 오른 직후 뉴욕의 피에르 호텔에서 "저성장 경제에서의 고성장"이라는 제목의 연설을 행한 바 있다. 그는 이 자리에서 주주가치란 말을 직접 언급하진 않았지만, 기업의 목표는 기업가치를 극대화시켜서 주주들에게 돌려주는 것이라고 주장했다. 한발 더 나아가 이익을 늘리려면 비용을 줄이고 수익을 못 내는 사업은 과감히 처분해야 한다고 했다. 이 연설 이후 잭 웰치는 자타가 공인하는 주주가치 철학의 대변자로 간주돼 왔다.

자신의 철학을 따라 잭 웰치는 1981년부터 2001년까지 20년간 GE의 회장으로 있으면서 회사 규모를 거의 40배로 키워내 기업 구조조정의 달인, 성공 교과서로 불렸다. 다른 많은 기업들이 잭 웰치를 흉내 내어 한때 구조조정이 유행처럼 번지기도 했다. 그가 GE에서 해고한 직원만 11만 명인데, 이 때문에 '중성자탄 잭'이란 별명을 얻기도 했다. 탱크는 그대로 두고 탱크 속의 군인들만 죽이는 중성자탄의 성질과 회사 건물은 그대로 두고 사람만 쫓아내는 잭 웰치의 경영철학이 비슷하다는 데 착안해서 1982년 『뉴스위크』지가 붙여준 별명이다. 잭 웰치는 이 별명을 아주 싫어했지만 중성자탄이란 나쁜 인상은 오래도록 남았다. 1984년 『포춘』지가 선정한 '미국에서 가장 무자비한 경영자 10명'의 명단에 잭 웰치의 이름이 맨 윗자리에 오르기도 했다.

한국은 1997년 금융위기를 맞으면서 미국 재무부와 월가의 영향 아래에 있는 IMF로부터 미국식 월가 자본주의 모델을 수용할 것을 강요받았다. 이때부터 우리 경제의 체질도 기업의 단기 실적을 중시하는 '주주가치' 모델로 중심이 이동해 왔다. 그러나 눈앞의 주가와 배당이 중시되면서 장기적 시야에서 투자를 결정하던 과거 모델의 장점이 많이 사라져버린 오늘에 와서 잭 웰치의 갑작스런 전향은 '우리가 지난 10

여 년간 해온 일이 과연 옳은 것이었을까' 하는 의심을 품게 만든다. 또 20년간 미국 연방은행 의장으로 있으면서 세계금융의 황제로 군림하던 앨런 그린스펀 역시 금융위기 이후 자신이 오랫동안 신봉했던 시장만능주의의 폐해를 인정하고 심지어 은행의 국유화조차 인정하는 발언을 하지 않았던가. 앨런 그린스펀과 잭 웰치의 전향은 한 시대의 종언을 의미한다. 미증유의 경제위기를 맞아 자본주의의 강물이 크게 방향을 선회하고 있음을 알 수 있다.

│GM의 흥망성쇠│

'늙은 공룡'이란 별명을 갖고 있던 세계 최대 자동차회사 제너럴 모터스GM는 경제위기의 여파를 맞아 2009년 파산보호 신청을 해서 기업회생 절차에 들어갔다. 그로써 GM은 청산이라는 최악의 상황은 면했지만 1세기간 누려왔던 최고 기업의 영광은 일거에 사라졌다. GM의 몰락에는 세계적 불황, 강성 노조의 과도한 요구도 작용했지만 뭐니뭐니해도 안이한 경영이 주요 원인이다. 일본 자동차회사의 도전, 고유가, 친환경 추세를 무시하고 대형차에 집착한 게 가장 큰 패인이다.

1908년 창립된 GM은 100년 넘는 역사 중 76년간 자동차 업계 세계 1위를 유지했다. 전세계에 직원이 23만 명, 미국 광고 2위, 스포츠 후원

1위 자리를 지키고 있었다. 1953년 국방장관에 임명된 찰스 윌슨 GM 회장은 상원 인준 청문회에서 "미국에 좋은 것은 GM에도 좋고, 그 역도 성립한다"라고 말했는데, 그 자체로는 별로 문제가 없는 말이다. 그런데 그 말이 'GM에 좋은 것은 미국에도 좋다'라고 와전되는 바람에 GM은 오만한 회사라는 오해를 받기도 했다.

움직이는 차의 설계도를 최초로 만든 사람은 레오나르드 다빈치로 알려져 있다. 1880년 독일의 칼 벤츠와 고트립 다임러가 가솔린을 동력으로 하는 자동차를 개발했다. 프랑스의 푸조가 1895년에 자동차를 72대 생산했고, 벤츠는 135대 생산했다. 1899년 미국 산업통계에 최초로 자동차 산업이 등장했는데, 생산액수에서 150개 산업 중 꼴찌였다. GM의 역사는 1908년 미시간주 플린트시에 공장을 세우는 데서 시작됐다.

미국 자전거 산업의 아버지 앨버트 포프는 20세기 초만 해도 "폭발하는 것 위에 사람을 앉힐 수는 없다"고 반대했는데, 나중에는 생각을 바꾸어 "10년 내에 미국 대도시에서 말보다 자동차가 많아질 것"이라고 조심스레 예측했다. 이것은 파격적 예언이었는데 왜냐하면 당시만 해도 말이 주요 교통수단이었기 때문이다. 1870년대 뉴욕시에는 4만 마리의 말이 있어서 매일 400톤의 대변과 2만 갤런의 오줌을 배설하고 다녔다. 20년 뒤에는 그 숫자가 3배나 됐고, 매년 수백 마리의 말이 거리에서 죽어가던 시절이다. 훗날 대통령이 된 프린스턴대학 총장 우드로 윌슨은 자동차는 호감이 가지만 부자들만 소유할 수 있어서 사회주의를 자극하는 촉매가 될 것이라고 걱정하고 있었다. 자동차 도입 초창기의 풍경은 이러했다.

미국 자동차 산업의 초기 선두주자는 단연 포드였다. 헨리 포드는 1908년 'T모델'을 개발하여 엄청난 성공을 거두었다. T모델은 불티나게 팔렸고, 포드는 언론의 극찬을 받았는데, 이런 칭찬이 오히려 독약이 됐다. 포드는 T모델이 '보편적 모델'이라고 생각해서 모델 변경을 거부하고 계속 동일 모델을 고집했다. 1912년 포드가 유럽 출장을 가 있는 동안 회사 기술자들이 새 차를 설계해놓았다. 차의 높이는 전보다 낮고, 차체는 12인치 더 길어서 보기 좋고, 승차감 좋은 새 모델이었다. 포드는 유럽에서 돌아와 새 모델을 보더니 아무 말도 않고, 좌우 문짝을 뜯어내고, 앞 유리창을 부수고, 뒷좌석을 던져버리고, 지붕을 발로 차버렸다. 기술자들이 대경실색했을 것이다.

1913년 포드는 노동자 임금을 일당 5달러라고 발표했는데, 이것은 세간에 엄청난 파문을 일으켰다. 왜냐하면 이것은 당시 평균임금의 2배 수준이었기 때문이다. 이런 고임금정책은 "나는 돈이 많아서 임금을 많이 주는 게 아니고, 내가 임금을 많이 주기 때문에 돈을 많이 벌게 된다"고 한 독일 보쉬Bosch 그룹의 창립자 로베르트 보쉬Robert Bosch(1861~1942)의 말을 연상시킨다.

그리고 경제학계에서는 이런 현상을 뒷받침하는 이론을 아주 먼 훗날 개발하게 되는데 그것은 효율성임금의 가설efficiency wages hypothesis이다. 다른 기업에 비해서 높은 임금을 주는 회사는 보다 유능한 노동자들을 유치할 수 있기 때문에 생산성이 더 높다는 가설이다. 어쨌든 헨리 포드는 당시로서는 파천황 같은 고임금정책을 채택해서 역시 대성공을 거두어 언론의 격찬을 받았다. 그러자 포드는 더욱 오만해져서 사람들의 말을 듣지 않게 돼버렸다.

1921년 자동차 시장 점유율은 포드가 60%, GM의 쉐보레가 겨우 4%였다. 포드에 엄청나게 뒤져 있던 GM을 구해낸 구원투수는 알프레드 슬론Alfred Sloan이었다. 매사추세츠공대MIT의 슬론 경영대학원은 그의 이름을 딴 것이다. 그는 180센티미터가 넘는 큰 키에 체중이 60킬로그램이 안 될 정도로 비쩍 마르고 추위를 많이 타서 내복을 입고 다녔다. 조용하고 말이 없는 성격이어서 회의에서 남의 말을 경청하고, 절대로 명령을 내리지 않았다. 자료를 분석한 뒤에 "이렇게 할 수 있을 것 같군요." 정도로 말하는 것이 고작이었다. 그는 자식도 없고 취미도 없이 오직 회사 경영에만 매달렸다.

그는 포드의 '보편적' 단일모델에 도전해서 끊임없이 신모델을 개발했다. 포드가 자동차 딜러를 홀대해서 적으로 만든 반면, 슬론은 딜러에 우호적이었다. 그리고 할부판매 전략을 도입해서 대량판매에 성공했다. 이런 요인들이 합쳐져서 1927년 마침내 GM은 포드를 추월할 수 있었고, 그 뒤로는 한 번도 추격을 허용하지 않았다. 앞으로 GM을 구출할 제2의 슬론이 출현할 것인지 귀추가 주목된다. 미국의 기업인이자 대선에도 나온 정치인이기도 한 로스 페로는, "슬론의 책을 버려야 한다. 구약성경과 같다"고 말하는데 문제는 구약이든 신약이든 GM을 위기에서 구출할 제2의 슬론은 아직 나타나지 않고 있다는 사실이다.

고실업: 미국의 유럽화?

2차대전 후 미국의 실업률 최고기록은 10%다. 첫번째는 레이건 정권 때였고, 두번째는 오바마 정권에서다. 2008년 금융위기 이후 10%로 치솟았던 미국의 실업률은 최근에도 8%를 상회한다. 여론조사를 보면 미국의 대통령 선거와 중간선거의 최대 쟁점은 언제나 경제와 실업이므로 고실업은 오바마와 민주당에 아주 불리하게 작용할 것이다. 그럼에도 불구하고 오바마가 재선에 성공한 것은 참으로 운이 좋은 것이다. 지금까지 실업률이 6%를 넘는 현직 대통령이 재선에 성공한 적이 없다고 하는데, 오바마는 9% 가까운 실업률에도 불구하고 재선이 됐으니 행운아 중 행운아라고 해도 좋다. 레이건 대통령은 단기간에 실업률을 10%에서 6%로 떨어뜨려서 재선에 성공했지만 오바마는 다르다.

원래 미국의 노동시장은 유연성이 높아서 불황이 오더라도 고실업이 없고, 또 고실업이 있다 해도 오래 가지 않는 특징이 있다. 미국 노동시장은 해고가 자유로운 대신 신규 채용도 활발해서 실업률이 낮다. 그에 반해 유럽 노동시장은 각종 노동자 보호장치가 강력해서 노동자들을 해고하기 어렵고, 따라서 사용자들이 노동자들의 신규 채용을 꺼리는 바람에 고실업이 나타나기 쉽다. 미국과 유럽은 실업률에서 큰 차이가 있을 뿐 아니라 실업의 내용에서도 미국은 단기실업이 많은 반면 유럽은 장기실업이 많다. 그래서 붙여진 별명이 미국은 '거대한 일자리 기계the great job machine'인 반면 유럽은 '동맥경화증 환자Eurosclerosis'였다.

그런데 최근 들어 미국과 유럽의 차이는 크게 줄어들었다. 미국의 실업률이 10%의 고공행진을 오래 지속하고 있고, 실업의 내용면에서도 장기실업자가 많다는 점은 미국 노동시장에 큰 변화가 일어나고 있음을 시사해준다. 26주 이상 실업 상태에 있는 사람을 장기실업자라고 정의하는데, 미국에서는 원래 장기실업자가 전체 실업자의 1/4을 넘지 않았으나 최근에는 절반을 넘고 있다. 실업자들, 특히 장기실업자들은 소비를 억제하므로 고실업 현상은 경기회복에 큰 걸림돌이다. 실업에 관한 한 미국의 유럽화 경향이 나타나고 있다.

왜 미국에 고실업, 장기실업 현상이 나타나고 있는가? 첫째 이유는 물론 불황이다. 2008년 금융위기로 인한 불황은 대공황 이후 최대의 불황이다. 둘째는 노동수요와 공급의 불일치를 가져오는 노동시장의 구조적 요인이다. 최근 위기로 건설업·제조업에 일자리가 줄어들고 보건·교육 부문에 일자리가 생기고 있는데, 노동자들의 교육과 훈련 없이는 단기간에 이동이 불가능하다. 미국의 주택시장 붕괴 때문에 상당수 국민이 큰 손해를 보지 않고는 집을 팔 수가 없어서 일자리가 있는 지역으로 이주하고 싶어도 이동의 자유가 없다. 또한 과거에 비해 맞벌이 부부가 늘어났는데, 한 명이 이동하는 것은 쉽지만 두 명이 한꺼번에 이동하는 것은 어렵다. 이런 구조적 요인들이 노동시장의 수급불일치를 낳고 있다.

오바마 대통령은 공화당의 반대 때문에 더 이상 대규모 적자재정에 호소하기도 어렵고, 노동시장의 장기적·구조적 요인을 바꾸기도 어려우니 고실업 현상을 해결하기가 쉽지 않아 보인다. 앞서도 말했지만 이런 고실업 현상에도 불구하고 오바마가 재선에 성공한 것은 참으로 행운이다. 아마도 이번 위기가 좀처럼 보기 힘든 미증유의 위기이고, 그 책임이 전임 공화당 정권에 있으며, 오바마 대통령은 위기 해소를 위해 고생하고 있다는 점이 유권자의 마음을 산 게 아닌가 추측된다.

'헬리콥터 벤'의 양적 완화

미국 연방은행은 2008~2009년의 1조7000억 달러에 달하는 제1차 양적 완화quantitative easing에 이어, 2010년 6000억 달러에 달하는 양적 완화 조치를 발표했다. 양적 완화란 쉽게 말해서 돈을 푸는 것인데, 시중에 돈이 풀리면 국채 수요가 증가할 것이고, 국채 수요가 증가하면 국채 가격이 상승할 것인데, 국채 가격의 상승은 곧 금리 하락을 의미한다. 왜냐하면 국채 가격과 금리는 반비례하는 관계이기 때문이다. 금리 하락은 민간 투자를 자극하여 경기회복을 가져올 것이라는 것이 이 정책이 기대하는 바다.

양적 완화의 배경은 무엇이었나? 2008년 9월 리먼 브라더스 부도를 시작으로 미국을 엄습한 불황이 몇 년이 지났지만 도무지 경기회복 기미는 보이지 않고 실업률은 여전히 8%가 넘는 고공행진이다. 2010년

11월 미국 중간선거에서 민주당이 참패한 것도 무엇보다 불경기와 실업 때문이었다. 게다가 중간선거 압승으로 하원에서 다수당이 된 공화당은 경기회복을 위한 재정확장 정책을 사사건건 반대했기 때문에 경기부양을 위한 마지막 수단으로 연방은행이 양적 완화란 정책수단을 들고 나온 것이다.

2014년 초까지 연방은행 총재로 있던 벤 버냉키는 원래 경제학자 출신으로서 특히 대공황에 관한 최고의 전문가인데, 그는 공황 때는 헬리콥터로 돈을 살포하는 것도 도움이 된다고 주장한 적이 있어서 '헬리콥터 벤'이란 별명을 갖고 있다. 양적 완화 조치는 그의 별명에 딱 맞는 정책이라 할 수 있다. 제2차 양적 완화에 대해 국내외의 반응은 차갑다 못해 부정적이었다. 비판의 요지는 첫째, 이 조치는 국내외에 인플레이션을 가져올 것이라는 것이었다. 돈을 풀면 물가가 오르는 것은 당연하다. 보다 더 심각한 문제는 풀린 돈이 미국 국내에 머물지 않고 고금리·고수익을 찾아서 신흥국으로 흘러들어가 자원 및 석유 가격을 앙등시킬 것이라는 점이다. 둘째, 양적 완화는 달러 가치를 내리고 신흥국들의 통화를 평가절상할 것이라는 점이다. 신흥국들은 가만히 앉아서 평가절상을 당하는 셈이고 수출에 타격을 받게 된다.

각국이 미국의 이런 양적 완화를 '이웃궁핍화 정책beggar-thy-neighbor policy'이라고 비난하는 이유가 여기에 있다. 미·중 간의 환율 싸움을 '환율 전쟁'이라고 처음 이름 붙였던 브라질의 재무장관 귀도 만테가는 미국의 양적 완화 조치에 대해 "누구나 경기회복을 바라지만 단순히 헬리콥터에서 달러를 살포하는 것은 도움이 안 된다"고 비난했다. 브라질은 달러가 자국으로 유입되는 것을 막기 위해 외국인이 자국 국채를 구입할 때 매기는 세금을 6%로 올렸고, 태국도 비슷한 정책을 발표하는 등 각국이 자본통제에 나섰다.

외국의 원망을 듣더라도 미국 내 경기가 회복되기만 하면 그게 곧 세계적 경기회복에 도움이 될 터인데, 문제는 그것조차 의심스럽다는 점이다. 돈 살포마저 실패하면 미국 경제가 아무리 돈을 풀어도 꿈적도 않는 일본의 '잃어버린 10년'의 전철을 밟는 게 아닐지 그게 더 큰 걱정이다. 일본도 아베가 새로 들어서면서 본격적으로 양적 완화에 나섰는데, 미국·일본 두 대국이 돈풀기로 경제회복을 꿈꾼다는 것은 다른 나라에 나쁜 영향을 주기 때문에 보기가 좋지 않다.

2014년 2월 임기가 끝나는 버냉키의 자리를 놓고 2013년 가을부터 치열한 경쟁이 벌어졌는데, 유력한 후보는 두 사람으로 압축됐다. 오바마 밑에서 국민경제회의National Economic Council 초대 의장을 지낸 로렌스 서머즈Lawrence Summers와 버냉키 밑에서 연방은행 부총재로 있던 자넷 옐런Janet Yellen이라는 여성 경제학자. 두 사람은 과거 사제지간이었기도 한데(서머즈가 옐런의 제자였다), 연방은행 총재라는 명예로운 자리를 놓고는 서로 한 치의 양보도 없었다. 처음에는 서머즈가 유력할 것으로 보였는데, 그 이유는 총재를 지명하는 것이 대통령이고, 대통령이 서머즈에게 갖는 신뢰가 워낙 컸기 때문이다. 누가 보더라도 서머즈가 차기 총재가 될 것으로 보였다.

그런데, 일이 이상하게 돌아가기 시작했다. 공화당 쪽에서 서머즈에 대한 공격이 나왔고, 그건 당연히 예상되는 결과였다. 그런데 급기야 민주당 내부에서 상당수 유력 의원들이 서머즈에 대한 비토 의견을 내놓기에 이른다. 서머즈가 월가로부터 거액의 자문료를 받는 등 금융계와 너무 밀착되어 있어서 금융개혁의 적임자가 아니라는 것이다. 공화당은 물론이고 민주당 내에서조차 반대 여론이 높아지자 서머즈는 눈물을 머금고 후보를 사퇴했고, 옐런이 부전승을 거두게 된다. 서머즈는 경제학계에서 이름난 천재이지만 재승박덕인지 인화人和에는 영 낙제다. 주위 사람들을 적으로 만드는 묘한 재주를 갖고 있다.

서머즈가 주위 사람들에게 인기가 없음을 보여주는 이런 일화가 있다. 오바마 대통령이 임기 초에 경제참모들을 모아 놓고 회의를 하고 있었는데, 갑자기 큰 파리가 한 마리 방안에 들어와 날아다녔다. 오바마가 솜씨 좋게도 손바닥으로 날쌔게 쳐서 파리를 잡는 데 성공했다. 그러자 당시 대통령 경제자문위원장으로 있던 여성 경제학자 크리스티나 로머는 대통령에게 이렇게 농담을 했다. "좀 더 아래를 겨누시지 그랬어요." 파리의 좀 더 아래에는 서머즈가 앉아 있었다.

원래 양적 완화에 대해 서머즈는 상당히 비판적인 태도를 갖고 있었고, 옐런은 버냉키 밑에서 부총재를 지낸 만큼 상당히 찬성하는 입장에 있었다. 두 사람 중 누가 차기 총재가 되느냐에 따라 양적 완화 정책이 유지되느냐 아니면 끝나느냐가 좌우될 것으로 관측되고 있었는데, 버냉키파에 속하는 옐런이 후임 총재로 취임함으로써 당분간은 양적 완화 기조가 유지될 것으로 관측되고 있다. 그러나 양적 완화는 어디까지나 임시방편의 경기부양책이며, 무한히 계속할 수는 없다. 언젠가는 출구전략exit strategy(다른 말로 테이퍼링tapering이라고 부른다. 테이퍼링은 환자가 약을 먹다가 병이 호전되면 차차 약을 줄여나가는 것을 말한다)이 불가피한데, 그 시기와 속도를 놓고 온 세계가 옐런의 말 한마디 한마디에 주목하고 있다.

의술 선진·의료 후진, 미국의 두 얼굴

2009년 8월 미국 LA 인근의 잉글우드시 체육관에서는 무료진료 행사가 8일간 진행됐다. 무료진료를 받으려는 환자들이 새벽 3시부터 장사진을 이루었고, 한밤중에 미리 와서 줄을 서 있었던 사람들만 진료를 받을 수 있었다. 이듬해 봄, 같은 행사가 다시 열리자 이번에는 자리를 선점하기 위해 아예 캠핑족까지 등장했다. 이 해프닝은 〈리모트 에리어 메디컬〉이라는 다큐멘터리 영화로 제작되어 화제가 된 바 있다.

경제 최강, 군사 최강, 의학 최강의 나라 미국에서 어떻게 이런 일이 일어났을까? 제도가 잘못되면 얼마나 많은 사람이 고생하고, 얼마나 많은 자원이 낭비되는지를 잘 보여주는 사례가 바로 미국의 의료다.

미국은 국민소득 중 의료비 지출이 14%로서 세계 1등이다. 2등 독일이 10%이니 미국은 2등하고도 차이가 큰 1등이다. 국민 1인당 의료비 지출액도 1년에 5600달러로서 세계 1위다. 선진국 평균값 2400달러의 두 배가 넘는다. 세계 최고의 의술과, 세계 최고의 의료비 지출에도 불구하고 미국의 건강지표는 그다지 좋지 않다. 평균수명과 사망률 지표에서 미국은 세계 29위이고, 신생아 기대여명은 78세로서 세계 44위에 불과하다. 왜 이런가?

이유는 잘못된 의료제도에 있다. 미국은 선진국 중 국민의료보험이 없는 유일한 나라다. 미국에서 의료보험이 없는 국민이 4800만 명으로 인구의 15%나 된다. 의료비가 워낙 비싸서 의료보험 없는 사람이 큰 병이라도 걸리면 그것은 곧 파산을 의미한다. 실제로 미국에서 개인파산 이유 1위가 의료비다. 의료비 부담을 공공과 개인으로 나누면, 선진국에서는 공공부담 비율이 평균 75%이고, 북유럽에서는 85%에 달한다. 즉, 의료비 대부분을 국가가 부담하므로 개인의 부담은 낮다. 그러나 선진국 중 예외가 미국이다. 미국 의료비의 공공부담 비율은 45%밖에 안 된다. 개인이 55%를 부담한다는 뜻이다. 의료계는 1980년대 레이건 이후 시장만능주의가 침식해 들어오면서 의료-산업 복합체라는 공룡의 지배에 들어갔다. 지금 미국 의료는 돈이 지배하는 산업이요, 돈 없는 환자는 병원에서 쫓겨나고 있다. 의료에 관한 한 우리는 미국을 반면교사로 삼아야 한다.

미국의 명감독 마이클 무어는 2007년에 만든 〈식코〉라는 영화에서 미국 의료제도의 모순을 파헤쳤다. 그는 미국과 비교하기 위해 캐나다, 영국, 프랑스, 쿠바의 병원을 찾아갔다. 이들 나라에서 병원비는 무료이거나 무료에 가깝다. 마이클 무어가 찾아간 영국 병원에는 원무과가 아예 없다. 금전출납계가 있기는 한데, 돈을 받는 곳이 아니고, 퇴원하는 가난한 환자에게 집에 갈 교통비를 대주는 곳이다. 미국에서 한 알에

120달러짜리 천식 약이 쿠바에서는 단돈 5센트다. 이런 예는 물론 극단적인 것이지만 나라에 따라 의료제도가 큰 차이가 있고, 그것이 사람들의 생활에 결정적 차이를 만들어낸다는 것을 보여준다.

1992년 클린턴은 대통령이 되자마자 부인 힐러리를 위원장에 임명하여 의료제도 개혁에 나섰으나 의료개혁=사회주의라고 공격하는 기득권층에 밀려 실패하고 말았다. 20년 뒤 오바마가 다시 의료개혁의 칼을 뽑았는데, 이번에는 과연 성공할지 귀추가 주목된다. 그러나 의료개혁은 참으로 어려운 작업이다. 오바마의 인기가 떨어진 이유 중 하나도 바로 이 의료개혁에 있다. 바로 2010년 3월의 의료개혁 입법Affordable Care Act(일명 오바마케어Obamacare)이 그것이다.

새 법이 시행됨으로써 미국 역사상 처음으로 전국민 의료보험이 실현되었다. 다른 나라에서는 20세기 초에 대개 국민의료보험이 도입되었다는 것을 상기하면 100년 가까이 지각한 셈이다. 오바마케어는 뒤늦은 감이 있지만 어쨌든 의미 있는 개혁이요, 큰 업적인데도 불구하고 오히려 민주당에 정치적 악재로 작용함은 참으로 역설적이다. 2013년 10월 1일부터 6개월 동안 웹사이트를 개설해놓고 무보험자가 의료보험을 가입하도록 독려하고 있는데, 첫 3개월 동안의 실적은 4800만 명의 대상자 중 겨우 200만 명이 신청을 해서 기대에 훨씬 못 미친다. 공화당은 이를 빌미로 2014년 중간선거에서 오바마케어를 공격할 태세다.

공화당은 줄기차게 이 법을 공격해왔다. 공격 방법의 하나는 의회에서 예산 지원을 끊는 것이다. 이 법은 2010년 3월 의회를 통과하긴 했지만 10년간 100개의 추가 입법이 필요하고, 1000억 달러의 예산 지원이 필요한데, 공화당은 고비마다 지원을 차단하겠다는 전략을 굽히지 않는다. 또 공화당이 지배하는 주에서는 시행 속도를 늦추는 전략도 구사하고 있다. 또 하나의 반대 전략은 법적 투쟁인데 이미 여러 건의 위헌 소송을 진행했다. 2010년 9월 플로리다주 연방법원 판사는 이 법의 위헌 여부 심사를 대법원에 요청했다. 모든 국민이 자신의 의견과 상관없이 무조건 의료보험에 가입해야 하는 것은 어떤 상품도 강매해서는 안 된다는 미국 헌법에 위배된다는 주장이 있는데 그 정당성을 판단해 달라는 것이다. 다행히 대법원에서는 2012년 6월 5:4란 간발의 차이로 합헌 결정을 내렸다.

실제로 오바마의 의료개혁은 공화당의 줄기찬 비판을 받고 있지만 국민들 사이에서는 반대 여론보다 찬성 여론이 조금 더 높다. 그런데 문제는 이 개혁의 주요 수혜자는 젊은 경제적 약자, 흑인 및 소수민족들인 반면 피해자 중에 나이 많은 백인 중산층이 포함되어 있다는 사실이다. 개혁으로 노인층을 위한 의료지원액수가 약간 삭감되기 때문이다. 그런데 노인들은 투표성향이 높고, 젊은이와 흑인들은 투표성향이 낮아서 민주당에 불리하다.

미국에서 극단적으로 작은 정부, 감세를 외치는 '티파티 운동Tea Party Movement'이 기승을 부려 여러 주에서 온건한 공화당 후보를 낙마시키고 자질이 의심스런 극단적 후보를 내세우고 있다. 티파티 운동의 중심 인물인 사우스 캐롤라이나주 상원의원 짐 데밍은 이렇게 말한다. "오바마 의료개혁은 미국의 자유를 판가름하는 디-데이다. 우리가 의료개혁을 중단시킨다면 그것은 오바마의 워털루가 될 것이다. 그것은 오바마를 파멸시킬 것이다." 그러나 거꾸로 티파티의 극단주의가 공화당을 해칠 가능성도 있다. 티파티의 극성이 오히려 젊은이들과 소수민족에게 반발을 불러일으킬 가능성도 있다.

실제로 일이 그렇게 진행됐다. 2013년 10월 1일 미국 정부가 폐쇄되는 사태가 발생했는데, 공무원들의 봉급을 못 줘서 출근을 하지 않고, 일부 공원이 문을 닫는 초기 폐쇄가 일어났다. 이것은 공화당이 2014년부터 효력을 발생하는 오바마 의료개혁을 좌절시키기 위해 예산과 연계투쟁을 했기 때문에 벌어진 사건이다. 오바마 대통령은 공화당의 부당한 압력에 굴복하지 않고 맞섰다. 그리하여 정부 폐쇄는 16일간이나 계속됐는데, 날이 갈수록 여론이 험악해졌다. 많은 유권자들이 정부의 발목을 잡는 공화당, 특히 티파티 일파에 눈살을 찌푸리고 나섰다. 사태가 심상치 않게 돌아가는 것을 눈치챈 공화당에서 양보를 함으로써 2013년 10월 17일 정부폐쇄가 끝났다.

그러나 정부폐쇄가 끝났다고 해서 문제가 영구적으로 해결된 것은 아니고, 일단 2014년 2월까지 문제를 미룬 것에 불과하다. 이런 문제는 언제든지 재발할 수 있는데, 이번에 힘을 믿고 완력을 휘둘렀던 공화당이 크게 여론의 역풍을 맞았기 때문에 다음에는 좀 태도가 달라질 것으로 보인다. 아, 미국은 참으로 개혁하기 어려운 나라다. 다른 나라 다하는 국민의료보험 하나 도입하는데, 그것도 1세기나 지각인데, 그걸 사회주의라고 발목잡고 나서는 정치세력이 저리도 강하니. 후유! 미국에서도 대통령 못해먹겠다 이런 소리가 나올 만하다.

제2장
유럽의 고민

| 그리스의 경제위기 |

2008년 미국의 금융위기가 일파만파로 번져 다른 나라에 불똥이 튀었다. 대표적인 나라가 민주주의와 올림픽의 나라, 그리스다. 2009년 당시 그리스의 국제수지 적자는 국민소득의 10%가 넘어 유럽 최고수준에 도달했다. 그해 재정적자는 국민소득 대비 12.7%로서 역시 유럽 최고수준이었다. 유럽 각국은 재정건전성 원칙을 한 가지 합의하고 있는데, 그것은 한 해의 재정적자 크기가 GDP의 3%를 넘어서는 안 된다는 원칙(=안정성장협약)이다. 그런데 그리스의 재정적자는 3%의 4배가 넘는 수준이니 누가 봐도 과도한 수치다. 방만한 재정정책이 누적되어 그리스의 국가부채는 국민소득의 113%로서 이 또한 유럽 최고수준에 이르렀다.

그리스의 운명을 놓고 세 가지 시나리오가 제시됐다. 첫째, 유럽 내부 지원으로 구제하는 방법. 둘째, 국제통화기금에 의지하는 방법. 셋째, 국가 파산. 세 방법에는 서로 장단점이 있다. 유럽 내부 지원으로 문제를 해결하자니 '방만하게 살아온 그리스 국민들을 우리가 세금 내서 도울 이유가 뭐냐'는 유럽 각국 유권자들의 항의가 두렵다. 또한 빚더미에 오른 국가가 앞으로 허리끈을 졸라매고 경제개혁을 할 것인지를 엄격하게 감시해야 하는데, 같은 유럽 나라끼리는 이런 전례가 없다. 따라서 그리스의 고질병을 치유하려면 국제통화기금에 가서 혹독한 심사를 받고 소위 조건부 대출을 받는 게 옳긴 한데, 그러자니 유럽 국가들의 자존심이 영 말이 아니다. 세번째의 국가 파산도 하나의 방법이긴 한데, 그러자니 그리스에 대출해준 나라들의 손실이 크다.

　그래서 결정을 못하고 몇 달을 끌던 그리스의 재정위기에 대해서 결국 2010년 5월 IMF와 유로 국가들이 1100억 유로(1400억 달러)를 지원하기로 합의했다. 첫째와 둘째 시나리오의 합작인 셈이다. 1997년 아시아 위기 때와 비교할 때 액수와 조건이 너무 후하다는 불만이 아시아에서 터져 나왔다. 어쨌든 그리스는 일단 국가부도 사태를 면했고, 시간을 버는 데 성공했다. 그러나 문제는 해결된 것이 아니고, 앞으로 첩첩산중을 지나야 한다. 구제금융 합의에 따라 그리스는 2009년 국민소득의 13.6%에 달했던 재정적자를 2014년까지 3% 이하로 낮추어야 한다. 이를 위해서는 급격한 증세, 공공부문 임금 동결, 연금 삭감 등 허리끈을 졸라매야 하는데, 노조와 시민의 반발이 만만찮다. 1100억 유로의 천문학적 금융지원에 대해서 그리스 노조와 시민은 격렬한 시위로써 화답했다.

　고대 민주주의 발상지 그리스의 현대사는 식민지, 외세 개입, 군부독재, 불신, 대립, 시위로 얼룩져 있다. 그리스의 유명한 작곡가 미키스 테오도라키스는 이번 재정위기가 그리스와 독립국들을 굴복시키기 위해 미국 등 자본주의의 검은 세력이 꾸민 짓이라고 말한다. 테오도라키스는 영화 〈그리스인 조르바〉의 주제곡, 2004년 아테네 올림픽의 시상식 노래, 그리고 〈기차는 8시에 떠나네〉(아그네스 발차, 밀바, 조수미 등이 부른 유명한 노래)의 작곡가다. 테오도라키스는 젊은 시절부터 파시즘에 저항하는 레지스탕스 운동으로 수차례 투옥됐고, 1967년 이후 7년간의 군사독재 시절에는 국외 추방됐으며 그의 음악은 금지곡이 됐었다.

테오도라키스와 같은 생각을 가진 그리스 사람들이 꽤 많은 모양이다. 지금도 그리스 국민의 다수는 1967년 군부쿠데타가 미국의 묵인 하에 일어났다고 믿고 있다. 이번 재정위기에 개입하는 IMF를 군사평의회military junta로 부르는 그리스 사람들도 있다고 한다.

2009년 10월 총선에서 승리해 집권한 사회당의 게오르그 파판드레우 총리는 호메로스의 오디세우스에 비유되곤 했다. 10년 고생 끝에 친구와 가진 것 다 잃고, 벌거벗은 몸으로 고향 이타카에 돌아온 오디세우스의 신세가 되리라는 것이다. 그리스의 국가 부채는 구제금융을 받던 2010년에 국내총생산 대비 115%였고, 그 뒤 재정긴축을 단행했지만 매년 늘어나서 2013년에는 176%에 도달했다. 국민소득은 2008년 이후 매년 마이너스 성장을 계속하여 2013년 현재 누적으로 2007년 대비 -25% 수준까지 떨어졌고, 실업률은 2013년 10월 현재 28%에 달하여 1930년대 대공황 때 미국의 실업률 25%를 능가한다. 한번 닥친 경제위기는 좀체 고개를 숙이지 않고, 그리스는 앞으로도 어려운 고비를 여럿 넘어야 한다.

파판드레우 총리는 그리스의 182대 총리로서 할아버지, 아버지에 이어 3대째 총리이니 인도의 네루 총리 집안에 비견할 만하다. 1980~1990년대에 장기 집권했던, 사회당의 안드레아스 파판드레우 총리(게오르그 파판드레우의 아버지)가 정부지출을 방만하게 늘린 기록이 있다. 안드레아스 파판드레우는 하버드대학에서 경제학을 공부하고 미국 국적을 취득했으며, 하버드, 미네소타, 버클리, 스톡홀름 등 명문 대학에서 20년간 경제학 교수를 지냈다. 그 뒤 그리스로 돌아가 국적을 회복하고 정치에 입문한 뒤 결국 총리에 올랐다. 그는 반미 외교노선으로 유명했고, 보수 일색이었던 그리스 사회를 상당히 중화시킨 공로가 인정되지만 경제정책은 별로 좋은 평가를 받지 못한다.

그러나 안드레아스 파판드레우의 책임을 크게 물을 수도 없다. 문제의 뿌리는 훨씬 더 깊다. 라인하트와 로고프의 공저 『이번만은 다르다: 금융위기 8세기의 역사』에 의하면 그리스는 지난 두 세기의 절반 이상을 국가 파산 상태에 있었다고 하니 그리스의 부채 문제는 단순한 보수, 진보의 정책 문제만이 아니고 보다 폭넓은 역사적·구조적·문화적 접근이 필요하다.

우리나라 보수 쪽에서는 유럽의 위기 원인으로 복지 과잉을 지목하는 경향이 있는데, 그것은 아니다. 그리스나 남유럽의 복지 수준은 중부 유럽이나 북유럽에 비해 낮은 수준이다. 과잉 복지가 원인이라면 중부 유럽이나 북유럽이 먼저 위기를 맞아야 하는데, 그렇지 않은 것만 봐도 복지는 위기의 원인이 아님을 알 수 있다.

위기의 진정한 원인은 다른 데 있다. 그리스가 올림픽 100주년을 기념해서 2004년 올림픽을 주최하게 되면서 한 해 예산의 두배나 되는 큰 돈을 경기장, 숙소 등 건설에 투입했는데, 이런 부동산 붐이 꺼진 것도 위기의 중요한 원인이 됐다. 스페인, 아일랜드의 위기도 단순한 재정위기가 아니고, 부동산 투기의 여파로 봐야 한다.

그리스 부자들은 세금 내기를 기피해서 탈세가 보편적이고, 외국은행에 돈을 빼돌리는 관행이 만연해 있다. 최근 그리스 기자는 심층 취재 끝에 그리스 최상류층의 자산 해외도피 실태를 폭로하여 큰 충격을 준 바 있다. 또 하나 중요한 위기 원인으로 그리스의 대통령도 인정한 광범위한 부패를 청산해야 한다. 그리스의 병원에서는 진료를 앞당기기 위해 의사에게 돈봉투를 건네는 고약한 관행이 있다. 이런 부패구조는 가족관계를 중시하고, 원칙보다 안면을 중시하는 남유럽 특유의 문화에서 비롯된 것인데, 경제위기는 이런 문화와도 관련이 있어 보인다.

유로존의 고민

그리스발 재정위기가 가라앉지 않은 채 스페인, 포르투갈, 아일랜드 등으로 확산될 조짐을 보여 소위 피그스PIGS(포르투갈, 아일랜드, 그리스, 스페인의 영문 머리글자를 딴 단어) 국가가 좋지 않은 뜻에서 세계의 주목을 받고 있다. 포르투갈과 스페인의 재정 상황도 매우 불안하다. 최근 포르투갈과 스페인의 GDP 대비 재정적자는 각각 9%, 10%로서 굉장히 높은 편이다(유럽 권장 기준은 3%). 반면 GDP 대비 국가부채는 각각 82%, 60%로서 유럽 기준으로 그리 높지는 않다. 그러나 남유럽 위기 확산의 공포가 일시에 번져 유로화 가치가 크게 하락했다.

2010년 아일랜드 재정위기를 해결하기 위해 850억 유로의 구제금융이 결정됐음에도 불구하고 아일랜드의 국채 금리는 좀처럼 내려가지 않았다. 2009년 5월 그리스 위기 때는 1100억 유로의 구제금융이 발표되자마자 그리스 국채 금리가 하락하고, 진정 국면에 접어들은 데 비해서 아일랜드는 상황이 다르다. 아일랜드의 불이 꺼질 것이라는 확신을 못 주고 있을 뿐 아니라 포르투갈로 불이 번질 것이라는 이야기가 퍼졌다. 스페인, 이탈리아, 심지어 벨기에조차 위험하다는 설까지 나왔다. 만약 불이 스페인과 이탈리아까지 번지면 문제는 여간 심각한 게 아니다. 스페인의 경제규모는 그리스·아일랜드·포르투갈을 합한 것보다 크고, 이탈리아는 스페인보다 큰 유럽의 경제대국이다. 이탈리아, 스페인은 경제 규모에서 유럽 3, 4위의 국가다.

이처럼 유로존은 전반적 위기 상황이다. 유로존의 위기일 뿐 아니라 유로화 자체의 위기이기도 하다. 유로존의 위기는 무엇보다 통화와 관련이 있다. 1999년 이후 유럽 16개국은 유로존에 들어감으로써 독자적인 금리정책과 환율정책을 포기했고, 그것이 경제정책에서 운신의 폭을 좁혔다. 원래 재정적자와 부채 누적으로 위기에 봉착한 나라가 쓸 수 있는 유력한 정책수단은 평가절하다. 한 나라의 통화가 평가절하되면 수출 경쟁력이 높아져 위기 탈출이 용이할 텐데, 여러 나라가 유로라는 단일통화를 사용하는 한 그런 가능성은 애당초 없다. 따라서 단일통화란 사고방식 자체가 잘못이라고 폴 크루그먼은 유로존을 강력 비판한다. 이런 이유로 유로존은 반드시 해체될 것이라고 단언하는 경제학자들이 많다.

유럽 각국은 재정적자를 GDP 3% 이내로 제한하는 '안정성장협약'을 맺었지만 각국은 밥 먹듯이 이 협약을 어겼다. 지금까지 위반 횟수를 보면 그리스가 1위이고, 이탈리아·독일·프랑스·포르투갈이 그 다음으로서 정작 위기에 몰린 스페인·아일랜드보다 위반 횟수가 더 많다.

바야흐로 유로존을 덮친 산불의 기세가 맹렬한데, 불 끄는 방법을 놓고도 좀처럼 합의에 이르지 못하고, 가히 백가쟁명이라 할 만한 논쟁이 벌어지고 있다. 화마가 여러 나라를 삼키면서 불 끄는 소방수 나라에서는 불만이 커지고 있다. 불은 주로 남부 유럽에서 발생하고 있고, 불 끄는 소방수는 독일 등 주로 북부 유럽에 위치하고 있다. 그래서 유로존 안에서도 남북 문제가 발생하고 있다. 남쪽 나라들이 방만하게 재정을 운용한 대가를 왜 독일 국민의 세금으로 치르느냐 하는 불만이 크다. 어제는 그리스, 오늘은 아일랜드, 내일은 또 어디냐 하는 불만이 독일에서 터져 나오는 것은 충분히 이해할 만하다.

일파만파로 번지는 불을 끌 방책이 여럿 제시되고 있다. 하나는 유로에서 이탈하는 것이다. 불이 난 남쪽 나라가 유로에서 이탈하면 평가절하라는 강력한 무기를 사용할 수 있게 된다. 그 대신 유럽 각국에서 빌린 돈을 상환하라는 요구가 빗발칠 것이니 오히려 불이 더 커져 소탐대

실이 되기 쉽다.

반대로 독일, 네덜란드, 오스트리아 등 재정이 건전한 북쪽 나라가 유로에서 이탈할 가능성도 있다. 독일이 유로에서 이탈해 옛날의 마르크화로 돌아가는 게 어떤가 하는 설문에 대해 독일 국민의 절반이 찬성하고 있다. 그러나 독일 재계는 반대한다. 왜냐하면 유로를 포기하고 마르크화로 돌아가면 필연적으로 통화가 평가절상되면서 수출이 타격을 받을 것이기 때문이다. 그러므로 남쪽이든 북쪽이든 유로에서 탈출할 가능성은 낮다.

또 다른 방책은 독일 등 북쪽 유럽은 유로를 그대로 사용하되 프랑스로 대표되는 남쪽은 평가절하가 가능한 새 유로를 도입하자는 안이다. 그리고 불난 나라가 국채를 발행하는 게 어려우니 유럽 차원의 '유로국채Eurobond'를 발행하자는 주장도 있다. 룩셈부르크 총리 장 클로드 융커와 이탈리아 재무장관 줄리오 트레몬티가 그런 제안을 내놓았다. 그러나 재정기율과 책임 있는 재정운용을 강조하는 독일이 찬성할 리가 없다.

앞으로 유로존은 재정 긴축과 더불어 국가간 재정 조정, 경쟁력 제고, 경제성장 방책 마련 등 많은 고민이 필요하다. 지금 유럽 각국은 재정 건전성을 회복하기 위해 허리끈을 졸라매고 있다. 독일은 2016년까지 매년 100억 유로씩 재정적자 감축 계획을 발표했고, 영국의 보수당 정부도 정부지출 60억 파운드 감축 계획을 발표했다. 이는 '재정 풍요에서 재정 긴축으로의 전환'을 상징한다. 그 여파로 각국 지도자들의 정치적 인기가 폭락하고 있다.

청나라 5대 황제 옹정제는 집무실에 '왕 노릇하기 어렵다爲君難'는 현판을 붙여 놓았는데, 요즘 유럽을 보면 참으로 총리 노릇하기 어려운 시절이다. 옹정제의 신하들은 '신하 노릇하기도 쉽지는 않다爲臣不易'라고 답했다는데, 사실 요즘은 재무장관 하기도 쉽지 않은 시절이다.

두 개의 스페인, 두 명의 파블로

스페인은 우리에게는 황영조의 마라톤 우승, 그리고 2002년 월드컵에서 한국과 비긴 끝에 승부차기에서 패배한 축구 강국으로 기억된다. 스페인은 유로존에서 독일·프랑스·이탈리아에 이어 네번째의 경제규모를 갖고 있는 나라이며, 1인당 국민소득은 2만9000달러다. 그전에는 제법 고도성장을 하고 있었으나 2008년 세계 금융위기 이후 심각한 경제위기에 빠져 한때는 심각했고, 지금은 긴박한 위기는 넘겼으나 아직 경제침체에서 벗어나지 못하고 있다. 스페인 경제는 최근까지도 마이너스의 성장을 하고 있으며, 실업률은 무려 27%에 달하고, 비정규직 문제도 여간 심각한 게 아니다.

스페인은 소위 PIGS 국가 중 하나인데, 스페인은 1997년부터 10년간 부동산 붐이 불었고, 그것이 꺼진 시기가 세계 금융위기와 맞물리면서 크게 곤욕을 치르고 있다. PIGS 국가의 위기 원인은 나라마다 다른데,

특히 아일랜드와 스페인은 부동산이 가장 큰 원인이다. 10년간 부동산 투기 열풍이 불다가 꺼졌고, 한탕을 노리고 너도 나도 돈을 빌어 부동산에 투자를 하는 바람에 가계부채가 급증했다.

2010년 경제위기에 빠져 의기소침한 스페인 국민들에게 통쾌한 소식이 날아들었는데, 그것은 스페인의 월드컵 우승이다. 스페인은 세계축구연맹 순위에서 최상위권에 속하면서도 이상하게도 우승과는 인연이 없었는데, 2010년 드디어 첫 우승컵을 품에 안았다. 이때 스페인 팀의 주전선수 11명 중 무려 6명이 바르셀로나 축구팀 소속이었다. 바르셀로나라고 하면 우리에게는 황영조 선수가 1992년 올림픽에서 마라톤을 우승한 곳으로 기억되지만 스페인 현대사에서는 핍박과 저항의 대명사로 통한다.

1936년 2월 총선에서 좌파 인민전선이 승리하자 7월 프랑코 장군이 반란을 일으켜 내전으로 비화했다. 이 내전은 공화국 군대와 반란군 사이의 전쟁인 동시에 좌파 대 우파, 자유민주 대 파시즘, 지방분권 대 중앙집권의 대결이었다. 소련, 멕시코와 해외 민주인사들이 공화국을 지지했다. 조지 오웰은 "스페인의 역사는 1936년에 정지됐다"고 개탄했고, 스페인 내전을 배경으로 『누구를 위하여 종은 울리나』를 쓴 헤밍웨이는 공화국 군대의 구호차 구입을 위해 4만 달러를 기부했다. 반대로 히틀러, 무솔리니는 프랑코를 지원했다. 내전은 1939년 프랑코의 승리로 막을 내렸고, 내전과 전후 보복 때문에 수십만 명이 목숨을 잃었다.

프랑코 정권하에서 소수민족이 사는 카탈루냐와 바스크 지방에서는 자치제가 폐지되고, 고유 언어조차 사용이 금지됐다. 카탈루냐의 중심 도시가 바로 바르셀로나이다. 인민전선을 지지하고 프랑코의 독재에 끝까지 맞섰던 파블로란 이름을 가진 두 명의 위대한 예술가가 있었으니 파블로 카잘스와 파블로 피카소다. 카탈루냐 출신의 20세기 최고의 첼리스트 파블로 카잘스는 소년 시절 헌책방에서 우연히 바하의 〈무반주 첼로조곡〉의 악보를 발견했다. 이 곡은 당시 전설로만 남아 있고, 악보는 소실된 것으로 알려져 있던 곡이다. 그는 전율하면서 이 곡을 홀로 연습해서 드디어 세계 최초로 연주한 유명한 에피소드가 있다. 이 곡은 그 뒤 프랑스의 피에르 푸르니에, 헝가리의 야노스 스타커, 러시아의 므스티슬라브 로스트로포비치, 라트비아 출신의 미샤 마이스키 등 세계 일류 첼리스트들이라면 누구나 꼭 취입하는 대표적인 첼로 곡이 되었다.

카잘스는 음악 이외에도 인간적으로 존경할 만한 인물이다. 그는 철저한 민주주의자로서 프랑코의 파쇼정권과는 일절 타협을 거부했다. 프랑코정권을 외교적으로 승인하는 국가에서는 연주를 하지 않겠다고 선언했고, 실제로 그는 영국에서 한 번도 공연을 하지 않았다. 그 대신 케네디 대통령의 초대를 받아 백악관에서 케네디 대통령 부처와 초청인사들 앞에서 연주한 실황 녹음이 남아 있다. 그는 공연을 할 때마다 맨 마지막에는 반드시 카탈루냐 지방의 민요 〈새〉라는 짤막한 곡을 연주하는 것으로 고향에 대한 각별한 사랑을 표시했다.

20세기 최고의 화가 파블로 피카소는 바스크 지방의 작은 마을 게르니카가 1937년 독일 공군의 공습을 받아 1000명이 목숨을 잃은 사건에 분격해서 〈게르니카〉란 불후의 명작을 남겼다. 그는 1973년 죽을 때 스페인이 민주화한 이후에야 〈게르니카〉를 스페인으로 옮기라는 유언을 남겼고, 오랫동안 뉴욕의 메트로폴리탄 미술관에 있던 그 그림은 지금은 마드리드의 레이나 소피아 국립미술관Museo Nacional Centro de Arte Reina Sofía에 전시돼 있다.

독재자 프랑코는 장기집권을 용이하게 하기 위해 영화와 스포츠에 집중 투자했다. 미국이 2차대전 뒤 필리핀에 대한 지배를 용이하게 하기 위해 채택한 전략이 이른바 3S(Screen, Sex, Sports)라고 하는데, 국민의 비판정신을 흐릿하게 하는 데는 영화와 스포츠가 꽤 효력이 있는 모양이다. 한국에도 그런 독재자가 있지 않았던가? 스페인에는 1947년에 벌써 500석 규모의 영화관이 3000개나 있었다. 프랑코는 스포츠 중 특히 민족주의 고취 수단이 되는 축구를 좋아해서 레알 마드리드 팀을 전폭 지원했다.

레알 마드리드와 숙명의 라이벌이 FC 바르셀로나 팀이다. 바르셀로나 팀은 1899년 설립된 세계 최초의 협동조합 형태의 축구 클럽이다. 레알 마드리드는 1902년에 창립되었는데, 역시 협동조합이다. 프랑코는 레알 마드리드를 응원했고 FC 바르셀로나를 탄압했다. 스페인 내전 기간 중 프랑코의 군대가 FC 바르셀로나 회장 호셉 수뇰을 살해하자 당시 외국 원정 경기중이던 바르셀로나 선수들의 절반이 해외망명을 했다. 네덜란드 출신으로 1970년대 세계 축구의 영웅이었던 요한 크루이프는 바르셀로나 팀에 입단하던 날 기자회견에서 자기는 독재자 프랑코를 싫어해 레알 마드리드의 초청을 거부하고 바르셀로나로 왔다고 말해서 바르셀로나 시민들을 열광시켰다.

지금도 메시와 호날두라는 두 축구 천재가 뛰는 두 팀은 앙숙 중의 앙숙이다. 두 팀의 시합은 '엘 클래시코'라고 불리는데 마치 1936년 내 전을 연상시킨다. 프랑코는 1975년 죽을 때 "국민 여러분의 용서를 빕 니다"라는 유언을 남겼는데, 언제쯤이면 카탈루냐와 바스크 사람들의 원한이 풀리고 두 개의 스페인이 하나가 될까?

슬픈 아일랜드

아일랜드는 오랫동안 영국 식민지로 억압받은 고난과 궁핍의 역사를 가진 점에서 우리나라와 통하는 점이 있다. 19세기에는 대기근으로 많 은 아일랜드 사람들이 이민을 떠났다. 지금도 아일랜드 총리 집무실에 는 '아일랜드의 눈물'이라는 촛불이 1년 365일 켜져 있다. 그것은 가난 으로 집 떠난 아들이 돌아오기를 학수고대하는 어머니의 마음을 상징 한다.

그러던 아일랜드가 1990년대 이후 고성장을 구가하면서 '아시아의 네 마리 호랑이(한국, 타이완, 홍콩, 싱가포르)'에 비견되는 '켈트 호랑이 Celtic Tiger'로 불리게 됐다. 노사정 대타협의 성공, 12.5%라는 유럽 최저 의 법인세율, 그리고 저임금이란 매력에 이끌려 외국인투자가 급증했 고, 특히 건설과 IT 분야에 붐이 일어나 사상 유례없는 고도성장을 달성한 것이다. 아일랜드는 2004년 '기업하기 좋은 나라 1위'로 선정됐다. 고도성장을 기념하여 수도 더블린 한복판에 더블린 스파이어Dublin Spire 라는 이름의 120미터 높이의 첨탑을 세운 것이 2003년, 그 해 아일랜드의 1인당 국민소득은 숙적 영국을 앞질렀다. 온 국민이 감격에 빠졌다. 그러나 기쁨도 잠시, 다시 고난이 찾아온 것이다.

아일랜드 위기는 그리스 같은 국가부도 위험이 아니라 은행부실에서 비롯되었다. 총 외채 중 정부는 2%를 보유하고 있는 반면 은행들은 50% 넘게 가지고 있었다. 경제여건이 어려워질 경우 정부보다 은행이 위기에 빠질 가능성이 높은 구조였다. 2004년 이후 부동산 호황기를 맞아 은행들은 저리자금을 조달하여 부동산 대출을 대폭 늘린 결과 2004~2007년 중 주택가격은 50% 이상 급등했다. 그러나 2008년 글로벌 금융위기로 경제성장률은 2007년 5.6%에서 2008년 -3.5%, 2009년 -7.6%로 곤두박질쳤다. 더구나 부동산 경기침체로 은행의 건전성에 금이 가기 시작했다. 주택가격은 30% 이상 급락했고 모기지 연체율 및 주택압류는 급증했다.

고성장을 이끈 것이 건설투자였듯이 결국 문제를 일으킨 것도 부동산 거품이었다. 2008년 세계 금융위기를 맞아 경제성장률은 마이너스로 떨어지고 부동산 경기침체가 닥치면서 은행 건전성에 치명적 문제가 발생했다. 부실은행에 대한 정부지원이 늘어나면서 건전했던 정부재정마저 나빠졌다. 2008년에는 재정수지가 25년 만에 처음으로 적자로 돌아섰고, 2010년에는 국내총생산 대비 물경 32%로 악화했다. 이는 EU의 재정건전성 기준을 10배 초과하는 수준이다. 정부 부채도 GDP

대비 100%로 급격히 높아졌다.

한때 강소국의 신화로 불리던 아일랜드 경제가 이처럼 하루 아침에 무너지자 전문가들은 아일랜드 경제모델의 구조적 결함을 분석하고 있다. 감세정책에 기반한 해외투자 유치의 한계, 과도한 유동성에 따른 자산거품, 경제의 과도한 외자의존 등을 문제점으로 꼽는다. 그러나 아일랜드 모델이 한때는 성공의 대명사였다는 점을 생각하면 문제는 간단치 않다.

좀더 과거로 가 보면 1986년 아일랜드 경제는 최악의 상황에 놓여 있었다. 실업률 17%, GDP 대비 국가부채 130%, 극심한 노사대립 등이 당시 아일랜드의 경제상황이었다. 그러나 난세에 영웅이 나듯 1987년 취임한 찰스 호히 총리는 과감한 정부지출 축소와 감세정책, 적극적 외자도입 정책을 통해 경제를 환골탈태시켰다. 3년에 한 차례씩 하는 노사대타협 모델이 시작된 해도 1987년이었다. 이후 3년마다 노조·사용자·시민단체 대표들이 모여 임금인상 등을 협의해서 원만한 합의에 도달했고, 그 저력에 힘입어 아일랜드 경제는 눈부신 성장에 성공했다. 지금도 찰스 호히는 아일랜드 경제성장의 아버지로 불린다.

문제는 2000년대 이후다. 아일랜드는 2000년대 들어와 저임금을 앞세운 동유럽과 아시아의 외자유치 확대로 점차 경쟁력을 잃게 된다. 결국 2004년 외국인 직접투자가 순유출로 돌아서는 등 종래의 성장모델이 한계를 맞았지만 새 대안을 찾지 못했다. 해외투자가 끊기자 내수경기 부양을 위해 인위적인 돈 풀기에 나서 부동산시장 거품을 야기했을 뿐이다.

2010년 독일의 메르켈 총리가 국가 부도 때 납세자들뿐만 아니라 민간 채권자들도 고통을 분담해야 한다는 방안을 제시하자 투자자들은 아일랜드 국채를 대량으로 내다팔기 시작했다. 메르켈 총리는 그리스 부도사태 때부터 국내 비판에 직면해 있었다. 즉, '남의 나라가 방만하게 재정을 운용해서 발생한 위기를 왜 독일 국민이 세금을 내서 해결해주느냐'라는 비판이다. 이 문제가 독일 헌법재판소에서 판결을 앞두고 있었기 때문에 메르켈은 이런 제안을 한 것이다. 이 조항은 확정된다 해도 2013년 이후 시행되는데 마치 현재 채권 소유자들한테도 부담이 가는 것처럼 오해가 일어나 아일랜드 채권의 투매 사태가 발생했다. 사태가 악화하자 아일랜드 정부는 EU와 IMF에 구제금융을 요청할 수밖에 없었다.

　결국 2010년 11월 EU와 IMF가 아일랜드에 대해 850억 유로의 구제금융을 주기로 합의함으로써 일단 급한 불을 껐지만 앞으로가 첩첩산중이다. 구제금융을 받으면서 아일랜드는 4년간 100억 유로의 재정지출 축소(복지지출 감소, 공무원 봉급 삭감, 최저임금 인하 등)와 50억 유로의 증세를 약속했다. 이는 광범위한 국민의 고통을 수반한다. 우리나라 사람들이 즐겨 부르는 〈아, 목동아〉와 〈여름의 마지막 장미〉처럼 슬픈 곡조의 노래를 가진 나라, 우리나라와 비교가 되지 않는 길고도 긴 식민지의 역사, 그리고 오랜 빈곤과 굶주림의 굴레에서 신음해온 아일랜드, 그래서 우리가 쉽게 동류의식을 가질 수 있는 나라, 아일랜드가 이 어려운 고비를 잘 넘기기를 기대해본다.

세기의 철녀, 마거릿 대처

철녀Iron Lady란 별명을 가진 전 영국총리 마거릿 대처가 2013년 세상을 떠났다. 대처는 1979년부터 1990년까지 11년간 총리를 맡아 영국을 완전히 바꾼 인물로 평가된다. 영국의 역대 총리 중 대처만큼 확신을 갖고 이념적 정책을 밀어붙인 사람은 드물다. 그는 '대처리즘'으로 불리는 자기의 사상을 현실에 구현했던 정치가였다. 그는 시장만능주의 경제학자인 하이에크의 이론에 심취해 있었으며 그의 사상에 입각해서 많은 국영기업을 민영화했고, 노조와 전쟁을 벌여 굴복시켰고, 공산주의에 반대해서 소련 붕괴에도 기여를 했다. '철녀'란 별명은 소련이 대처를 공격하기 위해 붙인 별명인데 대처가 그 별명이 마음에 든다고 역이용하는 바람에 오히려 그녀의 강한 이미지를 더 강하게 만드는 결과를 가져왔다.

대처는 잉글랜드 동부에 있는 그랜덤Grantham이란 조그만 시골에서 자랐다. 독실한 감리교 신자였던 아버지 올더만 로버츠는 식료품가게 주인이었는데 매사에 철저하고 근검절약하는 평범한 중산층 시민이었다. 대처는 평생 아버지를 존경했고, 인생을 살아가는 자세에서 아버지의 영향을 크게 받았다고 말하곤 했다. 그녀는 옥스퍼드대학에서 화학을 전공했지만 졸업 후에는 법률을 공부해 변호사가 됐다. 대학 시절에 이미 보수당 정치에 발을 들여놓고 있던 대처는 부유한 사업가 데니스 대처Denis Thatcher를 반려자로 만난 덕분에 금전적 도움을 크게 받을 수 있었다.

1959년 대처는 34살의 나이로 처음 국회의원이 됐고, 2년 뒤에는 차관직을 맡았다. 1970~1974년엔 교육부 장관으로서 종합적 교과과정을 만드는 데 크게 기여했다. 그 반면 8세 이상의 학생들에게 주던 우유 배급을 중단시켜 '우유 강탈자Maggie Thatcher, milk snatcher'란 악명을 얻기도 했다. 대처와 스내처, 운율 맞추기 좋아하는 서양인들의 익살맞으면서도 뼈 있는 비판이다.

1975년 대처가 보수당 당수에 출마했을 때 일이다. 전당대회 연설을 앞두고 연설문 작성자가 링컨의 말을 인용하며 실력을 과시했다. "당신은 강자를 약하게 만들어 약자를 강하게 할 수는 없습니다. 절약 없이는 번영을 가져올 수 없습니다. 임금 지불자(자본가)를 끌어내려 임금노동자를 도울 수는 없습니다." 그가 말을 마치자 대처가 핸드백을 열어 낡은 신문지 조각 하나를 끄집어냈는데 거기에 바로 그 구절이 있었다. 대처는 이렇게 말했다. "나는 어디에 가든 항상 이걸 갖고 다녀요." 1975년 전당대회에서 대처는 예상을 깨고 강적인 히스Edward Heath 전 총리를 누르고 보수당 당수로 선출되었고, 몇 년 뒤에는 총선에서 이겨 총리에 올랐다.

보수당 지도자 히스가 신망을 잃은 이유를 알자면 좀더 과거로 거슬러가야 한다. 2차대전 직후 치러진 총선에서 예상을 뒤엎고 전쟁영웅 처칠이 패배했다. 전후 복지정책 청사진으로 시민들의 호응이 대단했던 베버리지 보고서의 채택을 거부한 것이 중요한 패인이었다. 반면 복지국가 공약을 전면 수용한 노동당 애틀리 정권은 적극적으로 복지국가와 기간산업의 국유화를 추진했다. 그 뒤 노동당과 보수당이 정권을 주고 받았는데 양당의 정책은 지금 생각하는 것만큼 큰 차이가 없었다. 복지국가, 국유화 그리고 임금 및 물가의 통제, 외환시장 개입, 적극적 완전고용정책 등. 이런 메뉴가 어느 당이 집권하든 영국의 표준적 경제정책이 됐다. 보수당의 히스도 마찬가지였는데, 이런 틀을 깬 최초의 정치인이 대처였다.

1970~1974년 시기에 집권한 보수당의 히스는 초기에는 자유시장을 강조했으나 실업자가 100만 명을 돌파하자 위기감을 느끼고 정책을 완전히 전환했다. 실업을 줄이기 위해 대규모 지출을 단행했다. 인플레이션율은 25%까지 올랐고 식품 사재기 풍경이 연출됐다. 결국 보수당 내부의 시장주의자들은 히스의 노선에 반발해 시장주의자 하이에크의 철학을 신봉하는 마거릿 대처를 새 당수로 선출했다.

3년 뒤 1978년 겨울, 노조가 파업을 해서 시민들의 생활이 극도로 불편해졌다. 아니, 불편을 넘어서 일상생활이 어려운 지경에 이르렀다. 길거리에 쓰레기가 쌓여도 치우는 사람이 없었고, 사람이 죽어도 장례식조차 지내기 어려운 최악의 상황이었다. 당시의 극악한 상황을 일컬어 '불만의 겨울The Winter of Discontent'이라 부르는데, 이 사건은 노동당에 정치적 결정타를 가했다. 노조에 대해 할 말을 못하는 노동당은 국민으로부터 신망을 잃었고, 그 반사이익을 얻은 대처가 이듬해 드디어 총리가 됐다.

정권을 잡자마자 대처는 자신의 색깔을 그대로 드러냈다. 당차게 노조와 싸웠고 노조에 맞서서 탄광을 폐쇄했다. 한편으로 무소불위의 간섭을 하던 국가의 힘을 줄이고 시장의 영역을 확대했다. 그런 점에서 한 해 뒤 집권한 미국의 레이건과 같은 노선이었고, 두 사람은 경제·외교 등 여러 문제에서 긴밀한 공조를 자랑했다. 엄청나게 높던 세율을 낮추고 기업하기 좋은 환경을 만들기 위해 노력했다. 정부지출과 통화증발을 억제했고 외환통제를 폐기하고 파운드화를 유동화시켰다. 반면 산업 보조금 삭감은 많은 기업을 도산으로 내몰았고 철도·전기 분야의 과격한 민영화로 대형 철도사고를 겪기도 했다.

대처 집권 초기의 상황은 별로 좋지 못했다. 당시 세계적 불황과 맞물려 영국의 경기는 급속히 냉각해서 실업자가 270만 명에 달했다. 당연히 대처의 인기도 바닥이었다. 그녀를 위기에서 구해준 것은 엉뚱하게도 아르헨티나의 군부 독재정권이었다. 이들은 국내의 정치적 위기를 타개하려는 목적으로 아르헨티나 남쪽에 있는 영국 소유의 작은 섬(영국은 포클랜드 섬이라 부르고, 아르헨티나에서는 마르비나스 섬이라 부른다)을 무력점령했고 이는 전쟁으로 번졌다. 멀리 나라 밖에서 터진 이 사건은 대처를 위기에서 구출해준 정도가 아니라 하루아침에 국민적 영웅으로 만들어 11년 장기집권의 길을 열어주었다.

임기 말년의 대처는 처음과는 많이 달라졌다는 평을 듣는다. 자신에 가득 차 남의 말을 듣지 않고 자기 멋대로 결정하고 모든 정책을 밀어붙였다(이 점은 박정희 대통령과 비슷하다). 그만큼 대처의 인기는 탄탄했고 권위에 도전할 이는 없었다. 그러나 인생의 많은 경우가 그러하듯 종말은 어느 날 갑자기 찾아왔다. 대처의 집권에 종지부를 찍은 것은 두 가지 문제였다.

첫째, 주민세Community Charge라는 이름의 인두세 도입. 이는 부자든 가난뱅이든 모든 사람이 똑같이 내는 세금이므로 엄청나게 역진적이고 따라서 대다수 국민들의 반대에 직면하게 됐다. 시민들의 반대는 20만 명에 이르는 대규모 가두시위로 나타났고, 그 정점이었던 1990년 3월 31일 트라팔가 광장에서의 소위 '인두세 폭동'은 수백 명이 부상을 입고, 체포되는 유혈사태로 치달았다. 결국 주민세는 대처의 후임 존 메이저 총리에 의해 폐지됐다.

둘째, 유럽 문제. 대처는 유럽경제통합의 기본원칙에는 찬성하면서도 단일 통화 도입에는 결연하게 반대했고(이 점에서 최근 유로 위기를 예상한 선견지명이 있었다는 호평을 받기도 한다), 유럽통합의 속도와 방법을 놓고 당내 인사들과 이견을 보였다. 이 두 가지 문제를 놓고 대처의 생각은 보수당 내 주류와 거리가 있었다. 막바지에는 함께 일하던 장관들이 하나둘 사표를 던지고 대처는 고립무원의 처지에 빠졌다. 결국 대처는 당에서 버림받고 총리직을 사임할 수밖에 없는 상황에 내몰렸다. 그녀는 자신의 표현을 빌자면 '망치로 머리를 얻어맞은 듯한' 충격 속에서 갑자기 권좌에서 내려왔다.

그 뒤에는 일절 외부활동을 접고(포클랜드 섬을 한 번 방문하기는 했다) 조용히 은둔생활을 했다. 인생의 마지막 몇 년은 병마와 힘겨운 싸움을 벌이다가 세상을 떴다. '화무십일홍 권불십년'이라고 하는데 대처는 10년 이상 막강한 권력을 쥐고 영국과 세계를 바꿔놓고 세상을 떠났으니 이런 여걸도 역사상 드물다고 하겠다. 죽은 뒤 각계의 평도 그녀의 인생만큼 극과 극을 달렸다. 한쪽에서는 영국 경제의 구원자, 세계 공산주의 타파와 자본주의 옹호의 챔피언으로 찬양하는가 하면 다른 쪽에서는 무자비한 시장만능주의로 많은 노동자·서민들을 고통에 빠뜨린 악녀로 묘사하기도 했다.

대처는 여느 총리와는 달리 뚜렷한 주관에 따라 정권을 운영했고, 대처 이전과 이후의 영국은 확실히 다른 나라라고 해도 좋다. 대처가 물러난 뒤 몇 년 뒤 총선에서 승리한 노동당의 토니 블레어는 '새 노동당 New Labour'이란 구호로 실로 오랜만에 정권 맛을 보았는데 블레어가 내건 공약은 전통적 노동당과는 크게 달라져서 상당 부분 시장을 중시한다는 점에서 대처의 영향을 받은 것으로 평가받았다. 그래서 블레어는 '치마를 입지 않은 대처'라고 놀림을 받기도 했다.

대처의 경제 성과를 보면 그리 대단하지 않다. 그녀의 집권 11년간 영국의 평균 경제성장률은 2.3%로서 전후 영국 경제성장의 평균 정도의 성적을 올렸다. 그 대신 많은 부작용이 따랐다. 불평등 심화, 금융의 과도한 규제완화, 인적 및 물적 자본의 과소투자, 유럽에 동떨어져 존재하는 영국의 외교적 고립 등 문제점이 나타났고, 이런 문제들은 아직 해결되지 않고 있다. 종합적으로 볼 때 대처는 영국의 경제와 국가를 근본적으로 바꾸고 큰 성과를 올린 것같이 보이면서도 분명한 한계를 가진다.

영국의 폭동

2011년 8월 4일 영국 런던 북부 토트넘에서 29세 흑인 청년 마크 더간이 경찰의 총에 맞아 숨졌다. 분노한 가족, 친지들이 경찰의 과잉대응에 항의하는 평화시위를 했는데, 이것이 전혀 예상치 못한 폭동과 약탈로 비화했다. 토트넘에서 시작된 폭동은 곧 런던 전역으로 퍼졌고, 버밍엄·맨체스터·리버풀 등 전국으로 확산됐다.

이 폭동은 여러모로 20년 전 미국의 로드니 킹 사건을 연상시킨다. 1991년 3월 3일, 로스앤젤레스에서 과속 운전을 하던 흑인 로드니 킹이 경찰에 체포되는 과정에서 백인 경찰로부터 무자비하게 구타당했다. 이 장면을 우연히 근처 주민이 촬영해 다음날 TV 뉴스에 공개되었는데, 이를 본 흑인들의 분노는 극에 달했다. 게다가 재판에 회부된 백인 경찰관 네 명이 다음해 몽땅 무죄 판결을 받자 마침내 흑인들의 분노가 폭발했다. 로스엔젤레스에 흑인 폭동이 일어나 도시가 사흘간 무법천지가 됐다. 이 폭동으로 55명이 목숨을 잃었고 부상자도 2000명이 넘었다. 특히 한국인 상점은 흑인들의 공격의 표적이 돼서 코리아 타운의 9할이 파괴됐다.

2011년 런던 폭동의 원인을 놓고 의견이 엇갈린다. '빨갱이 켄red Ken'이란 별명을 가진 전 런던시장 켄 리빙스턴은 현 보수 연립정부의 무리한 재정 삭감이 이번 폭동의 원인이라고 진단했다. 영국의 『가디언』도

'보수 연립정부의 가혹한 예산 삭감과 긴축정책'에서 원인을 찾고 있다. 그로 인한 불경기와 열악한 고용 상황이 중요한 배경이 됐다는 것이다. 최근 영국의 실업률은 7.7%에 달하고, 특히 청년 실업률은 20%에 육박한다. 더구나 처음 폭동이 일어난 토트넘 지역은 실업률이 영국 평균의 두 배나 되고, 한 사람을 뽑는 구인 광고가 나가면 평균 54명의 구직자가 몰릴 정도로 고용 상황이 최악이었다.

그러나 보수 쪽의 진단은 아주 다르다. 휴가를 중단하고 이탈리아에서 급거 귀국한 데이비드 캐머런 영국 총리는 폭동을 단순화시켜 '역겨운 범죄행위'로 규정하면서 '법과 질서' 회복을 선언했다. 닉 클레그 부총리는 "청년들의 상점 파괴와 약탈이 정부의 긴축정책 때문이라는 주장은 터무니없다"고 반박했다. 한편 보수당의 런던시장 보리스 존슨은 정부의 경찰관 감원을 비난함으로써 보수당 안에서도 다른 목소리를 냈다.

로스엔젤레스나 런던 폭동의 공통적인 배경에는 약자를 포용하는 사회통합을 게을리하고 모든 것을 시장의 경쟁에 내맡기는 시장만능주의가 있다. 그 결과 두 나라에는 일자리도 없고 미래 희망도 없는 소위 하위계급underclass이 광범위하게 존재한다는 공통점이 있고, 이들이 폭동의 핵으로 떠올랐다. 영국은 이미 20년전 대처 총리가 무리하게 시장만능주의를 밀어붙이는 바람에 빈번한 청년 폭동을 경험한 바 있다. 2010년에도 보수당 정부가 대학 등록금을 3배나 인상하는 바람에 청년 시위가 일어났고, 보수당 정부의 철학에 따라 교육 목표에서 열등생들을 배제한 것도 2011년 런던 폭동의 배경이 되었다. 위험한 철학이 세상을 위험에 빠뜨린다는 사실을 영국이 잘 보여주고 있다. 어디서나 정치인들의 철학이 문제다.

프랑스 연금개혁의 진통

유럽은 원래 시위와 파업으로 유명한데 그중에서도 챔피언은 그리스와 프랑스라는 말이 있다. 2010년 그리스 노동자들은 실직 사태에 항의해 시위를 벌였고, 프랑스에서는 연금개혁에 반대하는 수백만의 시위와 파업이 두 달 가까이 계속됐다. 특히 프랑스 정유업계의 파업으로 전국 주유소의 1/3에 가까운 4000군데에서 기름이 떨어지는 사태가 벌어졌다. 연금개혁으로 노인들이 청년 일자리를 빼앗아갈 것이라는 불안 때문에 파리의 고등학생들까지 시위에 가담하여 세대 갈등 양상까지 나타났다. 노조 지도자들은 피끓는 고등학생들의 시위 가담이 자칫 폭력사태로 번질까봐 걱정이 태산 같았다.

프랑스 연금개혁의 핵심은 퇴직연령을 60세에서 62세로 높이고, 연금의 완전수급 개시 연령을 65세에서 67세로 높이는 것이었다. 이것은 결코 과격한 개혁은 아니고 상당히 온건한 내용이지만 그래도 반발은 컸다. 마침내 연금개혁법안이 상원을 통과했고, 고등학교가 학기 중간 방학에 들어감으로써 소요 사태는 일단 한 고비를 넘겼지만 사태는 안심

할만한 단계는 아니다.

대부분의 국가는 안정된 노후생활을 보장하기 위해 공적연금제도를 가지고 있다. 공적연금제도는 선진국의 복지재정 가운데 최대 비중을 차지하고 있는 가장 중요한 사회보장정책이다. 그런데 거의 대부분의 선진국에서 1990년대 이후 공적연금의 재정위기가 발생했다. 그 이유는 저출산·고령화 현상, 연금제도의 저부담-고급여로 인한 연금재정의 고갈, 세계화, 노동시장 유연화, 비정규직 노동의 증가 등이다. 따라서 종래의 연금제도는 지속가능성이 없어 대대적 개혁이 불가피하다는 것이 많은 나라의 공통점이다. 문제는 연금개혁은 어느 나라에서나 정치적으로 인기가 없으며, 정치인에게는 정치적 자살골과 마찬가지라는 사실이다. 실제 연금개혁으로 인해 정치적 위기가 발생하거나 정권이 흔들리는 나라가 많다.

지금까지 선진국의 연금개혁 경험을 관찰해보면 공적연금의 재정건전성을 회복하려는 몇 가지 공통된 노력이 있었다. 퇴직연령 연장, 기여금 인상, 급여 인하, 급여에 대한 과세, 부양가족 범위 변경 등의 방법을 통해 급여를 감소시키거나 수입을 증가시키는 방안이 그것이다. 요컨대 연금개혁의 핵심은 국민으로 하여금 더 내고 덜 받고 늦게 받도록 하는 것이니 그야말로 인기 상실 백화점이다. 여론조사를 보면 프랑스 국민의 70%가 2010년 연금개혁에 반대하는 노조에 동조했다.

사르코지 대통령은 평소 스타일대로 충분한 토론과 설명 없이 개혁을 강행했다. 일단 개혁안의 상원 통과에는 성공했지만 국민들에게 소통부재의 인상을 남겨 2012년 대통령 선거에서 역풍을 맞아 정권을 내놓고 말았다. 그렇다면 연금개혁의 승리는 사르코지에게 '피루스의 승리(고대 그리스의 왕 피루스는 신흥 강대국 로마와 싸워 이기긴 했으나 엄청난 사상자가 발생했다. 그는 이런 승리를 한번만 더 하면 나라가 망하겠다고 한탄했다고 한다. 이후로 승리하긴 했지만 피해가 너무 커서 지는 것만 못한 승리를 '피루스의 승리'라 부른다)'가 된 셈이다.

고전하는 프랑스 경제

최근 프랑스 경제가 고전을 면치 못하고 있다. 경제적 질병의 증세는 도처에 나타난다. 실업자가 300만 명이고, 실업률은 10%가 넘는다. 청년 실업률은 25%이고 특히 소수민족이 많이 사는 대도시일수록 문제가 더 심각하다. 정부 규모(공공부문)는 GDP의 57%로서 유럽에서 덴마크 다음 가는 2위다. 15년 전만 해도 이 비율은 스웨덴이 프랑스보다 높았으나 지금은 프랑스에 비해 스웨덴은 5%포인트 낮고, 독일은 10%포인트 낮다. 프랑스의 공무원은 인구 1000명당 90명으로서 독일의 50명에 비해 두 배 가까이 된다. 국가부채는 GDP의 90%를 넘어 계속 상승중이다. 사정이 이러니 신용평가사 S&P가 2012년 1월 프랑스의 국가신용등급을 AAA에서 AA+로 내린 것도 모자라 이듬해 AA로 재차 강등시킨 것도 놀랄 일이 아니다.

프랑스는 중상주의 시대부터 경제에 대한 강력한 국가개입의 전통을 갖고 있다. 디리지즘dirigisme 이라고 불리는 이 사상은 아주 오랜 역사적 뿌리를 갖고 있는데, 적어도 태양왕이란 별명을 가진 루이 14세가 국가의 자금으로 미디Midi운하를 파던 시대까지 거슬러 올라갈 수 있다. 그의 재정담당 대신이었던 장 밥티스트 콜베르Jean-Baptiste Colbert는 중상주의를 대표하는 인물인데, 거울 제조 공장을 설립하는가 하면 벽걸이 천을 만드는 공장을 인수하기도 했다. 경제에 대한 국가의 지도, 감독, 적극적 산업정책, 그리고 높은 관세가 프랑스 디리지즘의 핵심이었다. 프랑스는 2차대전 후 경제개발 5개년계획을 갖고 있던 몇 안 되는 자본주의 국가 중의 하나이기도 했다. 2차대전 이후 30년간 소위 '자본주의 황금기the golden age of capitalism'에는 다른 선진자본주의 경제와 마찬가지로 프랑스 경제도 잘 굴러갔으나 그 뒤에는 문제가 꼬이기 시작했다. 프랑스는 문제가 생길 때마다 국가재정을 늘여 대처하는 방식을 취해왔기 때문에 지금 보듯이 국가의 비중이 과대하며, 1974년 이후 한 해도 국가재정이 균형을 맞춘 적이 없다.

프랑스는 노동·복지 분야 개혁에서 지각생이다. 북구·네덜란드·영국은 1980년대부터 이미 개혁을 착수했고, 독일은 2003년 슈뢰더 개혁이 있었고, 포르투갈·스페인·그리스는 재정위기 이후 돈 빌려주는 나라들의 외압에 의해 자의반 타의반의 개혁이 진행중이다. 개혁은 당사자들의 강한 반발을 불러일으키고, 일반적으로 국민들 사이에 인기는 없지만 국민경제가 경쟁력을 유지하려면 불가피한 조치다. 그래서 개혁 추진세력은 정치적으로 패배하는 경우가 많지만 시간이 지나 먼 훗날에는 그 공로를 인정받게 된다. 가까운 사례로는 독일 사민당의 슈뢰더가 있다. 슈뢰더는 2003년 개혁조치 때문에 2005년 총선에서 패배, 정권을 메르켈에게 넘겨주었다. 그러나 현재 독일 경제가 갖고 있는 강력한 경쟁력의 바탕은 그때 기초가 마련됐다는 평가를 받는다.

그동안 프랑스는 개혁을 멀리하고 무풍지대에 오래 머물러 있었는데, 이제 프랑스도 더 이상 여유를 부리기 어렵다. 유로화가 처음 도입된 해인 1999년에만 해도 프랑스의 노동비용은 독일보다 낮았고, 경상수지는 흑자를 유지하고 있었다. 그러나 2000~2012년 동안 독일의 노동비용은 8% 상승에 거쳤으나 프랑스는 28%나 상승해버리는 바람에 양국간 노동비용에는 역전 현상이 나타났다. 노동자를 채용하는 데 따르는 사회적 비용도 큰 차이가 난다. 프랑스에서 노동자에게 들어가는 비용 중 사회보장적 성격을 띠는 비용이 38%나 되는 데 비해 독일에서는 17%다.

단위노동비용이 상승을 거듭한 결과 프랑스 경제는 국제경쟁력을 상실하여 국제수지를 나타내는 대표적 지표인 경상수지는 매년 심각한 적자를 보이고 있다. 적자 비율이 유럽에서도 가장 높다. 2005년에서 2010년 사이에 세계 수출시장에서 차지하는 프랑스의 비중은 20%나 하락했는데, 이보다 더 크게 하락한 유럽 국가는 그리스밖에 없다.

프랑스 기업의 수익률은 아주 낮다. 프랑스에는 세계적으로 알려진 대기업이 많지만 문제는 지난 30년간 새로 출현하는 대기업이 거의 없다는 사실이다. 특히 인터넷, 첨단기술 분야에서는 더욱 그러하다. 독일이 강점을 갖고 있는 중견기업의 숫자가 프랑스에서는 4000개밖에 안 되어 독일, 영국의 절반에 불과하다. 프랑스의 중소기업은 그 규모가 아주 작아서 평균 노동자 숫자가 14명에 불과하다. 독일의 평균은 41 명이다. 프랑스에는 유달리 49명을 고용하는 회사가 많은데, 이는 잘못된 제도 때문이다. 회사 규모가 50명이 되는 순간 무려 34개 달하는 각종 법률과 규제에 직면하기 때문에 많은 회사가 49명에 머무르기를 원한다.(기업이 규제에서 오는 불이익을 면하려고 스스로 일정 규모 이상의 성장을 기피하는 소위 피터팬 신드롬. 우리나라 중소기업에도 이런 증세가 있다.)

2012년 5월 프랑수아 올랑드Francois Hollande가 대통령에 취임했다. 1981년 미테랑 이후 사회당 출신 대통령은 30년 만에 처음이다. 전임 사르코지 대통령은 소통이 부족하고 오만한 스타일로 종종 구설수에 올랐는데, 올랑드는 남의 말을 경청하고 타협의 명수로 소문난 정치인이다. 그런 점에서 일단 국민의 신임을 얻고 대선에서 승리했으나 앞으로가 첩첩산중이다. 올랑드는 좌파를 자처한다. 그는 영국의 전 총리 토니 블레어가 어떤 정책이 좌파든 우파든 상관없다는 말을 하는 것을 듣고 충격을 받았다고 실토할 정도로 좌파의 이념에 대한 애착이 강하다.

올랑드 정권에서 쏟아져나온 반기업, 반자본주의적 발언은 상당 부분 국민의 정서를 반영한다. 프랑스 국민들 사이에는 전통적으로 부자와 자본주의에 대한 강한 반감, 반기업적 문화가 존재한다. 같은 명문대(소수의 그랑제콜) 출신인 대기업 임원과 관료들이 서로 밀어주고 당겨주는 관계는 사람들의 눈살을 찌푸리게 만들 만하다. 소수의 명문대를 졸업한 엘리트들이 프랑스 사회를 지배하면서 그들만의 리그를 형성하고, 낙하산 인사, 회전문 인사를 예사로 하고 있는 것이다. 일반인들에게는 사회적 신분상승의 기회를 아예 기대할 수 없다는 불만이 있다. 말하자면 특권층의 배타적 행태가 프랑스인들의 반골 정서, 반기업 정서를 형성한 측면이 있다.

경제가 어려워서 그런지 몰라도 프랑스 국민은 미래를 비관적으로 본다. 2011년 한 조사에 의하면 미래에 대한 낙관적 전망을 갖고 있는 응답자의 비율이 독일에서는 80%로 나온 데 반해 프랑스에서는 비관적 전망을 가진 응답자가 80%로 나왔다. 프랑스만큼 미래에 대해 비관적 전망을 가진 사람이 많은 나라는 유럽에서 찾아볼 수 없다.

프랑스에서 좌파 하기는 쉽지 않다. 과거 좌파 대통령 미테랑은 전통적 사회주의자답게 국유화를 적극 추진하다가 나중에는 포기하는 등 경제정책에서 좌우를 오락가락했다. 올랑드는 오랫동안 미테랑 밑에서 잔뼈가 굵은 당료 출신인데 미테랑 식의 국유화나 조세/재정을 무기로 하는 케인즈주의는 현재의 프랑스 경제가 앓고 있는 질병의 근본 처방이 될 수 없다.

올랑드는 취임 직후 몇가지 조처를 취했다. 대통령 및 각료 봉급 30% 삭감, 취학연령 아동을 가진 가족에 대한 복지지출 25% 증액, 국영회사 최고경영자의 봉급 상한을 저임금 노동자 임금의 20배에 해당하는 연 45만 유로로 제한하겠다는 발표 등이다. 이런 것은 하나 하나 논란의 대상인데, 특별히 더 비판받는 조치도 있다. 전임 대통령 사르코지가 비난을 무릅쓰고 개혁 차원에서 60세에서 62세로 올려놓은 연금 수급 개시연령을 비록 일부 집단에 한해서이긴 하지만 도로 60세로 낮춘 것은 비판을 받고 있다. 비록 대선 공약이었고, 연금을 41년 6개월 이상 장기불입한 사람들만 대상으로 한다고 하지만 개혁후퇴라고 비난받을 소지가 크다. 다른 나라에서는 심지어 연금수급 개시연령이 70세인 나라도 있는데, 사르코지가 어렵게 싸워 2년 늦추었던 것을 원상복구한 조치는 반개혁이며 옳은 방향이 아니다.

현재 프랑스 경제의 중요한 현안은 재정 및 조세 문제다. 올랑드는 우선 2013년에는 GDP 대비 3% 정도로 재정적자를 줄이고, 2017년까지는 균형재정을 회복한다는 목표를 세우고 있다. 만일 이것이 실현된다면 프랑스 재정은 1974년 이래 수십 년 만에 최초로 재정적자를 면하는 것이 된다. 재정을 개선하기 위해 올랑드는 증세와 지출 삭감을 약속하고 있다. 대선 공약에서 내세웠던 대로 1년에 100만 유로 이상의 소득을 올리는 소수(약 3000명으로 추산됨)의 부유층을 대상으로 물경 75%의 엄청난 한계세율 적용을 추진하고 있으며, 부유세, 상속세도 강화하려고 한다. 이런 조처에 대해 부자들의 불만이 터져나오는 것은 당연히 예상되는 결과다. 구찌, 입생 로랑 등 유명상품을 생산하는 PPR 그룹은 회사 중역회의 전체를 런던 사무소로 이전시키려고 하고 있다. 영국 총리 데이비드 캐머런은 이런 소문을 듣고는 '붉은 카펫을 깔고 환영하겠다'고 발언하여 프랑스 국회의 분통을 터뜨리게 만들었다.

취임 2년이 지나도 경제의 호전이 없어 초조해하던 올랑드 대통령은 여배우와의 염문설에 휘말린 2014년 초에 와서는 드디어 정책의 U턴 현상을 보여주고 있다. 마치 30년 전의 좌파 대통령 미테랑 정권의 정책 U턴을 보는 것 같다. 올랑드는 처음에는 부자, 대기업에 대한 증세를 공언하더니 오히려 부자감세를 발표하기에 이르렀다. 올랑드는 기업이 부담하는 사회보장분담금payroll tax를 1년에 30~35억 유로 감축해 주겠다고 발표했다. 이것은 기업의 임금 비용을 5% 정도 낮춰주는 조처이고 당연히 재계에서는 환영하는 반응이 나왔다. 그 대신 당내 좌파와 진보세력을 설득하기 어려워졌다. 당장 좌파전선 지도자 장 뤽 멜랑숑은 트위터를 통해 올랑드의 우파 정책에 반대하는 시위를 벌이자고 선동하고 나섰다. 올랑드의 급작스런 정책 전환은 레이건이 취했던 '공급측의 경제학supply-side economics'을 본따서 '공급측 사회주의supply-side socialism'란 평가를 받고 있다. 이 실험이 성공할지는 미지수다.

유로존 위기를 놓고 프랑스의 올랑드와 독일의 메르켈은 동상이몽을 하고 있다. 메르켈은 재정위기에 봉착한 PIGS로 대표되는 남유럽 국가들이 그동안 방만하게 재정을 운용한 것을 청산하고 엄격한 긴축austerity을 펼 것을 요구한다. 허리끈을 졸라매라는 것이다. 그에 반해 올랑드는 긴축은 경기를 더 위축시킬 뿐이므로 지나친 긴축을 요구하는 것보다는 성장을 통해서 문제를 해결해야 한다고 주장한다. 메르켈이 보수적·시장주의적 사고방식이라면 올랑드는 진보적·케인즈주의적 사고방식이다. 지금 국제 역학에서 볼 때 발언권은 분명히 독일이 강하다. 프랑스는 영향력이 예전 같지 않고, 지금은 스스로도 경제적 환자에 가까워 남의 나라에 이래라저래라 할 위치도 아니다. 어쨌든 유럽을 대표하는 전통적 양대 경제강국의 생각이 이처럼 현격한 차이를 보이고 있어서 앞으로 합의를 통한 유로존 위기 해법 마련이 그리 쉽지는 않을 것 같다.

비틀거리는 이탈리아 경제

이탈리아 경제가 위기에 빠져 그렇지 않아도 어려운 유로존 위기를 더욱 위태위태하게 만들고 있다. 이탈리아 경제의 규모는 위기에 봉착한 PIGS 국가를 합한 것보다 더 크고 유럽에서 독일, 프랑스 다음 가는 덩치를 갖고 있기 때문에 이탈리아 경제의 위기는 유로존 경제의 위기라 해도 과언이 아니다.

이탈리아의 최근 실업률은 12.7%로서 유럽 평균 수준이지만 청년실업률은 41.6%로서 평균을 크게 웃돈다. 이탈리아의 국가부채는 대단히 높아서 무려 2조 유로로서 GDP 대비 비율(128%)이 그리스를 제외하고 유럽에서 제일 높으며, 국가부채의 절대적 크기로 볼 때 세계 전체에서 미국, 일본, 독일 다음으로 높다.

이탈리아 경제에 대한 불안이 커지자 세계 3위의 규모를 자랑하는 이탈리아 채권시장에서 아무도 이탈리아 국채를 사려 하지 않고 믿을 만한 독일 국채를 선호하니까 이탈리아 국채가격은 폭락하고 수익률은 폭등했다.(채권 가격과 채권 수익률은 반비례하는 관계다. 이탈리아와는 반대로 독일 국채는 200년 만에 최저수익률을 보이고 있다.) 2011년 11월 10년짜리 이탈리아 국채 수익률이 '마의 7%' 수준(그리스, 아일랜드, 포르투갈은 모두 국채 수익률이 7% 수준에 도달하면서 구제금융을 받게 됐다)를 돌파했으나 마리오 몬티Mario Monti 총리가 등장해 긴축정책과 구조개혁 약속이 신뢰를 얻으면서 5% 이하로 떨어져 한숨 돌렸다.

온갖 추문으로 얼룩진 실비오 베를루스코니 이탈리아 총리가 말 많고 탈 많은 8년 반 장기집권 뒤 하야하자 구원투수로 마리오 몬티(별명 슈퍼 마리오)가 긴급 등판했다. 그는 경제학 교수 출신의 테크노크라트로서 밀라노에 있는 보코니대학 총장, 그리고 브뤼셀에 가서 EU 집행위원장을 역임한 바 있다. 몬티 내각의 17명 장관 중에서 교수 출신이 몬티를 포함해서 7명이나 되어 한국의 보수언론 같았으면 틀림없이 '폴리페서 내각'이라고 썼을 것이다. 몬티가 추진한 '이탈리아 구출Save Italy' 법 내용 중에는 일반기업 이사들이 금융기관 이사를 겸임하던 것을 금지하는 것도 들어 있다. 이탈리아 재계를 지배하던 상호 이사겸임의 거미줄 인맥이 정리되면 지금까지 이탈리아에 들어오기를 꺼리던 외국인 투자가 늘어날 것이 기대되므로 이런 개혁은 옳은 방향이라 하겠다.

이탈리아 경제는 2001년에서 2010년까지 마이너스 성장을 했다. 영국 『이코노미스트』지에 의하면 10년간 성장률 순위에서 세계 179개국 중 167등이다. 2011년부터 불황에 빠져 최근 경제성장률도 2012년 -2.3%, 2013년에도 -0.5 성장이 예상되고 있다. 생산성은 정체하고 임금은 빠르게 올라서 독일이나 다른 유럽국가에 비해 국가경쟁력이 낮다. 한때 중소기업 클러스터가 이탈리아의 자랑거리였으나 지금은 아시아의 값싼 제품에 밀리고 있다. 이탈리아에는 세계 챔피언이 될만한 기업이 거의 없다는 사실도 약점이다.

이탈리아 경제의 회복을 위해서는 생산성 향상, 경제성장이 필수적이다. 노동시장과 생산물시장의 구조개혁 없이는 생산성 향상을 기대하기 어렵다. IMF는 노동시장과 생산물시장의 개혁만으로도 이탈리아의 GDP가 5년간 6%만큼 증가할 것이라고 예측하고 있다. 이탈리아 경제가 노동력을 충분히 활용하지 못하고 있다는 증거는 15~64세 인구의 고용률이 57%로서 유럽에서 끝에서 2등이며, 독일의 73%와는 비교가 되지 않는다는 점을 들 수 있다. 이탈리아에서는 조기 은퇴 경향과 여성이 직장 대신 집에 머무는 사회적 관습으로 인해 노동시장참가율이 낮고 2중 노동시장 등의 특징이 있다. 2중 노동시장이란 고령층은 사양산업에서 보호받고 있고, 그 대신 청년층은 불안정한 비정규직에 내몰리고 있는 2중 구조의 특징을 말한다. 이탈리아의 고용률이 낮은 또 하나의 이유는 노동자를 해고하기가 어렵기 때문에 처음부터 채용을 꺼린다는 점이다. 이탈리아에서 노동자를 해고하는 기업가는 노동법원에 가서 길고도 힘든 논쟁을 벌일 각오를 해야 한다.

생산물 시장의 개혁은 노동시장 개혁보다 더 중요하다. 노동시장이 2중노동시장이듯이 생산물시장도 2중 경제를 갖고 있다. 독점기업은 높은 가격을 매긴다. 전력가격은 유럽에서 제일 높고 약사, 공증인 등의 비용도 높다. 이탈리아에서는 집을 사는 데 공증인에게 수천 유로를 지불해야 한다. 토요일에는 세탁소도 문을 닫아버리고, 시내버스는 불규칙적으로 다니는데 걸핏하면 파업을 한다. 이탈리아에는 영세 가족기업이 엄청나게 많은데 그 이유는 정부의 경직적 규제와 세금을 피해보려는 노력 때문이다. 이탈리아는 독점이 경쟁을 가로막고 있고, 각종 이권 단체가 기득권을 주장한다. 몬티 총리의 개혁은 옳은 방향이었지만 너무 미온적이라서 근본적 개혁과는 거리가 멀었다. 세계은행이 2012년 발표한 기업하기 좋은 나라 순위에서 이탈리아는 유럽에서 꼴찌, 세계 185개국 중 73위를 차지했다. 이탈리아에서 전기공급을 받는 것은 아프리카 수단보다 어려우며, 부패인식지수에서는 르완다보다 못한 67위를 기록하고 있다.

이탈리아에는 정부당국이 의약업에 종사하는 회사에 물건을 사고는 돈을 주지 않는 이상한 관행이 있다. 몇 년이 지나도 돈을 못 받는 경우가 많은데, 어떤 제약회사는 외상값 받는 전담 직원을 두고 있다. 외상 경향은 남부로 갈수록 더 심해진다. 북부 지방은 평균 3개월 뒤 갚는데, 남부 지방은 평균 2년 뒤에야 갚는다. 이 방면의 최고기록은 4년 반 동안 돈을 갚지 않은 미항美港 나폴리가 갖고 있다. 외상값을 받기 위해 법원에 소송을 내봤자 법원 역시 비슷하게 속도가 느리기 때문에 전혀 도움이 안 된다. 이탈리아에서는 민사소송이 평균 9년 걸리는 것으로 되어 있어서 사법부의 느린 속도도 개혁대상이다. 그리고 어떤 지방에는 이런 소송을 금지하는 법이 있어서 소송을 하려야 할 수가 없다. 이래저래 이탈리아에서는 기다림이 미덕이다.

이탈리아가 경제위기를 벗어날지 여부는 정치에 달려 있다. 정부가 어떻게 국민을 설득해서 일관성 있게 긴축과 구조개혁을 추진하느냐가 관건이다. 2013년에 집권한 중도좌파 민주당 출신의 현 총리 엔리코 레타Enrico Letta는 개혁을 해낼 만한 결단력이 없는 것으로 평가받고 있으며, 같은 민주당 안에서 압도적 지지를 얻어 새 당수로 선출된 젊은 마테오 렌지Matteo Renzi 피렌체 시장에게 온 국민의 기대가 모이고 있다. 그는 39세의 나이에 어울리지 않는 상당한 추진력을 갖고 있다. 당수가 되자마자 2013년말 15개 항에 달하는 노동시장 개혁 프로그램을 발표하더니 2014년 초에는 정적 중의 정적이라고 할 수 있는 부패하고 노회한 보수 정치인 베를루스코니를 민주당사에 초청해서 담판을 벌인 끝에 선거법 개정 등에 전격 합의했다. 그 극적 합의는 국내외에서 높은 평가를 받고 있다. 렌지는 장래의 이탈리아 총리 물망에 오르고 있는데, 이탈리아 개혁의 무거운 짐이 그의 어깨 위에 놓여 있다고 해도 과언이 아니다.(마테오 렌지는 2014년 2월 총리가 됐다. 무솔리니와 같은 나이인 39세, 이태리 역사상 최연소 총리다.)

독일의 경제

독일은 현재 경제적, 정치적으로 유럽에서 주도적 위치에 있으나 역사적으로 지은 죄를 생각해서 그런지 좀처럼 앞에 나서지 않고, 매사에 자제하는 소극적 주도자에 머물러 있다. 독일은 미국이나 러시아, 중국 같은 강대국보다는 큰 스위스—경제적으로 번영하지만 정치적으로는 겸손한 입장—를 지향하는 것처럼 보인다.

독일 경제는 한때 유럽의 환자라는 불명예스런 별명을 갖기도 했으나 최근에 와서는 튼튼한 기초체력을 자랑한다. 2008년 미국발 세계 경제위기 직후 잠깐 마이너스 성장을 하긴 했지만 금방 플러스 성장으로 돌아섰고, 무역수지는 매년 GDP 대비 5%가 넘는 흑자를 보이고 있다. 국가 재정도 거의 균형 상태를 유지하고 있다. 유럽 국가 중 적자재정이 아닌 나라는 아주 예외적 경우에 속한다.

독일 경제의 호황은 노동시장에서도 발견된다. 독일의 최근 실업률은 5.4%로서 유럽에서 가장 낮은 것은 물론이고 독일에서도 최근 20년 기간 중 가장 낮은 수준이다. 청년 실업률도 8% 미만으로서 미국의 절반, 유럽의 1/3 수준이다. 그 비결은 무엇인가? 독일이 갖는 독특한 도제제도徒第制度, apprentice system가 갖는 장점이 세계의 주목을 받고 있다.

독일의 도제제도는 19세기에 시작됐기 때문에 100년이 넘는 오랜 역사를 가진다. 독일에서는 청년의 소수만이 대학에 진학하고, 대부분은 대학에 가는 대신 직업학교에 가서 도제에 입문해서 기술자의 길을 걷는다. 독일에서 도제제도를 채택하는 직업이 342개 있다. 예를 들어 은행원, 배관공, 의사의 조수 등 다양하다. 도제제도는 2중 교육제도dual education system라는 별명을 갖고 있는데, 이는 학생들이 직업학교와 회사를 왔다 갔다 하면서 교육, 훈련을 받기 때문이다. 대체로 학교와 회사의 훈련이 반반 정도라고 보면 된다. 예를 들어 회사에서 1주에 3~4일 정도 훈련을 받고 나면 학교에 가서 1~2일 공부를 하는 식이다. 또 어떤 직업에서는 집중적 교육이 필요하기 때문에 회사, 학교의 훈련이 몇 달씩 계속되기도 한다. 예를 들어 학교에서 몇 달 공부한 뒤 회사에 가서 몇 달 훈련받는 식이다. 독일의 낮은 청년실업과 높은 생산성의 비결이 독특한 도제제도에 있는 게 아닌가 하여 많은 나라에서 이 제도를 연구하고 있다.

그리고 독일 경제의 호황은 전임 총리 사민당의 슈뢰더Gerhard Schroder가 2003년 단행한 소위 하르츠개혁Hartz reforms(페터 하르츠Peter Hartz를 위원장으로 하는 위원회의 개혁안, 일명 'Plan 2010')의 덕도 톡톡히 보고 있다. 이 개혁에 의해 월 400유로 이하의 월급을 받는 노동자의 경우 사회보장분담금payroll tax(노동자들이 매달 받는 봉급에서 일정 비율을 산재보험·실업보험·의료보험·연금의 보험료로 납부하는 것을 일컫는다. 노동자만 납부하는 게 아니고, 사용자 측에서도 역시 매달 납부해서 적립해나간다)를 면제해주었는데, 그 결과 저임금 파트타임 일자리가 많이 늘어났다. 예상과는 반대로 독일의 저임금 일자리는 전체 노동자의 20%나 되는데, 이는 유연한 노동시장을 가진 영국·미국과 비슷한 수준이고, 프랑스의 두 배나 된다. 그리고 이 개혁의 결과 임금 인상이 극도로 자제되어 2001년에서 2010년 사이 명목임금 인상률이 연평균 1.1%에 머물렀고, 실질임금은 거의 오르지 않았다고 볼 수 있다. 경쟁국들에 비해 단위노동비용이 상대적으로 하락한 것은 두말할 필요도 없는데, 이것이 독일 경제의 강세를 가져온 요인이 됐다.

　　반노동적 성격을 띠는 개혁에 노동자들이 반발하는 것은 당연한 결과다. 슈뢰더의 개혁은 노동자들 사이에 민심이반을 가져와 사민당은 결국 2005년 총선에서 메르켈에게 고배를 마시고 말았다. 아이러니 한 것은 현재 메르켈 정부가 이 개혁의 음덕을 톡톡히 입어 경제의 호황과 연이은 선거 승리를 만끽하고 있다는 사실이다. 열매를 심는 사람과 따 먹는 사람은 다르게 마련인가.

　　독일은 현재 노동시장 조건이 성장에 유리하지만 멀지 않아 노동공급 부족에 시달릴 것으로 전망되고 있다. 2025년까지 노동력이 650만 명 감소할 것이며, 2050년에는 독일의 노동력은 프랑스나 영국보다 적어질 것으로 전망된다. 독일 인구가 프랑스, 영국보다 많다는 것을 생각해보면 이 문제가 얼마나 심각한지를 알 수 있다. 노동력 부족 사태에 대한 대책은 크게 두 가지다. 하나는 국내 노동공급을 늘이는 것인데, 그 방법은 주로 노인들이 좀 더 오래 일하도록 만든다든지, 보다 많은 여성들이 노동시장에 진출하도록 만드는 것이다. 또 다른 하나의 방법은 외국인 노동자를 유치하는 것이다.

독일은 과거 1950~1960년대의 소위 '라인강의 기적'이라 불렸던 고도 경제성장 시기에 많은 외국인 노동자들을 초청한 적이 있다. 주로 남유럽과 터키에서 이주해온 소위 '초청 노동자Gastarbeiter'라는 이름을 가진 외국인 노동자들이 경제기적을 일궈낸 역군으로 기여했다. 한국에서도 광부와 간호사를 파견했다. 최근에도 유럽 여러 나라에서 이주 노동자들이 많이 일하고 있는데, 주로 폴란드·루마니아·불가리아 등 동유럽 출신이 많다는 점이 과거와는 다른 점이다. 최근 센서스에 의하면 독일 인구 8000만 명 중 8%에 해당하는 620만 명이 외국인 노동자들이다.

독일은 23세 이후에는 2중국적을 불허하는 등 외국인 노동자들을 포용하는 정책이 부족하다. 독일 신문에는 연일 가난한 나라에서 온 이른바 '복지 이주자welfare migrants'들을 비난하는 기사가 실리고 있는데, 실제로 이 비난은 정곡을 찌르고 있다고 할 수 없다. 왜냐하면 독일에 오는 외국인 노동자들은 복지를 노리고 오는 저소득, 저학력 노동자들이 아니고, 상당히 높은 교육수준을 가진 사람들이 대부분이기 때문이다. 이들은 독일의 문화적 저항, 언어장벽 등으로 독일에 동화하는 데 어려움을 겪고 있다. 독일의 특유한 도제제도도 이들 외국인 노동자들의 진출을 방해하는 장벽으로 작용하고 있다.

외국인 노동자에 의존하는 것보다는 국내 노동공급 확보가 더 확실한 방법이긴 한데, 이것 역시 여의치 않다. 55세 이상 고령자의 노동시장 참여율은 이미 독일이 유럽 3위(스웨덴, 에스토니아에 이어)이므로 더 이상 확대 여지가 없다. 독일의 여성 노동시장 참여율도 유럽 평균보다 훨씬 높은데, 문제는 이들이 짧은 시간 일하는 파트타임 노동자들이 대부분이란 사실이다. 일하는 여성의 절반은 파트타임 노동자이며, 이들의 평균 노동시간은 주당 19시간에 불과하다. 여성의 노동시장 진출을 촉진하기 위해 슈뢰더 정부 때부터 보육 예산 확충, '종일 학교' 운영, 아버지 육아휴직 제도 도입 등 여러 가지 정책을 쓰고 있으나 이런 정책들이란 게 금방 눈에 띄는 성과가 나오는 성질이 아니다. 노동인구 감소라는 시한폭탄이 재깍재깍 돌아가는데 정부의 노동공급 촉진 정책이 언제쯤 효과를 발휘하느냐 하는 것이 독일경제의 사활을 좌우할 관건이라 하지 않을 수 없다.

독일은 나라는 부유한데, 국민들은 부유하지 않다는 말을 듣는다. 노동자들의 평균 순자산 보유액을 보면 5만1000유로에 불과한데 이는 채무국으로 비난받는 이탈리아, 스페인, 그리스 노동자 평균보다 훨씬 낮다. 독일의 자산보유 절대액이 낮고 자산분배가 불평등하다는 점은 독일인은 자가보유 비율이 낮고 세를 들어 사는 사람이 많다는 사실에

서도 잘 드러난다. 이런 독일 노동자들이 자기보다 더 잘 사는—흥청망
청 돈을 쓰는 듯이 보이는—남유럽 국가의 노동자들을 도와주자는 요
청에 보이는 냉소적 태도는 어쩌면 당연한 반응일지도 모른다.

최근의 러시아 경제

러시아 경제는 푸틴Vladimir Putin 집권 1기(2000~2008) 동안 실질소득이
두 배로 늘었다. 재정수지와 경상수지도 흑자를 보이고 있다(다만 2015
년 이후에는 둘 다 적자로 돌아설 것으로 예측되고 있다). 국가부채는 GDP
의 15%에 불과해서 다른 나라에 비해 훨씬 양호한 편이다. 1998년 루
블화 위기 때 200억 달러 밑으로 떨어졌던 외환보유고는 최근 5000억
달러로서 세계 3위의 위치에 있다. 러시아 국민들은 실로 오랜만에 높
아지는 생활수준을 만끽하면서 그 대가로 정치적 소극성—푸틴 체제에
이의를 달지 않는—을 보였다. 그러나 최근에는 상황이 달라졌다. 미
국 금융위기의 여파로 2009년에는 실질소득이 8%나 감소했다. 1인당
GDP는 1만8000달러(PPP 기준) 수준이다. 경제성장과 더불어 성장해온
중산층이 정치적 목소리를 내기 시작하고 있다. 개혁을 요구하는 목소
리, 반정부적 목소리가 높아지고 있어서 선거에서도 집권 여당에 대한
일방적 지지는 더 이상 기대할 수 없게 되었다.

푸틴 집권 1기 동안의 고성장도 모두 푸틴의 공로라고 보기는 어렵다. 왜냐하면 집권 이전 1년 반 전부터 각종 경제실적이 개선되기 시작했기 때문이다. 푸틴 이후 경제 개선의 원인은 세 가지다. ①사적 동기 부여 ②러시아의 주요 수출품인 석유 가격의 5배 인상 ③경제안정 이 중에서 푸틴의 공로로 인정할 수 있는 것은 ③뿐이다.

석유는 러시아 경제의 생명줄이나 마찬가지다. 석유는 수출의 2/3, 정부세입의 1/2을 차지한다. 석유+가스가 GDP에서 차지하는 비중이 1999년에는 12.7%였으나 2007년 현재 31.6%로 높아졌다. 자연자원이 전체 수출의 80%를 차지한다. 세계적 불황과 더불어 유가 인상이 멈추고 오히려 하락 가능성이 높다는 사실이 러시아 경제에는 큰 부담이 되고 있다. 높은 유가가 러시아 경제의 통증을 완화하는 마약 노릇을 해왔는데, 더 이상 유가 인상을 기대할 수 없는 만큼 러시아 경제의 장래도 매우 불투명하다.

러시아는 높은 유가 덕분에 세금을 낮게 유지할 수 있었고, 지난 10년 동안 상대적 고성장으로 중산층이 꾸준히 성장해왔다. 지금은 인구의 25%가 중산층이며, 노동자계급의 40%가 중산층이다. 이들은 전보다 경제적으로 여유가 있으며, 백화점에서 쇼핑을 하고, 가족과 외식을 하고 유럽에 휴가여행을 갈 수 있게 됐다. 그들의 경제적 열망은 전보다 잘 충족되고 있으나 문제는 정치다. 그들의 정치적 입장을 대변해줄 만한 정당은 여전히 눈에 보이지 않아서 이들의 불만이 쌓여 간다.

지금 러시아 경제가 직면한 개혁과제 중 가장 중요한 것은 연금 문제와 민영화다. 연금개혁은 필요하지만 푸틴은 2018년 대통령 선거 때 노인들 표를 의식해서 굳이 손대려 하지 않을 것이다. 민영화 속도를 놓고 푸틴 정부 안에는 두 파가 대립하고 있다. 드미트리 메드베데프Dmitry Medvedev 총리를 중심으로 하는 경제적 자유주의자들은 신속히 민영화를 추진해야 한다는 입장이다. 그들은 은행·에너지·항구·창고 등 320억 달러가 넘는 방대한 규모의 국가자산을 민영화할 계획을 가지고 있다.

그 반면 푸틴의 측근이자 에너지 담당 부총리를 지낸 국영 석유회사 로스네프트 회장 이고르 세친Igor Sechin이 대표하는 국가주의자siloviki들은 지나치게 민영화를 서두르면 국내기업을 헐값에 외국에 넘기게 된다면서 반대한다. 직책상 서열은 메드베데프가 높지만 세친은 푸틴의 20년 측근으로서 푸틴에게 바로 보고할 수 있는 실세이기 때문에 저울추가 어디로 기울지는 미지수다. 지금도 두 파벌 사이에는 보이지 않는 갈등이 계속되고 있다. 과거 같으면 푸틴의 말 한마디가 모든 걸 좌우했지만 그의 인기와 권위도 많이 추락해서 전 같지 않다. 상당 기간 동안 권력의 유동적 상태가 전개될 것으로 전망된다.

러시아는 기업하기 어려운 나라다. 세계은행이 매년 조사, 발표하는 기업하기 좋은 나라 순서를 보면 러시아는 세계 120위를 차지하고 있다. 창고 하나를 짓는 데도 수많은 행정 절차를 거치느라 2년씩 걸린다. 매 절차마다 관료들은 뇌물을 요구한다. 2011년 세계경제포럼WEF의 조사에 의하면 러시아에 대한 외국인 투자를 저해하는 요인으로서 첫손에 꼽히는 것은 부패다. 그 다음을 잇는 것이 자금조달·조세규제·범죄·인플레이션·정부규제·세율·교육받은 인력 부족·노동윤리 부족 등인데, 이들 요인의 대부분은 정부에 책임이 돌아간다. 결국 러시아에 대한 외국인 투자를 가로막고 있는 장본인은 러시아 정부라고 할 수 있다.

관료들, 그중에서도 특히 정보기관에서 기업가들에게 온갖 압력을 행사하는 것은 이미 오랜 관행이 돼버렸다. 가장 유명한 사례는 러시아 최대 기업인 석유회사 유코스의 미하일 호도르코프스키 회장이 합당한 증거도 없이 횡령 및 탈세 혐의로 9년째 투옥되고 있는 사건이다. 그 밖에도 수천 명의 기업인들이 지금 감옥에 있다. 지난 10년 동안 기업가 6명 중 1명이 경제범죄 혐의로 기소를 당했다. 대부분의 사건에서 원고는 없고 무죄방면되는 경우는 거의 제로에 가깝다. 감옥에 들어가 있는 기업가들은 대부분 부패한 검찰, 경찰, 법원의 희생양들이다. 이들은 죄 없는 기업가를 잡아들여 석방을 미끼로 이득을 챙기는 집단이다(『이코노미스트』, 2011. 12. 10).

관료들의 주 수입원은 불로소득(지대) 재분배에 참여하는 것이다. 각 지역, 마을에 대한 예산 지원은 중앙정부에서 할당되는데, 선거에서 나타나는 그 지방의 여당(통일러시아당) 지지율이 결정적으로 작용한다. 그래서 주지사들은 주민들에게 여당 후보를 99.9% 지지해줄 것을 호소한다. 과거 스탈린 시절에는 독재가 자원을 할당했는데, 지금은 부패와 국가폭력이 그 역할을 맡고 있다.

푸틴은 2012년 메드베데프와 자리를 맞바꾸면서 대통령에 재선된 직후 러시아를 기업하기 좋은 나라로 만들겠다고 천명했지만 그 말을 믿는 사람은 많지 않다. 그는 임기말인 2018년까지 투자율을 20%에서

27%로 높이고, 기업하기 좋은 나라 순서를 100계단 껑충 뛰어 20위로 올리고, 하이테크 부문의 비율을 30%나 높이겠다고 공약을 했는데 지나치게 야심찬 계획이어서 실현가능성은 거의 없다.

인기가 예전만 못한 푸틴은 정권 유지를 위해 당근과 몽둥이carrots and sticks를 함께 사용한다. 모스크바에는 5만1000명의 경찰·군인이 있고 알루미늄 방망이를 휘두르는 깡패로 동원할 수 있는 친정부 청년조직 나시Nashi('우리들'이라는 의미)도 있다. 석유판매 수입에서 나오는 예비기금과 복지기금이란 두 개의 기금이 합해서 1100억 달러 규모인데, 이것을 갖고 국민들을 회유하는 데 쓴다.

과거 푸틴의 집권기에 개혁은 별로 없었고 러시아 특권계급의 위치가 더 공고해졌기 때문에 스스로 책임져야 할 일이 많다. 과연 그가 부패 척결이나 규제완화, 민영화 등을 할 수 있을지는 지극히 의문스럽다. 그는 전당대회에서 러시아 내부에서 부패, 독재를 비판하는 시민단체들은 외부의 적을 돕는 격이라고 비판했다. 그는 서방에서 금전적으로 지원을 받는 시민단체들을 예수를 배반한 유다에 비유했다. 이는 과거 스탈린 시대를 연상시킨다. 이런 사고방식으로는 개혁은 불가능하다.

국민은 개혁과 진정한 민주주의를 바라는데, 푸틴은 도저히 그걸 할 수 없다. 푸틴은 스스로 제정 말기의 개혁가 표트르 스톨리핀Pyotr Stolypin 에 비유하곤 한다. 스톨리핀은 제정 러시아의 마지막 황제 니콜라이 2세 밑에서 점진적 개혁을 추진했는데, 성과는 없었고 결국 암살되고 말았다. 푸틴은 앞으로 2018년에도 대통령에 출마해서 2024년까지 대통령을 하고 싶어 한다. 도합 20년. 아, 긴 세월이여!

제3장
떠오르는 아시아와 중남미에도 문제가…

'격차사회' 일본이 주는 교훈

일본에서 '격차사회' 논쟁이 뜨겁다. 한때 세계에서 가장 평등한 나라로 평가받던 나라가 일본이었다. 원래 일본에는 '1억 총중류'라는 말이 있었다. 이는 1억 일본인이 모두 중류에 속한다는 말인데, 바꾸어 말하면 일본에는 상류도 없고, 하류도 없고, 국민 모두가 스스로 중류라고 생각하는 나라라는 뜻이다. 그 정도로 평등했던 일본에서 지금은 여론조사마다 국민의 70~80%가 격차확대 현상이 일어나고 있음을 인정하고 있다.

1976년에 경제학자 말콤 소여Malcolm Sawyer가 OECD 각국의 소득분배를 비교연구하여 발표했다. 이 연구에서 프랑스가 불평등 1위로 나타나면서 당시 대통령 지스카르 데스탱이 직접 OECD에 항의하는 소동이 벌어지기도 했다. 그 뒤에 나온 많은 비교연구에서는 프랑스가 그렇게 불평등한 나라가 아니라는 것을 보여주어 불명예를 씻을 수 있었다. 당시 소여의 연구에서 일본은 선진국 중에서도 비교적 평등한 나라라는 결과가 나와서 일본은 북유럽과 더불어 국제적으로 평등국가라는 좋은 인상을 얻게 되었다. 30년이 지난 지금은 어떤가? 전혀 그렇지 않다. 오히려 일본은 선진국 중에서도 불평등이 큰 나라라는 증거가 속속 드러나면서 일본에서는 지금 '격차사회' 논쟁에 불이 붙었다.

증거를 보면 일본의 불평등은 지난 30년간 현저히 증가했다. 소득분배의 불평등을 측정하는 데 자주 사용되는 지니계수는 이론적으로 0과 1 사이의 값을 취하는데, 그 값이 작을수록 평등하고 클수록 불평등하다. 현실적인 지니계수는 대부분의 나라에서 0.2에서 0.6 사이의 값을 취한다. 일본의 지니계수는 1972년 0.314에서 2002년 0.381로 큰 폭으로 상승했다. 다른 선진국들과 비교하면 일본은 포르투갈·이탈리아·미국·영국 등 몇 나라의 뒤를 이어 불평등이 비교적 큰 나라에 속하는 것으로 평가된다. 거기다 빈곤율은 미국·아일랜드에 이어 3위이고 대도시에 노숙자가 눈에 띄게 늘어났다.

일본에서 불평등이 커진 이유는 무엇인가? 일본 정부는 고령화, 1인 가구의 증가로 인한 착시 현상으로 해석하면서 애써 격차사회를 부정하려고 하지만 가난한 1인 고령가구의 증가 자체가 불평등 심화임을 부정할 수 없다. 일본 자민당 정권이 추진한 시장만능주의적 구조개혁도 불평등 심화를 가져왔다. 고이즈미 총리는 몇 년 전 "격차는 어느 사회에나 있고, 격차가 발생하는 것은 나쁜 게 아니다" "성공하는 사람을 시기한다든가 능력 있는 사람의 발목을 잡아당기는 풍조를 삼가지 않으면 사회는 발전하지 않는다"며 역공을 가했는데, 이런 철학으로 시장 만능주의적 구조개혁을 추진해서 격차사회의 문제를 더 키웠다. 무엇보다 큰 이유는 일본이 오랫동안 성장만을 부르짖으며 복지를 무시한 데 있다.

격차 확대는 일본 정치에도 태풍을 몰고 왔다. 2009년 일본 총선에서 집권 자민당이 참패한 것이다. 1955년 창당후 54년간 승승장구하던 보수 자민당은 중의원 선거에서 민주당의 돌풍에 추풍낙엽처럼 쓰러졌다. 여기에는 여러 원인이 있지만 경제정책 실패를 빼놓을 수 없다.

일본 경제는 1990년대 이후 활력을 잃고 장기침체에 빠졌다. 경제성장률이 제로 부근에 머물러 '헤이세이平成 불황' 혹은 '잃어버린 10년'이란 말이 나왔다. 2001년 집권한 고이즈미는 '구조개혁 없이는 경기회복 없다'를 구호로 내걸었다. 구조개혁에는 고통이 따른다. 문제는 고통을 누가 얼마나 부담하느냐 하는 것이다. 신임 총리 고이즈미는 일본의 국민 스포츠인 스모 대회 시상식에 나타났다. 그는 우승자 다카노하나에게 트로피를 건네며 "고통을 견뎌내고 잘 싸웠다"고 격려해서 관중의 우레와 같은 박수를 받았다. 이 말은 경제개혁에도 적용될 좋은 말인데, 문제는 고이즈미가 5년 반을 집권하며 추진한 구조개혁 과정에서 소수의 승자들은 큰 이득을 얻었지만 동시에 다수의 패자가 발생했다는 점이다. 고이즈미가 추진한 개혁은 노동시장 규제완화, 기업 규제완화, 법인세 및 소득세 감세, 우정 민영화 등으로서 전형적인 시장만능주의적 구조개혁이다. 그 결과 일본은 더 심한 격차사회가 됐다.

특히 노동시장에 비정규직이 급증했다. 프리free+아르바이트의 일본식 합성어인 '프리터'의 숫자가 1982년 50만 명에서 최근 4배로 늘었다. 1984년 600만 명(피고용자 전체 대비 14.4%)이던 비정규직 노동자가 2012년에는 2042만 명(38.2%)으로 늘었다. 결국 구조개혁은 비정규직 급증, 중산층 붕괴, 격차사회 출현으로 이어졌다. 2008년 6월 어느 비정규직 노동자가 대낮에 도쿄 아키하바라 거리에서 불특정 다수를 살상한 충격적 사건은 격차사회의 심각성을 상징적으로 보여주었다.

경기회복을 위한 적자재정과 저출산·고령화로 인한 재정 부담 때문에 일본의 국가부채는 계속 쌓여갔다. 일본의 국가부채는 국내총생산 대비 210%로서 세계 최고수준이며 선진국 평균의 세 배 가까이 된다. 국가부채가 워낙 크니 상환비용 또한 클 수밖에 없다. 일본의 일반회계 구성을 보면 1위가 사회보장비(26%), 2위가 국채상환비(24%)다. 국가예산의 1/4을 빚 갚는 데 쓰고 있으니 빚 갚기 위해 세금을 거두는 모양이 돼버렸다. 그 결과 사회보장급부 억제, 지방교부세 삭감이 뒤따라 사회적 약자와 지방의 고통이 가중되고 있다. 고이즈미 재임기에 경제 성장률이 2%로 상승했고, 구조개혁도 호평받았지만 지나고 보니 오히려 구조개혁이 격차사회와 민심이반을 불러왔다는 사실이 드러났다.

국민의 전폭적 지지를 받아 집권한 민주당에게는 저성장과 양극화라는 고질 치유가 숙제로 주어졌다. 그러나 민주당은 그 숙제를 감당하지 못했고 결국 2012년 총선에서 정권은 도로 자민당으로 넘어갔다. 그리고 고이즈미의 후임으로 잠시 총리를 하다가 건강 문제로 도중하차했던 아베 신조가 새 총리로 등장했다. 재등판한 아베는 경제 살리기에 주력하고 있다. 돈을 마구 풀어서라도 20년 넘는 장기 불황을 타개하겠다는 아베노믹스는 각국의 우려를 자아내고 있다.

아베노믹스의 세 개의 화살

아베가 돌아왔다. 몇 년 전 총리로 있다가 건강 문제로 조기하차했던 아베 신조는 2012년 12월 총선에서 민주당에 압승을 거두면서 화려하게 정치적 재기에 성공했다. 민주당은 반세기 만의 집권이라는 호기를 살리지 못하고 우왕좌왕하다가 허무하게 자민당에 다시 정권을 내주고 말았다. 돌아온 아베는 경제를 살리겠다는 공약을 전면에 내걸었다. 이를 아베노믹스Abenomics라고 부르는데, 골자는 세 가지다. 이를 아베노믹스의 세 개의 화살이라고 부른다.

첫째는 양적 완화다. 금융정책을 써서 적극적으로 통화를 풀어서라도 경기를 살리겠다는 것이다. 오랫동안 계속된 디플레이션을 종식하고 연 2% 정도의 인플레이션을 목표로 하고 있다. 아베는 집권하자마자 중앙은행 총재를 자기 말을 잘 듣는 사람으로 교체하면서 적극적으로 돈풀기에 나섰다. 돈을 푸니 엔화의 가치가 떨어지는 것은 당연하고 이는 일본의 수출에 유리하다. 2013년 하반기 현재 일본 엔화는 달러 대비 가치가 25% 절하됐다. 그 불똥이 옆으로 튀어 한국의 원화가 상대적으로 강세를 보이는 바람에 한국 기업들이 수출 전선에서 고전하고 있다.

둘째는 재정확대다. GDP의 2%만큼 재정지출을 확대할 계획인데 이는 그렇지 않아도 큰 일본의 재정적자를 GDP 대비 11.5%까지 올려놓을 것으로 예상된다. 거시경제정책의 두 가지 수단이 금융과 재정인데, 아베노믹스는 금융과 재정 양쪽 다 확대 쪽으로 방향을 잡은 것이다. 그 대신 재정적자를 해소하기 위해서 현행 5%인 소비세를 2014년에 8%로 높이고, 2015년에는 10%까지 올린다는 발표를 했다. 자민당 정권은 1997년에도 소비세를 인상한 경험이 있지만 결과가 좋지 못했다. 소비에 찬물을 끼얹어 1998년부터 5년간 마이너스 성장이 계속된 것이다. 그래서 이번 소비세 인상도 성급한 것 아니냐는 우려가 나온다.

아베노믹스의 세번째 화살은 경제성장 정책이다. 성장정책의 내용은 세 가지인데, 첫째는 산업활성화 정책, 둘째는 시장창출 전략, 셋째는 세계시장 진출이다. 셋째 정책은 FTA나 TPP(환태평양경제동반자협정)를 많이 맺겠다는 것이고 별 내용이 없다. 시장창출 전략이란 의료·에너지·인프라·농업·관광산업을 미래 성장동력으로 쓰겠다는 것이다. 결국 핵심은 산업활성화 정책인데 그 내용은 민간투자의 촉진, 고용제도 개선 및 인적자원 강화, 과학기술 혁신, 기업하기 좋은 나라를 만들어 세계 기업 중심지가 되겠다는 것, 그리고 중소기업 지원 등으로 이루어져 있다.

아베는 취임 직후 이런 세 가지 화살을 발표했는데, 그만큼 집권을 위해 준비를 해왔다는 인상을 준다. 부동산 거품이 꺼지면서 등장한 '잃어버린 10년'도 훌쩍 지나 이제는 '잃어버린 20년'을 이야기할 만큼 바닥 없는 경제 침체에 시달려온 일본 재계는 일단 아베노믹스를 환영하고 있다. 미국 정부와 진보적 경제학자 폴 크루그먼 등도 아베의 노선을 지지하는 모양새다.

실제로 아베노믹스의 영향으로 경기는 다소 나아져 실업률이 2012년 말 4%에서 2013년에는 3.7%로 떨어진 데 반해, 주가는 55% 상승, 아베의 지지율은 70%로 뛰어올랐다. 20년간의 저성장과 경제침체로 세계 2위 경제대국의 위치를 중국에 내준 데 이어 조어도(센카쿠 열도) 분쟁까지 겪은 일본 국민들로선 무슨 일이 있어도 경제를 다시 일으켜 잃었던 자존심을 회복하고픈 열망이 있고, 그런 기대를 아베에 걸고 있는 셈이다.

아베노믹스의 첫번째와 두번째 화살, 즉 확장적 거시정책은 당장 효과는 있겠지만 오래 유지하거나 과도하게 쓸 수 없는 임시방편이다. 따라서 경제성장이란 세번째 화살이 아베노믹스의 성패를 좌우할 관건이다. 헌데 성장 정책은 그 내용은 자못 다양하지만 일본 경제의 핵심인 노동과 복지 문제에 대한 접근이 불충분해서 별로 성공할 것 같지가 않다. 노동자 파견 문제와 탁아 문제가 정책 목록에 들어 있지만 '검토' 대상에 불과하고, 일본 정계에서 '검토한다'는 것은 실행하지 않고 논의만 한다는 말과 비슷하기 때문에 별로 기대를 걸 게 없다.

반세기 토건국가의 여파가 저출산, 고령화를 가져와 일본은 노인국가로 전락했고 노동력 부족으로 인해 마침내 경제의 장기침체로 이어지고 있는데, 이에 대한 고민이 부족한 것이다. 더구나 일본은 순수혈통을 중시하는 폐쇄적 국가라서 외국인 노동자에게 문호를 활짝 열어젖

히지 못한다는 한계가 있다. 아베가 자민당의 오랜 전통에 따라 토건국가를 신주단지 모시듯이 고수하는 한 일본경제의 근본적 위기 타개는 불가능하다. 이것이 일본 보수우익의 한계다.

아베는 일본 보수우익의 적통을 이었다고 할 만한데, 그의 외조부는 일본 전범 중의 전범인 도조 히데키와 더불어 만주국을 건설한 5인의 주역 중 한 명인 기시 노부스케다. 강상중 교수의 최근 저서 『기시 노부스케와 박정희』에서 박정희와 더불어 소위 '귀태(태어나서는 안 되는 인간)'라고 강력한 비판을 받은 바로 그 인물이다. 이렇듯 기시는 전범 중의 대표적 인물인데도 운 좋게 2차대전 직후 도쿄 전범재판에서 처벌을 면하고 감옥을 나온 뒤 자민당 극우 보수정치의 초석을 놓았다.

기시가 출옥 직후 찾아온 동생 사토 에이사쿠와 담배를 입에 물고 찍은 사진이 있다(원래는 성이 사토인데, 형인 기시가 기시 집안에 양자로 가면서 성이 바뀌었다). 동생 사토 에이사쿠 역시 1960년대에 자민당 총리를 지내면서 보수정치를 이어갔는데, 세계 평화에 별로 기여한 게 없으면서 노벨 평화상까지 받아 세상 사람들을 깜짝 놀라게 했다. 나중에 오바마가 노벨 평화상을 받아 사람들을 의아하게 만들었는데, 이 두 명의 정치인이 받은 상이 노벨 평화상 역사상 가장 의문스런 수상이라 해야 할 것이다.

외조부를 빼다 닮은 아베는 전혀 과거사를 반성할 줄 모르고 외조부의 동지였던 도조 히데키 등 A급 전범이 합사돼 있는 야스쿠니 신사를 참배하고 싶어 발이 근질근질한 듯하다. 이런 퇴행적 철학으로는 결코 일본을 구출할 수 없다. 아베는 말로는 무라야마 담화를 계승한다고 하지만 호시탐탐 우경화할 기회를 노리고 있다. 무라야마 담화 발표 이후 호전됐던 아시아의 외교관계는 지금 다시 급속 냉각, 위기에 빠져들고 있다. 지금이야말로 1995년 8월 15일 종전 50주년 기념일을 맞아 당시 사회당의 무라야마 도미이치村山富市총리가 발표했던 무라야마 담화의 정신을 되새길 필요가 있다.

> "지금 전후 50주년이라는 길목에 이르러 우리가 명심해야 할 것은 지나온 세월을 되돌아보면서 역사의 교훈을 배우고 미래를 바라다보며 인류사회의 평화와 번영에의 길을 그르치지 않게 하는 것입니다. 우리나라는 멀지 않은 과거의 한 시기, 국가정책을 그르치고 전쟁에의 길로 나아가 국민을 존망의 위기에 빠뜨렸으며 식민지 지배와 침략으로 많은 나라들 특히 아시아 제국의 여러분들에게 다대한 손해와 고통을 주었습니다. 저는 미래에 잘못이 없도록 하기 위하여 의심할 여지도 없는 이와 같은 역사의 사실을 겸허하게 받아들이고 여기서 다시 한번 통절한 반성의 뜻을 표하며 진심으로 사죄의 마음을 표명합니다. 또 이 역사로 인한 내외의 모든 희생자 여러분에게 깊은 애도의 뜻을 바칩니다."

2013년 11월 아베의 우경화를 경계하면서 지식인 16명이 '무라야마 담화를 계승, 발전시키는 모임'을 발족했다. 문제는 일본 정치인들이다. 일본에 과거사를 진심으로 반성하는 전향적 진보세력이 집권할 때 비로소 이웃 국가들과의 진정한 우정과 일본경제의 활성화가 가능할 것이다. 그러나 반세기만에 집권한 민주당도 허무하게 실패했고, 퇴행적 역사관을 가진 자민당이 다시 득세했다. 달리 희망을 주는 새로운 정치 세력도 보이지 않는다. 이것이 노대국 일본의 고민이다. 역사를 모르는 민족은 희망이 없다. 이것이 일본이 우리에게 주는 엄중한 교훈이다.

노대국老大國 일본이 주는 교훈

2011년 1월 신용평가회사 S&P는 일본의 국가신용등급을 종전의 AA에서 AA-로 한 단계 낮췄다. 이후 일본은 만 3년이 넘도록 이전 신용등급을 회복하지 못하고 있다. AA-는 S&P의 22개 등급 중 4등급으로서 이 등급에 속하는 나라는 중국, 타이완, 사우디아라비아 등이 있다. 한국은 5등급인 A+다. 일본의 신용등급이 강등된 주요 이유는 재정적자와 국가부채다. S&P는 '선진국 중에서 가장 높은 수준인 일본의 국가부채 비율이 수년간 더 높아질 것 같다'고 강등 이유를 밝혔다. S&P는 또 '2020년대 중반에 재정적자가 정점에 달할 것'으로 전망했다.

일본이 국가부채가 이렇게 크게 쌓인 이유는 만성적 재정적자를 국채 발행을 통해 메워왔기 때문이다. 국채발행은 처음에는 소규모였으나 1990년대, 소위 '잃어버린 10년' 이후 급증했다. 불경기를 타개한다는 명목으로 자민당 정권이 마구잡이로 도로, 댐, 교량 건설에 예산을 투입하는 바람에 재정적자와 국가부채가 걷잡을 수 없이 불어났다. 2011

년에는 급기야 국가부채가 1000조 엔을 돌파, 국내총생산 대비 200%를 넘었다.

200%의 의미는 심상치 않다. 일본 역사를 돌아봐도 과거 2차대전 말기 군국주의가 최후의 발악을 할 때 국가부채가 GDP의 두 배를 넘어선 적이 있을 뿐이다. 전후 일본은 이 수치를 낮게 관리하며 오랫동안 재정건전성을 자랑해왔는데 지난 20년간 크게 나빠진 것이다. 200%는 선진국 중 최고 수준으로서 재정위기로 구제금융을 받은 그리스(137%), 아일랜드(113%)보다 훨씬 더 높은 숫자다. 그래도 일본의 재정위기가 지금까지 문제가 안 된 까닭은 주요 선진국과는 달리 일본 국채의 95%를 내국인이 보유하고 있기 때문이다.

물론 일본도 재정 개혁을 시도했다. 일본에는 부가가치세가 없는 대신 소비세가 있는데 세수를 늘이는 좋은 방법이 소비세의 확대다. 그러나 일본은 1989년 3%의 소비세를 도입했다가 이듬해 자민당 정권이 무너진 경험이 있고, 하시모토 류타로 총리는 1997년 소비세율을 5%로 올린 뒤 총선에서 참패했다. 이런 기억은 일본 정치가들에게 소비세 인상에 대해 본능적 두려움을 안겼다. 그러니 문제 해결이 어렵다.(최근 아베 총리가 2014~2015년 소비세 인상을 약속했다.)

일본의 신용등급 강등에 대한 한국 보수언론의 반응은 엉뚱하기 짝이 없다. 일제히 일본을 타산지석으로 삼아야 한다고 하는 것까지는 좋은데, 일본 민주당 정부가 추진한 아동수당·무상 고교교육 등 복지정책에 책임을 돌리면서 당시 한국에서 일어나던 무상급식 등 복지운동에 화살을 돌리는 것은 번지수가 틀렸고 아전인수의 극치다. 일본 민주당이 추진한 아동수당·고교교육 무상화 등의 복지정책은 기존의 주민세 및 소득세의 공제제도를 폐지·축소하여, 그 재원을 아동수당 및 고교 무상화의 재원으로 대체하려는 것이다. 이런 정책은 부의 분배의 변화를 꾀한 것으로, 격차사회 도래에 대한 대응책일 뿐이다. 즉 일정소득 이상의 국민의 세금공제를 줄여서 아동 양육 및 교육에 들어가는 부담을 줄이려는 것으로, 소득에 관계없이 보편적으로 지원되는 좋은 제도이다.

일본 경제 장기침체의 배후가 된 것은 과잉 복지가 아니고, 오히려 약한 복지다. 일본은 대국 중에서 저출산·고령화·인구 감소에 직면한 세계사 최초의 나라이다. 일본의 인구는 현재 1억2700만 명에서 40년 뒤에는 9000만 명 정도로 급감할 전망이고, 노동력은 1950년에 5000만 명 수준에서 2000년에 8700만 명으로 정점에 도달한 뒤 급속히 줄어들어 2050년에 가면 다시 5000만 명 수준으로 떨어질 것으로 전망되고 있다. 노동력이 이처럼 급격한 역U자형을 보인 나라는 선진국 어디에도 없다. 이를 메워줄 대체인력인 여성·노인·외국인 가운데 어느 것 하나 여의치 못하다. 문제의 핵심은 일본의 열악한 복지와 보수적 문화다.

한국은 이런 점에서 일본과 닮은꼴이다. 우리의 합계출산율 1.2명은 일본의 1.4명보다 더 낮아 세계 꼴찌이고, 우리의 복지는 선진국 중 가장 후진적 복지국가인 일본보다 더 열악하다. 우리가 일본의 전철을 피하려면 지금이라도 열악한 복지를 강화해서 저출산·고령화를 피해야 하는데 보수 언론은 일제히 이를 뒤집어 복지를 공격하는 데 이용하고 있으니 이거야말로 혹세무민이 아니고 무엇이랴.

중국 경제의 천지개벽

　2011년 7월 1일, 중국 공산당 창립 90주년을 맞아 후진타오 주석 등 7000명이 참석한 가운데 성대한 기념식이 열렸다. 90년 전 겨우 13명으로 출발한 중국 공산당이 지금은 8000만 명 규모로 성장했다. 중국 공산당의 역사는 파란만장하다. 비밀스레 당을 결성한 초기부터 정부 당국으로부터 극심한 탄압을 받았고, 1920년대 말에는 장제스의 공세에 일패도지하여 18개의 산맥과 17개의 강을 건넌 대장정 끝에 겨우 살아남았다. 대장정에 나설 때 홍군의 규모는 8만6000명이었으나 장정을 마치고 연안에 정착할 때는 살아남은 이는 7000명에 불과했다. 당시 장제스의 국민당 군대는 70만 명이었으니 100:1의 군사적 열세를 이겨내고 결국 중국 통일을 이룩한 것은 천지개벽이라 할 만하다.

　서방 기자로서는 유일하게 1930년대 연안을 방문해 소중한 기록을 남긴 에드가 스노의 『중국의 붉은 별』을 보면 마오쩌둥은 누더기 옷을 입고 있었고, 저우언라이는 흙바닥에서 자고 있었다. 그러나 중국 공산당은 열악한 환경, 가난한 흙담집에서도 명랑함과 낙관을 잃지 않았다. 사람들이 모이면 춤과 노래로 신명나게 노는 모습을 스노는 신기하게 여겨 기록해 놓았다. 그런 낙관주의가 오늘의 중국을 가져온 게 아닐까.

　천지개벽은 경제에도 일어났다. 오랫동안 세계의 빈국으로 조롱받던 중국이지만 현재는 1인당 국민소득이 4400달러로서 어엿한 중간소득국에 속한다. 국민총생산 규모로는 일본을 제치고 세계 2위에 올라섰다. 중국이 미국을 제치고 세계 제일의 경제대국이 되는 것은 언제일까? 명목 환율로 계산하면 2020년경으로 예상되지만 중국과 미국의 물가수준 차이를 감안한 구매력평가지수로 계산하면 2016년 정도로 이제 얼마 남지 않은 셈이다.

그러나 중국 경제에 밝은 빛만 있는 건 아니다. 중국이 아르헨티나·베네수엘라·러시아 등 중간소득 국가에서 성장이 정체되는 이른바 '중간소득의 함정'에 빠질지 모른다는 경고가 나온다. 중국은 지난 10년간 연평균 10%라는 놀라운 속도로 성장해왔지만 앞으로는 성장률이 떨어질 가능성이 높다. 우선 1980년 20%이던 중국의 도시 인구는 현재 50%에 도달해 '무한노동공급' 단계를 지나가고 있다. 소위 '루이스의 전환점Lewisian Turning Point'(후진국은 처음에는 농촌에 무한한 노동공급이 존재하기 때문에 임금 인상 없이 도시 공업부문에 인력 투입이 가능하다. 그러나 나중에는 무한공급이 끝나 인력 구하기가 어려워지고, 임금 상승 경향이 나타나는데, 그 전환점을 '루이스의 전환점'이라 부른다. 자메이카 출신의 흑인 경제학자 아서 루이스는 이 이론을 개발한 공로로 노벨경제학상을 수상했다)을 넘어서 임금이 빠르게 상승하고 있는 것인데, 이는 고비용-저효율 구조로 이어질 것이다.

빈부격차 역시 중국경제의 뇌관이다. 중국의 최근 소득분배 지니계수는 0.5에 육박하고 상대적 빈곤도 증가일로다. 노사관계도 2010년 폭스콘, 혼다자동차 사태에서 보듯 폭발성을 안고 있다. 농촌에서 도시로 이주해온 농민공들의 불만이 누적하는 등 사회문제도 심각하다. 중국의 인구구조도 낙관을 불허한다. 오랫동안 한 자녀만 허용한 정책 때문에 지금 젊은 부부는 양가 부모 네 명을 모시면서 한 명의 자녀를 키우고 있는데(이를 4-2-1 현상이라 한다) 인구의 고령화가 매우 빠른 속도로 다가오고 있다. 이런 모든 요인들 때문에 중국경제의 고성장은 무한정 계속될 수는 없다.

중국의 성장/분배 논쟁

몇 해 전 건국 60년을 맞이한 중국의 정치 수뇌부 사이에 성장이냐 분배냐를 놓고 치열한 논쟁이 벌어져 우리의 관심을 끈 일이 있었다. 당시 후진타오 주석과 원자바오 총리는 분배를 강조하는 편인 반면, 상하이파와 태자당에 속하는 실권파들은 성장을 강조한다는 것이다. 또한 전자는 낙후한 서부를 개발하는 데 관심이 많은 반면 후자는 동부 해안지방의 이미 개발된 지역을 더 개발하는 데 관심이 있다고 한다. 그렇게 본다면 전자는 분배와 균형발전을 중시하는 반면, 후자는 성장과 불균형발전을 선호한다고 보아도 좋겠다.

상하이파는 원래 성장론자들로 알려져 있다. 1990년대 장쩌민 주석과 주룽지 총리 콤비는 줄곧 성장지향적인 개방·개혁정책을 폈다. 개혁의 핵심은 과거 똑같이 나누어 먹는 소위 쇠밥통鐵飯鍋, iron rice bowl을 깨뜨리고 일한 데 따라 차등을 두는 시장원리를 도입한 것이다. 소득격차 확대는 그 당연한 결과다. 상하이파의 철학은 분배보다 성장을 강조하는 노선인데, 그 결과 매년 10% 가까운 고성장을 달성하는 데 성공했지만 그 대신 분배 악화, 도농격차 심화, 부패 만연, 사회적 위화감 팽배라는 부작용이 심각해졌다.

과거 중국의 소득분배는 평등한 것으로 정평이 있었다. 1983년 중국의 소득분배를 나타내는 지니계수를 조사했더니 0.28이란 값이 나왔다. 지니계수는 0과 1 사이 값을 취하는데 그 값이 작을수록 분배가 평등하다. 세계적으로 가장 평등한 북구 몇 나라의 지니계수가 0.25 부근이고, 0.3 이하인 나라는 거의 없으니 1983년도 중국의 소득분배는 세계 어떤 나라와 비교해도 밀리지 않는 대단히 평등한 것이었다.

그러나 장쩌민, 주룽지의 개혁·개방, 성장지상주의적 정책이 오래감에 따라 소득분배는 급격히 악화했다. 1988년 지니계수는 0.38로 나타나 경종을 울리더니 드디어 2005년에는 0.45로 나타났고 최근 값은 0.47이다. 이 값은 양극화로 악명 높은 미국을 능가한다. 중국의 정책 당국으로서는 여간 비상사태가 아니다. 더구나 말로는 여전히 사회주의를 고수한다고 하는 나라가 이렇게 불평등해서야 체면이 서지 않는다. 설상가상으로 중국의 도농간 소득격차는 2.4배에 달한다는 보고가 있는데, 이 역시 세계적으로 큰 격차다.

이처럼 과다한 소득불평등과 도농격차는 경제성장을 위해서도 결코 바람직하지 않거니와 사회안정마저 위협한다고 해도 과언이 아니다. 후진타오 주석이 분배 개선을 목표로 허시에사회和諧社會 건설을 국정운영의 캐치프레이즈로 내건 것도 다 그만한 이유가 있었기 때문이다. 중국이 심각한 지경에 이른 분배 문제를 제대로 해결할 수 있을지 세계의 이목이 집중되고 있다. 2012년 이후 새로 등장한 시진핑 정권에게 주어진 최대 과제는 양극화 문제라 해도 과언이 아니다.

위기에 빠진 중국의 노사관계

중국 광둥성 선전深圳에 있는 폭스콘은 30만 명이 일하는 세계 최대 전자기업이다. 애플·델·휴렛 팩커드 등 세계에서 손꼽는 회사에 부품을 공급하는 타이완 훙하이鴻海그룹 소속의 폭스콘에서 2010년 들어 10명이나 연쇄자살하는 전대미문의 사건이 벌어졌다. 훙하이 그룹의 궈타이밍郭臺銘 회장은 황급히 선전의 공장을 방문해서 투신자살을 막기 위해 건물 주위에 그물을 설치하라고 지시했는데, 불과 몇 시간 뒤에 또 투신자살자가 나왔다.

당시 폭스콘 공장의 기본급은 월평균 900위안(16만 원) 정도였는데 이 돈으로는 일상생활이 힘들다. 초과근무를 할 경우 정규 노동시간보다 1.5배의 임금을 주기 때문에 너도 나도 초과근무에 매달리지 않을 수 없었다. 이들 노동자들의 평균 월급은 초과근무수당 포함 2000위안(35만 원)이었다. 노동자들의 자살사태에 놀란 폭스콘은 부랴부랴 기본급을 2500위안으로 올렸지만 문제는 임금에만 있는 게 아니다.

비인간적인 노사관계도 문제다. 홍하이 그룹의 경영철학은 '권위, 통제, 기율'인데 회장이 주재하는 회의에서 좀 바보 같은 질문을 하는 중역은 자리에서 일어나는 벌을 받는다고 한다. 임원도 이렇게 대하는 회장이니 일반 노동자들이야 인간으로 보겠는가. 폭스콘 노동자들은 보안 유지를 위해 지나칠 정도로 감시를 받고 있다. 옆자리에서 일하는 노동자와 얘기를 나눌 시간조차 없어 스스로 '아주 외롭다'는 느낌을 갖고 있는 노동자가 많다. 어떤 생산라인에서는 화장실 가는 시간조차 제한을 받으며, 기숙사의 문은 24시간 닫아두어야 한다.

역시 광둥성의 포산佛山 소재 혼다자동차 공장에서도 2010년 임금 인상과 대표 선출권을 요구하는 파업이 벌어졌다. 혼다 노조에는 어용 노조위원장이 있긴 한데, 노동자들도 그가 누구인지를 모른다. 그래서 노동자들은 자신을 대표할 새 노조위원장 선출을 요구하고 있다. 혼다자동차는 노동자들에게 '절대로 파업에 가담하지 않겠다'는 서약서를 쓸 것을 요구하고 있어서 노동자들이 강력 반발하고 있다. 이는 1920년대 미국에서 유행하던 악명 높은 황견계약yellow dog contract을 연상시킨다.

'세계의 공장'이란 별칭에 걸맞게 중국은 2009년 이후 세계 수출 1위 국가로 도약하는 데 성공했다. 그러나 저임금과 비인간적 노무관리에 바탕을 둔 수출 증대, 고도성장 전략은 이제 한계에 부딪치고 있다. 외부적으로는 소위 '세계경제 불균형'을 일으켜 세계 각국의 비판을 받고 있거니와 내부적으로는 작업장에서 터져 나오는 노동자들의 불만을 잠재우기 어렵다. 중국 노동자들의 파업권은 1982년 헌법에서 삭제됐다.

어용 노조인 중화전국총공회中華全國總工會 이외의 노조 결성 기도는 정부에 의해 철저히 탄압을 받고 있다.

1980년 이후에 태어난 신세대 중국인은 구세대와는 의식이 다르다. 구세대는 돈벌이에 급급했으나 신세대는 인간답게 살 권리를 요구하고 있다. 계속 이대로 갈 수는 없다. 이제 중국은 새로운 노사관계를 모색하지 않고는 지금까지의 성장전략을 유지하기 어려운 단계에 도달한 것으로 보인다.

떠오르는 나라 인도

역사에 가정은 무의미하다지만 '제국주의의 착취가 없었더라면……' 이란 가정을 해보면 선/후진국 간 소득격차는 지금보다 훨씬 작았을 것이다. 영국이 세계 최초의 산업혁명을 시작하던 1760년 무렵, 인도의 1인당 소득은 영국의 70~90%의 수준에 도달해 있었다고 한다. 그리고 1800년 중국의 1인당 소득은 당시 영국보다 높았다는 추계도 있다. 1800년경 세계 각국의 소득격차는 아주 작았던 것이다.

그러나 19세기 이후 제국주의는 세계질서를 완전히 바꾸어 놓았다. 지난 2세기 동안 영국, 미국 등 선진국이 경제적으로 약진할 때 제3세계는 경제발전이 거의 불가능했을 뿐 아니라 실제로 19세기에는 1인당 실질소득이 하락하고 있었다. 선진국의 경제적 약진과 후진국의 정체, 퇴보의 배후에는 무엇보다 제국주의의 영향이 있다. 인도의 초대 총리 네루는 독립운동을 하다가 아홉 번째 투옥된 감옥에서 쓴 명저 『인도의 발견』(1945)에서 영국의 착취가 가장 심했던 벵갈 지역이 20세기에도 가장 가난한 지역으로 남아 있으며 영국의 번영은 인도 약탈을 기초로 하고 있다고 있다고 주장했다.

장기간 영국의 식민지로 착취되며 신음하던 가난한 나라 인도가 최근 경제적으로 급부상하고 있다. 요즘은 누구나 '브릭스BRICs'라고 해서 브라질·러시아·인도·중국을 신흥경제대국으로 치는데, 그중 인도의 전망은 특히 밝다. 무엇보다 인도는 젊은 나라라서 소위 '인구 보너스'의 혜택을 받고 있다. 인도는 인구 구성에서 25세 미만의 인구가 54%나 되며, 이는 전세계 25세 미만 인구의 1/4이 넘는다. 앞으로도 상당 기간 동안 인도는 젊은 노동력의 풍부한 공급의 혜택을 보게 될 것이다. 이것은 중국에 없는 큰 장점이다(중국도 종래의 '1자녀 정책'을 고수하다가는 머지않아 인구의 고령화 현상이 닥칠 것으로 보고 최근 정책 수정을 제안하고 나섰다). 게다가 인도는 정보통신 강국이라 전화 가입자 수가 납세자 수의 15배나 된다. 그 대신 부패, 인플레이션, 다인종 다언어, 카스트 제도의 잔재 등 경제성장을 가로막는 골칫거리도 꽤나 많다.

최근 20년간 인도의 경제성장률은 8~10%에 달해 중국에 버금간다. 경제기적은 1991년 7월 24일 발표된 신경제정책에서 비롯됐다. 당시 재무장관 만모한 싱(현 총리)은 산업 및 무역상 인허가 폐지, 수출보조금 철폐, 관세 인하, 공공부문 민영화 등 과감한 경제개혁을 발표했다. 그는 당시 연설을 마무리하면서 『레미제라블』로 유명한 휴머니스트 작가 빅토르 위고의 말을 인용했다. "지구상의 어떤 권력도 떠오르는 사상을 막을 수는 없다." 그전 인도 경제는 사회주의적 요소가 많은 관치경제 였다. 1950년대까지만 해도 사회주의 사상 경제정책의 근간을 이루고 있었고, 소련을 모방한 경제개발 5개년 계획을 시행했다. 그 뒤로도 관치경제의 전통은 오래 남았다. 그리하여 최근까지도 컴퓨터 한 대 수입하는 데 3년이 걸렸고, 관청을 50번이나 방문해야 했을 정도였다.

관치경제 혁파 20년 만에 인도 경제는 면모를 일신했다. 현재 인도는 12억 인구에 1인당 소득은 1300달러로 경제규모가 세계 10위인데, 물가를 고려한 구매력평가지수로 계산하면 이미 세계 4위의 경제대국이다. 빈곤율은 20년 전 45%였는데, 지금은 32%로 낮아졌다. 20년 전 인도를 여행한 법정 스님은 인도 사람들은 가난하지만 궁기를 풍기지 않는다고 썼다(『인도기행』, 1991). 가난하지만 정신적으로 풍요한 나라 인도에 경제적 번영의 길이 활짝 열리고 있다.

방글라데시의 착취공장

2010년 방글라데시에서 저임금에 항의하는 노동자들의 연쇄 시위가 일어나 3명이 죽고 수백 명이 부상을 당했다. 한국의 영원무역 등 몇 개

회사에서도 폭력 시위가 벌어졌다. 사건의 배경에는 임금 문제가 있었다. 2010년 7월 방글라데시 정부는 장기간 억제하던 최저임금을 월 2만 7000원에서 4만 8000원으로 대폭 인상했는데 일부 기업이 인상을 미루었고, 최저임금 대상이 아닌 숙련공들도 임금 인상을 요구하면서 사태가 악화했다.

저임금과 열악한 노동 환경 때문에 산업 재해도 많이 일어나고 있다. 2013년 4월에는 수도 다카 외곽의 사바르 공단에 있는 9층짜리 의류공장 건물이 붕괴해 무려 1129명이 숨지는 끔찍한 사고가 발생했다. 뒤늦게 외국기업들이 새 안전기준을 마련했다. 새 안전기준은 의류공장 규모가 7~8층 이상인 건물에는 반드시 스프링클러를 설치하고, 방화문을 세우고, 화재경보기를 설치한다는 게 핵심 내용이다. 이번 안전기준에 합의한 미국계 의류업체는 26개이며, 유럽계 의류업체는 100개다.

그러나 이번 새 안전기준 마련에도 불구하고 방글라데시 의류공장 노동자들의 최저임금 문제는 아직 해결되지 않은 상황이다. 세계 제2의 의류 생산국인 방글라데시에서는 2013년 11월 18일 의류노동자 수천 명이 다카 외곽의 가지푸르 산업단지에서 임금인상을 요구하며 시위하다 경찰과 충돌해 최소한 2명이 숨지고 30여 명이 다쳤다. 노동자들은 최근 정부와 사용자가 합의한 월 최저임금 7만 400원이 당초 노동자들의 요구 수준인 10만 6200원보다 턱없이 낮다며 인상을 요구해왔다.

방글라데시 의류산업은 연간 200억 달러 규모로 중국에 이어 세계 2위이지만 임금 수준은 아시아에서 최저 국가인 미얀마를 빼고는 가장 낮다. 방글라데시는 인구 1억 5000만 명에 국민소득은 연 700달러인 가난한 나라다. 과거 중국, 베트남에 투자했던 외국자본이 점증하는 임금 압박 때문에 옮겨간 곳이 저임금의 종점 방글라데시다. 이 나라의 임금 수준은 중국의 1/5에 불과하다. 방글라데시에서는 의류가 전체 수출의 80%를 점할 정도로 중요한 산업인데 4700여 개 의류 회사에 250만 명의 노동자들이 일하고 있다.

저임금 공장을 흔히 착취공장sweatshops이라 부른다. 이 용어의 연원은 19세기 중반 런던·뉴욕 등에 산재한 의류생산 공장으로서 저임금, 열악한 작업환경, 아동노동 등이 난무하던 곳이다. 칼 맑스의 평생 동지 프리드리히 엥겔스가 24세 때 쓴 『영국 노동자계급의 상태』란 책도 착취공장을 고발하는 내용이다. 선진국에서는 이런 저작에 힘입어 착취공장 폐지운동이 벌어졌고 그 결과 공장법 제정, 최저임금제 도입 등으로 노동자들의 처우가 많이 개선됐다. 그래서 착취공장은 선진국에서는 거의 사라졌고(현재 미국에 의류생산 노동자들이 3000명쯤 있긴 하다), 대부분 후진국으로 옮겨갔다. 전태일이 분신한 평화시장이 40년 전의 착취공장이라면 방글라데시의 의류회사는 오늘의 착취공장이다.

착취공장에 대해서는 찬반양론이 있다. 도덕적 관점에서 보면 기아임금 수준의 저임금은 도저히 정당성을 갖기 어렵다. 이런 생각이 착취공장 폐지운동의 원동력이다. 그러나 경제적 관점에서 보면 문제는 그리 간단치 않다. 착취공장의 대안은 농업인데, 하루 종일 뙤약볕에서 농사짓는 대가는 착취공장의 최저임금보다 더 낮다. 실제로 동남아의 착취공장 노동자들 중에는 가혹한 농업노동에서 해방된 것을 큰 다행으로 여기는 사람이 많다. 그러니 후진국 정부들이 착취공장을 하나라도 더 유치하기 위해 노력하는 게 아닌가.

착취공장 옹호론자 중에는 폴 크루그먼, 제프리 삭스 등 저명한 진보 경제학자들이 포함되어 있다. 진보적 경제학자들이 착취공장을 옹호하는 것은 뜻밖이지만 그 이유를 들어보면 일리가 있다. 폴 크루그먼은 저임금 일자리라도 일하는 것이 일을 아예 못하는 것보다는 낫다고 주장한다. 같은 취지로 제프리 삭스는 이렇게 말한다. "나는 착취공장이 너무 많아서 걱정이 아니고 너무 적어서 걱정이다." 일찍이 케인즈의 수제자이자 20세기 진보 경제학의 거목이었던 조안 로빈슨Joan Robinson 여사는 이를 더 설득력 있게 표현했다. "자본주의에서 착취받는 노동자의 고통은 끔찍하다. 그러나 착취받지 못하는 고통은 더 끔찍하다." 인간이라면 착취받지 않고 잘사는 게 최선이겠지만 착취받으면서라도 살수밖에 없는 것이 자본주의의 현실이고 이런 관점에서 문제 해결을 모색해야 한다.

남미 수탈 500년의 역사

2009년 4월 18일 미주기구OAS 정상회담에서 반미의 선봉장 우고 차베스 베네수엘라 대통령이 오바마와 웃는 얼굴로 악수하고, 책을 선물한 것이 화제가 됐다. 2006년 9월 UN총회에서 연설하면서 바로 전날 그 자리에서 연설했던 부시를 맹비난하면서 "어제 악마가 여기 다녀 갔다 (…) 아직 유황 냄새가 진동을 한다"라고 독설을 퍼부었던 차베스 다. 그 전날 별다른 호응을 얻지 못했던 부시 대통령의 연설에 반해 다음날 있었던 차베스의 23분에 걸친 반미연설은 내내 빈자리가 거의 없었고 폭소와 박수가 터져 나올 정도로 열띤 분위기가 연출됐다. 그러던 열혈남아 차베스도 암을 이기지 못하고 타계했으니 세월의 무상함을 느끼지 않을 수 없다.

차베스가 오바마에게 선물한 책은 에두아르도 갈레아노가 1971년에 쓴 『남미의 잘린 혈관The Open Veins of Latin America』(한국어판 제목은 『수탈된 대지』)이다. 차베스는 오바마에게 책을 건넨 후 기자들에게 "이 책은 내가 어린 시절 중남미의 역사와 현실을 올바로 이해하는 데 큰 도움을 줬다"고 말했다. 이 책은 부제가 '5세기에 걸친 한 대륙의 수탈'이다. 혈관이 잘렸으니 출혈이 있고 사람이 빈사 상태에 빠지는 것은 당연하다. 남미 대륙이 서구 제국주의에 의해 5세기 동안이나 수탈당한 피비린내 나는 역사가 우루과이 출신 진보 언론인 갈레아노에 의해 적나라하게 서술되었다. 이 책은 세계 최대 인터넷서점 아마존에서 판매 순위 5만 위 밖이던 것이 차베스의 선물 이후 일약 2위로 올라섰다고 한다. 2006년 UN 총회 연설에서 차베스가 추천했던 노암 촘스키의 『패권이냐 생존이냐: 미국의 세계지배 추구』가 아마존에서 순식간에 4위로 올라선 전례가 있으니 차베스는 베스트셀러 제조기 역할을 톡톡히 했다.

갈레아노의 책을 읽으려면 강심장이 필요하다. 500년 간의 수탈, 학살이 너무 끔찍하기 때문이다. 서양의 정복자들이 배를 타고 왔을 때

아즈텍·잉카·마야 인구는 총 7000만에서 9000만 사이였다. 그러나 150년 뒤에는 350만으로 줄었다. 반 이상은 서양인이 가져온 천연두, 파상풍 등 전염병 때문에 죽었다. 나머지는 학살과 가혹한 강제노동으로 죽어갔다. 토착주민 인디오의 대부분이 죽어 인력이 부족하자 제국주의 세력은 아프리카 흑인들을 노예사냥해와서 남미의 광산과 사탕수수 농장에 투입하고 혹사시켰다. 아프리카에서 남미로 오는 배에서도 천문학적인 숫자의 흑인들이 굶주림과 전염병으로 죽어갔다. 기독교와 문명을 내세운 백인들은 순박한 약소민족들에게 씻을 수 없는 죄를 지은 것이다.

남미 수탈의 역사를 단적으로 보여주는 곳이 볼리비아의 포토시Potosi란 곳이다. 한때 이곳은 세계 최대의 은광이 있던 부의 상징이었다. 포토시가 번영했던 시절에는 말발굽까지 은으로 만들어졌다는 전설이 내려온다. 세르반테스의 『돈키호테』를 보면 돈키호테가 산초에게 "포토시만큼 값어치 있다"고 말하는 대목이 나온다. 그러나 지금은 가난한 나라의 가난한 지역에 불과하다. "포토시는 세계에 가장 많은 것을 제공하고도 가장 조금밖에 갖지 못한 곳"이 돼버렸다. 가혹한 채굴과정에서 800만 명의 인디오들이 죽었다. 150년 동안 스페인으로 가져간 은은 당시 유럽 은 비축량의 3배에 달했다. 신대륙에서 유럽으로 대량반출된 귀금속은 유럽의 발전과 동시에 남미의 저발전을 가져왔다. 두 대륙의 상반된 현상은 동전의 앞뒷면이다.

칠레의 아옌데, 피노체트, 그리고 바첼레트

1973년 9월 11일 새벽 칠레 수도 산티아고에 군부 쿠데타가 일어났다. 대통령 아옌데는 기관총을 들고 맞섰으나 역부족이었다. 그는 대통령 6년 임기의 절반밖에 못 채우고 65세로 생을 마감했다. 아옌데는 칠레 상류층 출신으로 의과대학을 졸업한 내과 의사였으며 투철한 사회주의자였다. 30세에 보건복지부 장관을 지냈고 상원의장을 역임한 그는 대통령 선거에서 세 차례 고배를 마신 끝에 1970년 인민연합 후보로 대통령에 당선됐다. 아메리카 대륙에서 선거를 통한 최초의 사회주의 정권이 출현한 것이다. 미국은 자기집 뒷마당에 좌파정권이 들어서는 것을 극도로 혐오해서 아옌데의 집권을 방해했고, 집권 후에는 군부 쿠데타를 음양으로 도왔다.

취약한 신생 좌파정권이 부닥친 난관은 경제였다. 아옌데는 구리광산 및 은행 등의 대기업 국유화를 단행했다. 교육·의료의 공공성을 강화했고, 어린 학생들에게 무료 우유급식을 했다. 토지개혁과 빈곤층 일자리 마련을 추진했다. 첫해에는 경제성과가 좋았으나 그 뒤 경제가 마이너스 성장으로 떨어졌고, 심한 인플레이션과 재정적자에 시달렸다. 특히 국제시장에서 칠레의 주산품인 구리 가격이 폭락하는 바람에 수출이 격감하고 외화보유고가 고갈돼갔다. 대통령의 자제 요청에도 불구하고 광산노동자들은 85차례나 파업을 했다. 게다가 극우파가 지휘하는 트럭운전수 노조가 파업을 일으켜 경제를 마비시켰다.

위기에 처한 아옌데는 자신의 신임을 국민투표에 묻겠다고 제의했다. 그런데 국민투표일인 9월 11일 새벽에 군부가 쿠데타를 일으켰다. 쿠데타의 주역은 바로 3주전 육군참모총장에 취임하면서 대통령에게 충성을 맹세했던 피노체트였다. 배후에는 미국의 닉슨, 키신저의 지원이 있었다. 대통령이 사는 모네다궁을 탱크와 비행기로 포위한 군부는 대통령의 국외 탈출을 권유했으나 아옌데는 단호히 거부하고 죽음으로 맞섰다. 그는 여직원들을 귀가시키고 라디오 방송을 통해 6분간 국민에게 최후 연설을 했다.

"역사적 순간에 서서 저는 민중의 충성에 대한 빚을 갚기 위해 제 목숨을 바치려 합니다. 그들은 무력을 갖고 있으므로 우리를 노예로 만들 수 있습니다. 그러나 사회의 전진은 범죄로도 무력으로도 막을 수 없습니다. 역사는 우리의 것이고, 민중에 의해 만들어집니다. (…) 머지 않아 위대한 길이 다시 열리고 이 길로 자유인들이 더 나은 사회를 건설하기 위해 걸어갈 것임을 잊지 마십시오. 칠레 만세! 민중 만세! 노동자 만세! 이것이 저의 마지막 말입니다……." 방송에는 비행기 폭격소리, 총격 소리가 생생히 들린다. 그는 10여 명의 보좌관들과 총을 들고 싸우다 장렬한 최후를 맞았다.

아옌데의 말대로 되었다. 지금 모네다궁 앞에는 아옌데의 동상이 우뚝 서있고, 그 앞을 사람들이 자유롭게 걸어간다. 동상 밑에 그의 최후 연설이 새겨져 있다. 그는 최근 칠레 국민 150만 명이 뽑은 '칠레 역사상 가장 위대한 인물' 1위에 올랐다.

군부 쿠데타로 수십만 명이 국외로 탈출하고 수만 명이 투옥됐으며 3000명 이상이 목숨을 잃었다. 아옌데의 오랜 동지인 민중시인 네루다는 1970년 대통령 선거 공산당 후보였는데, 아옌데에게 인민연합 후보를 양보하여 선거 승리를 일궈냈다. 그는 이듬해 노벨 문학상을 수상했다. 1973년 9월 쿠데타가 일어났을 때 네루다는 사경을 헤매고 있었는데, 무장 군인들이 집에 들이닥치자 이렇게 말했다. "잘 찾아보게, 여기 당신들에게 위험한 게 한 가지 있지, 바로 시라는 거지." 그는 2주 뒤 숨을 거두었다. 칠레 쿠데타를 주제로 한 영화로는 〈산티아고에 비가 내린다〉 그리고 잭 레몬이 열연해서 아카데미 남우주연상 후보에 올랐던 〈실종Missing〉이 있다.

18년간 피노체트의 철권통치가 계속됐다. 그는 아옌데가 추진했던 사회주의적 정책을 모조리 폐지한 뒤 정반대 노선을 걸었다. 그는 시장만능주의 경제학의 메카인 시카고대학 출신들을 경제부처에 배치하여 국유화를 취소하고, 모든 것을 시장에 맡기는 시장만능주의 정책을 폈다. 이들을 '시카고 아이들The Chicago Boys'이라 부른다. 쿠데타 몇 달 뒤 시카고대학 경제학과의 영수 밀턴 프리드먼과 아놀드 하버거가 칠레를 방문해서 '칠레 경제에 기적이 일어났다'고 찬양했다. 그러자 시카고대학 출신으로 종속이론 중에서 유명한 '저발전의 발전' 가설을 만든 앙드레 군더 프랑크Andre Gunder Frank는 공개편지를 학술지에 실어 살인마 정권을 찬양한 두 사람을 정면 비판했다. 노벨경제학상 수상자인 스웨덴의 군나르 뮈르달도 프리드먼의 노벨경제학상 수상을 공개 비판했다.

1979년 박정희가 죽자 독재자 피노체트는 대통령궁에 조기를 걸려고 했는데, 참모들이 전례가 없는 일이라고 만류하는 바람에 포기했다고 하니 유유상종이란 이럴 때 쓰는 말인가. 1998년 피노체트가 영국을 방문했을 때, 스페인의 판사가 피노체트의 구속영장을 발부했다. 1973년 쿠데타 때 다수의 스페인인을 살해한 혐의였다. 피노체트는 뜻밖에 영국 감옥에 갇혔고, 마침내 정의가 실현되려는 것 같았다. 그러나 피노체트는 보수당 대처 전 총리의 도움으로 무사히 칠레로 돌아갔고, 2006년 늙어 죽을 때까지 정의의 심판을 받지 않았다. 아, 그거 참, 보수 진영은 국제적 협조도 잘 되는구나. 노자가 말하기를 "하늘의 그물은 크고도 커서 엉성한 듯 보이지만 빠져나갈 구멍이 없다天網恢恢 疎而不漏"고 하는데, 정말 그리 됐으면 좋겠다. 과연 피노체트가 저세상에서는 빠져나갈 구멍을 찾지 못하고 드디어 정의의 심판을 받았는지 궁금하다. 2009년 9월 칠레 법원이 쿠데타 시기 고문, 학살 혐의자 129명에게 구속영장을 발부했다. 오랜 세월이 흘렀지만 칠레의 과거사 청산은 꾸준히 계속되고 있다.

2013년 칠레 대선은 흥미롭게도 두 여성 후보의 경쟁이었다. 좌파의 미첼 바첼레트 후보와 우파의 에벌린 마테이 후보는 둘 다 아버지가 공군 장성 출신으로 두 사람은 어린 시절 소꿉친구였다. 그러나 1973년 피노체트의 쿠데타 때 바첼레트의 아버지 알베르토 바첼레트는 피노체트의 쿠데타에 반대하다가 모진 고문을 받고 옥사한 반면, 마테이의 아버지 페르난도 마테이는 군사정권을 지지하면서 장관에 발탁되는 등 승승장구했다. 바첼레트는 칠레대 의대 재학시 군사정권에 항거하다 체포돼 망명하는 등 질곡의 세월을 보냈지만, 마테이는 피아노와 경제학을 전공하며 유복한 유학생활을 이어갔다. 두 여성의 운명은 마치 소설처럼 극적이고 따라서 국민의 최종 선택은 더욱 흥미를 끌었다.

2006~2010년 기간 좌파연합 정권의 대통령을 지낸 바 있는 바첼레트는 4년 동안 우파의 피녜라에게 정권을 내준 뒤 다시 대통령 선거에 도전했다. 2013년 말 대통령 선거 유세에서 바첼레트는 '대변화Big change'를 기치로 내걸고 법인세 인상 등을 통해 150억 달러(약 16조 원)를 공공부문에 투자하겠다는 공약을 내걸었다. 무상교육·무상의료 등 사회에 대대적 변화를 약속하고 나섰기 때문에 바첼레트가 집권하면 성장보다는 분배에 중점을 둘 것으로 예상됐다. 또한 바첼레트는 낙태와 동성결혼에도 관용적 태도를 보였다.

반면 마테이는 '현상유지Stay on course'를 기치로 전임 세바스찬 피녜라 정권의 모토였던 경제성장을 다시 강조하고 나섰다. 친시장 정책을 유지하겠다는 것이 핵심이며, 증세가 아닌 경제성장을 통해 공공서비스를 늘려나간다는 전략이었다. 외신은 피녜라 정부가 경제성장에는 성과가 있었으나 사회정책에 실패해서 민심이반이 심한 만큼 바첼레트의 '대변화' 공약이 칠레 국민들에게 더 큰 지지를 받고 있다고 분석했다.

2013년 11월 17일 치러진 대선에서 바첼레트는 47%를 득표했고, 마테이는 25% 득표에 그쳤다. 어느 후보도 과반을 얻지 못했으므로 상위 두 후보가 2013년 12월 15일 결선투표를 치렀는데, 바첼레트는 62% 대 38%로 압도적 승리를 거두었다. 이것은 1990년 이후 치러진 대선에서 최대의 표차였다. "우리는 그들이 다시 민주주의를 신봉하도록 설득해야 한다"는 것이 바첼레트의 승리 일성이었다. 아! 칠레는 대단한 나라다. 우여곡절은 있었지만 그래도 끝내 정의가 승리하는구나. 우리에게는 언제쯤 이런 날이 올는지.

브라질의 구원투수, 룰라

브라질의 룰라 대통령은 2010년 말 두 차례, 8년의 대통령 임기를 마치고 평범한 시민으로 돌아갔다. 재임 동안 경제성장, 경제안정, 분배 개선이라는 세 마리의 토끼를 잡는 데 성공함으로써 퇴임시 국민 지지도 87%라는 경이적 기록을 남기기도 했다. 퇴임 때 지지율이 으레 바닥으로 추락하기 마련인 한국 대통령들을 생각하면 믿기지 않는 수치다. 한국에서는 취임 초 지지율도 이렇게 나오기 힘든 법인데.

룰라는 1945년 브라질에서도 가장 가난한 지역인 북동부에서 빈농의 12남매 중 하나로 출생했다. 그의 아버지는 도무지 가족에 대한 애정이 없어서 집에 잘 들어오지도 않았고, 다른 여자하고 바람을 피워 거기서 또 13명이나 되는 자녀를 가졌다. 가난한 가정에 자식은 내 몰라라 하는 아버지 밑에서 그래도 룰라 같은 위인이 나올 수 있었던 것은 전적으로 자애로운 어머니 린두 여사의 헌신적 노력 덕분이다. 세계사를 보면 폭군 아버지와 자애로운 어머니 밑에서 위인이 나오는 경우가 많은데, 룰라도 거기에 해당한다. 룰라는 대통령에 취임하면서 "어머니가 살아계셨더라면 좋았을 텐데…… 나는 항상 그런 어머니를 나에게 주신 하느님께 감사를 드린다. 어머니는 영웅이었다"라고 회고했다.

일곱 살 무렵 룰라의 가족은 살길을 찾아 상파울루로 이사를 했다 (이후 그곳은 룰라의 평생 활동무대가 됐다). 입에 풀칠하기도 어려운 가정 이라 학교 교육은 그림에 떡이었다. 룰라 역시 초등학교 중퇴에 그 뒤 수도공 학원을 다닌 것이 학력의 전부다. 그는 구두닦이를 거쳐 수도를 고치는 수도공으로 취직했다. 당시 그는 별다른 사회의식 없이, 오히려 노조를 싫어하고 축구와 TV 드라마만 열심히 보는 평범한 노동자였다.

그러다 임신중이던 룰라의 첫째 부인이 병에 걸리고도 돈이 없어 제 대로 된 진료를 못 받아 뱃속의 아이와 함께 죽는 사건이 발생했다. 그 충격으로 수년간 정신적 방황을 겪은 그는 마침내 사회의식에 눈뜨고 공적 삶을 시작했다. 그 뒤 룰라는 노동운동가로서 한평생을 살았다. 그는 평생 노동자라는 자부심을 지니고 있었다. 사람들이 룰라에게 당 신은 사회주의자냐, 공산주의자냐고 물으면 그는 언제나 '나는 수도공' 이라고 대답했다. 그는 노동운동을 하다가 수감되기도 했는데 감옥에 서 석방되고 집에 오자마자 새장의 새를 풀어주었다는 일화가 있다.

1970년대 철강노조위원장으로서 노동운동을 주도했고, 노동자당을 창당했다, 1986년에는 연방 하원의원에 당선됐다. 1989년 노동자당 후 보로 대선에 출마했으나 고배를 마셨고, 1994년, 1998년 연이어 도전했 으나 집권 여당의 까르도주Fernando H. Cardoso 후보에게 패배했다. 까르도 주는 원래 진보적 사회학자로서 『남미의 종속과 발전』이란 유명한 책 을 쓴 종속이론가다. 프랑크Andre G. Frank, 아민Amin 등 1세대 종속이론가들이 종속은 곧 경제의 정체를 가져온다는 이론을 편 데 반해 까르도주는 한 나라가 다른 나라에 경제적으로 종속하면서도 동시에 경제발전이 가능하다는 명제, 즉, '종속적 발전dependent development'이란 2세대 종속이론을 체계화한 것으로 유명하다. 그는 학계에 있을 때는 진보적 학자였고 룰라하고도 가까운 사이였으나 막상 대통령이 되고난 뒤에는 대단히 보수적인 시장만능주의적 정책을 폄으로써 진보진영에 큰 실망과 배신감을 안겨주었다.

진보적 인사가 정치에 나서면 항상 보수 쪽의 이념공세에 시달린다. 조봉암이나 노무현을 보라. 1989년 대선에서 상파울로 상공회의소장 마리우 아마또Mario Amato는 "만일 룰라가 대통령이 되면 브라질의 기업가 80만 명이 해외로 도망갈 것이다"라고 협박성 발언까지 했다. 그러나 시간이 갈수록 룰라에 대한 재계의 거부감은 옅어져 갔다. 2002년 대선에서는 미국의 빌 게이츠가 룰라에게 편지를 보내서 만일 그가 대통령에 당선되면 브라질의 첨단기술단지에 대규모 투자를 하겠다고 약속했다. 브라질 은행가들까지 룰라를 지지했다.

3전4기, 룰라는 세 번의 실패 끝에 마침내 2002년 대통령 자리에 올랐다. 그러나 하원에서 노동자당의 의석은 18%밖에 안 돼 좌파 정책을 추진하기가 어려웠다. 좌우 타협적 정책을 추진할 수밖에 없는 정치구도 속에서 그는 대화와 소통을 통해 좌우를 뛰어넘는 유연한 경제 및 외교정책을 구사했다. 당선 초기 외국자본이 브라질을 떠나고 증시가 곤두박질치는 상황에서 룰라는 외채를 상환하고 긴축정책을 펴 국제사회의 우려를 불식시켰다. 덕분에 일부 좌파로부터는 신자유주의 추종자란 비난을 받기도 했다. 2002년 미국의 조지 부시(아버지) 전 대통령을 만나 대화를 나눈 자리에서, 룰라는 부시에게 "와우! 당신은 공화당 사람 같군요."라고 말을 듣기도 했다.

그는 좌우를 포용하는 실용적 태도를 견지했지만 그렇다고 좌파적 견지를 버린 건 아니다. 2002년 대선에서 룰라는 기아퇴치Fome Zero를 공약으로 내걸었다. 대통령 임기가 끝날 즈음 모든 브라질 국민이 하루 세 끼를 먹게 해주겠다는 것이었다. 2003년 1월 대통령으로서 처음 주재한 각료회의에서도 룰라는 "사람들의 배고픔을 면하게 해주는 것이 모든 정책의 최우선"이라고 말했다. 선거 때는 장밋빛 공약으로 국민을 현혹해놓고 막상 당선 뒤에는 딴소리 하는 정치인들이(특히 한국에는) 적지 않은데 룰라는 약속을 지켰다.

룰라의 대표적 정책이 보우사 파밀리아Bolsa Familia라고 하는 가족수당 제도다. 이 제도는 아이들이 학교에 가고 예방주사를 맞는 것을 조건으로 아이 한 명당 매달 22헤알(약 1만4000원)을 지원해주는 제도다. 전국의 1100만 가구가 이 제도의 혜택을 받았고, 룰라 집권 8년 동안 빈곤율이 30%에서 19%로 감소하고 소득불평등이 줄어든 것도 상당 부분 이 제도에 기인한다. 또 하나는 최저임금 인상이다. 그는 2002년 대선에서 자신이 대통령이 되면 4년 동안 최저임금을 두 배로 올리겠다는 공약을 내세웠고 실제로 대폭 인상하는 데 성공했다. 2002년 월 200헤알이던 최저임금은 현재 510헤알이다. 룰라 집권기 동안 줄어든 브라질 빈민의 숫자는 3000~4000만 명이다. 실로 대단한 업적이다.

두 번의 임기를 마치고 초야로 돌아간 룰라의 뒤를 이은 사람은 그의 정치적 동지였던 호세프Dilma Rousseff다. 브라질 최초의 여성 대통령이기도 한 호세프는 1964년 군사쿠데타가 발발하자 좌익 게릴라 단체에 가입해서 총을 들고 정부와 싸웠다. 체포 후 모진 고문과 옥살이를 견뎌낸 그녀는 룰라 정부에서 에너지장관과 대통령 비서실장의 경력을 쌓은 뒤 2010년 대선에 노동자당 후보로 출마해서 당선됐다. 최근 브라질 경제는 룰라 시절만큼 호경기를 구가하지 못하고 성장률은 겨우 1~2%를 맴돌고 있다. 그 결과 호세프의 지지율도 많이 떨어졌다. 호사가들은 벌써부터 2014년 대선에서 호세프 대신 룰라가 구원투수로 등판해야 하는 게 아닌가 하는 이야기를 하고 있다. 정치란 구름과 같아서 한치 앞도 내다보기 어려운데 내년 일을 어찌 알겠는가.

개인적으로 룰라와의 짤막한 인연을 소개하고 싶다. 필자는 1994년 하버드대학에 방문교수로 가 있었는데 마침 룰라 당시 대통령 후보의 강연을 들을 기회가 있었다. 브라질 대선을 불과 몇 달 앞둔 시기였는데 당시 분위기는 룰라가 대통령에 거의 당선될 듯한 분위기여서 큰 강의실을 가득 채운 열기는 자못 뜨거웠다. 강의는 열강이었고 강연 뒤 많은 질문이 쏟아졌다. 룰라는 특유의 그 정열적 태도로 직접 대답하기도 하고, 가끔 너무 어려운 질문이 나오면 배석한 참모에게 대신 답하도록 했다. 배석한 참모들을 '그림자 내각Shadow cabinet'으로 소개하는 것이 인상적이었다.

룰라는 노무현과 자주 비교되곤 한다. 자라온 이력, 소외계층의 대변인이라는 정치적 성향, 그리고 눈물이 많은 점까지 비슷하다. 그래서 그런지 두 사람은 만나자마자 의기투합했던 것 같다. 노무현 대통령이

2004년 11월 브라질을 국빈방문하고 귀국후 룰라 대통령과 주고 받았던 사담을 이야기하는데 고개가 끄덕여지는 대목이 있었다. 두 대통령이 만나 대통령 노릇 잘하기 정말 어렵다고 둘이서 솔직하게 이야기하면서 동병상련의 교감을 나누었다는 것이다. 두 사람의 성품으로 보아 충분히 그럴 수 있겠다는 생각이 들었다.

노대통령의 방문에 대한 답방 형식으로 2005년 5월 룰라 대통령이 한국을 국빈방문했을 때 필자는 마침 청와대에서 일하고 있어 만찬에 참석했다. 만찬장 입구에서 룰라 대통령과 악수를 하며 1994년 하버드대학에서 당신의 강연을 들었다고 말을 건넸다. 그러자 그는 깜짝 놀라더니 이내 활짝 웃음 띤 얼굴로 반갑다면서 악수를 한 번 더 하자고 나에게 그 두꺼운 손을 내밀었다. 바로 옆에서 노무현 대통령 내외가 무슨 영문인지 몰라 눈을 똥그랗게 하고 쳐다보던 모습이 생각난다. 아쉽게도 노무현 대통령은 갔지만 앞으로 한국에도 룰라 같은 지도자가 나오기를 학수고대해본다.

| 비극의 땅, 아이티 |

2010년 1월 12일 지진 관측사상 최고 강도(리히터 규모 7.0)의 강진이 아이티를 덮쳤다. 사상자가 50만여 명, 이재민이 180만여 명이 발생했고, 가옥 10만여 채가 완파됐고, 20만여 채가 반파됐다.

아이티의 지진 참상을 보면 "화는 혼자 다니지 않는다禍不單行"는 말이 생각난다. '높은 산의 나라'라는 뜻을 가진 아이티는 흑인 노예들의 반란으로 독립을 쟁취한 남미 최초의 독립국이다. 인구는 1000만 명인데, 대부분이 흑인이다. 1인당 소득은 790달러로서 세계 최빈국에 속한다. 문맹률이 50%이고, 빈곤층이 80%나 된다. 수도의 빈민가는 UN이 '지구상에서 가장 위험한 곳'으로 명명할 정도다. 부패가 심하고 소득분배도 불평등하다.

콜럼버스는 1492년 아이티에 상륙한 뒤 이 나라를 에스파뇨라로 명명하면서 스페인 영토라고 선언했다. 콜럼버스는 칼을 처음 보는 순박한 원주민들을 200명의 군대와 개를 보내서 무자비하게 학살하고, 이 섬을 점령했다. 콜럼버스와 스페인의 목표는 오직 금이었다. 원주민들은 백인들에 묻어온 전염병 때문에 거의 멸종됐고, 정복자들은 아프리카에서 흑인들을 노예로 끌고 와 금 채굴에 나섰다.

스페인 다음에는 프랑스 해적들이 이 지역에서 담배와 설탕 재배로 큰 이문을 남겼다. 당시 설탕은 '흰 금'이란 별명을 가질 정도로 수지맞는 장사였다. 아이티의 토지제도는 설탕, 커피 재배를 위해 '라티푼디오latifundio'라는 대토지 제도로 재편됐고, 이것이 극심한 불평등과 저개발의 원인이다. 지금도 아이티는 최고 부자 1%가 부의 50%를 차지할 정도로 부의 분배가 불평등하다.

프랑스혁명 이후 인권 사상이 고양되면서 아이티에도 독립운동이 일어났다. 아이티 독립운동의 진압 책임자는 나폴레옹의 매제였던 샤를

르클레르였는데 동원된 프랑스군 5만 명이 황열병에 걸려 죽었고, 르클레르도 황열병으로 죽었다. 그러나 원주민의 피해는 더 커서 무려 10만 명이 전사했다. 그러나 아이티인들은 기어코 1804년 독립을 선언했고, 프랑스 정부는 1825년에 가서야 거액의 배상금을 받는 조건으로 독립을 승인했다.

독립 후에도 프랑스·영국·미국·독일 등 제국주의 국가의 군사적·경제적 개입은 계속됐다. 미국은 해병대를 보내 아이티의 군사반란에 가담했고, 1915년에서 1934년까지는 직접 점령하기도 했다. 아이티는 독립 200년 동안 쿠데타가 무려 32회나 발생할 정도로 정세가 불안하다. 1957년부터 30년간 듀발리에라는 부패하고 무도한 독재자가 2대에 걸쳐 이 나라를 폭압적으로 지배했는데, 미국은 듀발리에정권을 지원, 방조했다.

칼 맑스는 『철학의 빈곤』에서 이렇게 말했다. "신사 여러분은 커피, 설탕 재배가 서인도제도의 운명이라고 믿겠지요? 그러나 2세기 전 그곳에 사탕수수와 커피를 심은 것은 자연이 아닙니다." 실제 그곳에 사탕수수를 옮겨 심은 것은 콜럼버스였다. 아이티를 커피, 설탕 생산에 특화시켜 빈곤에 빠뜨린 국제 분업체제는 자연의 섭리가 아니고, 바로 세계 자본주의의 발달에서 온 것이다. 비극의 땅, 아이티에 서광이 비칠 날은 언제일까?

3

한국 경제의
오늘

제1장
정치경제와 북한 경제

박정희, 이토 히로부미, 스탈린

안중근 의사가 동양평화를 위해 이토 히로부미를 저격한 날이 1909년 10월 26일이고, 김재규가 민주회복을 위해 박정희를 저격한 날이 1979년 10월 26일이다. 두 사건이 같은 날 일어난 것은 우연치고는 너무나 얄궂은 느낌을 준다.

2008년에 노벨경제학상을 수상한 폴 크루그먼은 동아시아와 소련의 경제모델이 비슷하다고 주장한 적이 있는데, 사실 박정희 모델은 스탈린 모델과 유사점이 많다. 첫째, 부국강병이다. 이것은 이토 히로부미가 국가발전의 모토로 삼았던 정책이기도 하다. 일본은 19세기 말 자유민권운동을 탄압하면서 부국강병을 밀어부쳤고, 스탈린의 부국강병도 무리한 추진과정에서 수많은 인명 피해가 있었다. 한국 역시 1970년대 중화학공업화와 군사 강국을 추진하는 과정에서 민주주의가 극도로 억

압됐다.

둘째, 투자율을 크게 높였다. 스탈린은 소련의 투자율을 30% 이상으로 끌어올렸는데, 이것은 당시 어떤 나라에서도 없었던 사상초유의 일이었다. 이 과정에서 소련의 노동자와 농민은 엄청난 소비억제와 희생을 강요당했다. 그런데 30% 이상의 고투자는 1960년대 이후 일본, 한국, 타이완 등 동아시아에서 재현되었다.

셋째, 대기업 중심의 경제다. 실제 소련에는 중소기업이라 할 만한 것이 아예 없었으며, 한국도 재벌 중심의 경제구조로서 중소기업이 취약한 특징을 갖고 있다. 이토 히로부미가 각종 특혜와 지원을 몰아주어 미쓰이, 미쓰비시 등 재벌을 육성했듯이 박정희 역시 같은 방법으로 한국 재벌을 키웠다. 한국 재벌은 관치경제의 산물이다.

넷째, 경제의 양적 성장에는 성공했으나 질적 발전에는 장애가 됐다. 두 모델은 유휴상태에 있던 대규모 노동력에 높은 저축, 투자를 결합하여 급속한 양적 성장에 성공했다. 개발초기 단계에서 이것은 비교적 쉬운 일이다. 히틀러, 무솔리니, 일본의 파쇼경제도 같은 방법으로 1930대 고도성장에 성공했다. 문제는 그 다음이다. 개발 후기에는 양적 성장이 한계에 도달하므로 생산성 증대를 기반으로 할 수밖에 없는데, 여기서 박정희 모델과 스탈린 모델은 공통적으로 비민주성·관료적 경직성으로 인해 좌절하게 된다.

우리가 박정희식 고도성장을 통해 얻은 것도 많지만 잃은 것은 더 많다. 많은 조직의 독재적 구조, 대립적 노사관계, 재벌중심 경제, 주입식 교육, 물질만능주의, 불신사회, 빈부격차, 부동산투기, 부정부패, 환경

악화 등은 박정희가 남긴 부정적 유산이며 우리 민족이 오래오래 짊어
져야 할 무거운 짐이다.

이토 히로부미와 박정희는 국장으로 후히 장사지냈으나 안중근은
아직 시신조차 찾지 못하고 있고, 김재규의 혼은 구천을 맴돌고 있는
우리의 역사를 어떻게 봐야 할까.

박정희의 경제 실정

박정희를 미화·찬양하는 사람들이 많이 있다. 특히 필자의 고향인
대구·경북에서는 더 많다. 이들이 박정희를 좋아하는 이유는 박정희
시대의 고도 경제성장 때문이다. 경제성장률을 보면 박정희 때 9%, 전
두환·노태우 때 8%이었고, 그 뒤 민주정부에 와서 성장률이 낮아진 건
분명한 사실이다. 이를 근거로 경제성장을 하려면 독재가 불가피하다
고 우기는 사람들도 있는데 그건 틀렸고, 위험천만한 생각이다.

박정희의 업적으로 간주되는 고도 경제성장에 대해서는 두 가지 생
각할 점이 있다. 첫째, 어느 나라나 개발 초기에는 성장률이 높지만 나
중에는 낮아진다. 모든 선진국의 역사가 그러했고, 현재 중국·인도의
고성장을 봐도 그렇다. 둘째, 박정희의 경제성장은 눈앞의 성장률은 높
였지만 지가와 물가를 엄청나게 올렸기 때문에 뒤에 오는 정권의 경제

성장을 어렵게 만들었다.

한국을 복지국가에서 멀어지게 하고 일본식 토건국가로 만든 것은 박정희의 작품이다. 박정희 정권 18년 동안 전국은 난개발과 토지투기의 광풍에 시달렸다. 전국 지가가 180배 이상 올랐고 토지 불로소득이 국민소득의 무려 두배 반이나 됐다. 가히 불로소득의 천국이었고 부익부빈익빈의 극치였다. 현재 우리나라 평당 땅값은 세계 1위인데, 이것은 누구의 책임인가? 이승만·박정희·전두환·노태우의 독재 시대에 대부분의 지가 상승이 일어났고, 김영삼·김대중·노무현 합해서 2% 정도 책임이 돌아갈 뿐이다. 압도적인 책임은 박정희에 있다. 한국의 지가를 세계 최고로 만든 책임의 50%는 박정희에 있다.

물가는 또 어떤가? 한국의 물가는 세계 1위는 아니지만 세계 1위군에 속한다. 물가가 비싸니 수출도 불리하고 관광객 유치도 어렵다. 역대 정부별로 물가 상승을 계산해보면 그 결과는 지가와 대동소이하다. 이승만·박정희 시대에 물가 상승의 거의 대부분이 일어났고 특히 박정희 정권 혼자서 물가 상승의 45% 책임을 져야 한다. 뒤의 민주정부 책임은 도합 10%밖에 안 된다.

세계 최고수준의 지가와 물가는 독재의 유산이며 박정희의 책임은 크고도 무겁다. 높은 지가와 물가는 중산층·서민·노동자·자영업자의 생활고를 가져오는 주 요인이며 우리 곁을 떠나지 않고 두고두고 괴롭힐 것이다. 그뿐이 아니다. 높은 지가와 물가는 수출주도형 한국경제에 치명적 장애물이다. 한국은 수출경쟁에서 고지가와 고물가라는 두 개의 무거운 쇠뭉치를 달고 힘겹게 달려야 한다. 독재정권은 장기적 관점을 갖고 양심적으로 경제를 운용하는 게 아니라 눈앞의 성과 올리기에 급급하므로 경제를 잠시 흥청거리게 하고 오래 망친다. 독재가 경제를 살린다는 속설은 천부당만부당하다. 오히려 반대다. 민주주의가 책임 의식을 갖고 경제를 운용한다.

우리 현대사를 제대로 가르치지 않으니 흑백을 구분치 못하고 독재의 해악을 모르는 사람들이 많다. 독재는 언제 어디서나 악이다. 독재자를 미화·찬양하는 나라는 문명사회의 일원이 될 수 없다.

독재와 경제성장

보수 언론과 보수 학자들은 언제나 박정희의 경제 실적을 앞세워 독재를 정당화하려 한다. 한때 뉴라이트가 득세할 때는 그런 경향이 더욱 심했다. 그들이 옹호하는 건 두가지인데, 일본 제국주의의 식민지 통치 덕분에 우리나라가 경제성장이 됐다는 주장과, 박정희 덕분에 경제성장이 됐다는 주장이다. 식민지와 독재를 합리화하는 사람들은 과연 제정신인가? 이 세상에 식민지와 독재보다 더한 악이 어디 있을까. 식민지와 독재를 인정하고 나면 이 세상에 선악이 희미해지며, 정의와 불의도 애해모호해진다. 감옥 안의 죄수들이 지은 죄도 여기에 비하면 약소할 것이다.

박정희가 비록 독재는 했지만 경제성장 덕분에 중산층이 형성되어 비로소 민주주의가 가능했다는 둥, 그의 독재는 애국 독재였다는 둥 온갖 궤변이 난무한다. 세상에, 애국 독재라니! 세계 궤변 역사에 남을 만한 아첨이다.

한때 후진국에서 독재 불가피론이 유행한 적이 있다. 2차대전 이후 공산권 국가들이 고도성장을 했는데, 이는 독재에 기반을 둔 것이었다. 자본주의 진영에서도 사회과학자들 사이에 독재를 인정하는 분위기가 있었다. 예를 들어 월터 갈렌슨은 "정부가 민주적일수록 자원이 투자에서 소비로 전환될 공산이 크다"고 주장했다. 투자가 적을수록 성장이 낮아질 것이니 이는 독재 옹호론에 해당한다. 더 노골적으로 독재를 옹호한 학자도 있다. 하버드대학의 보수적 정치학자 새뮤얼 헌팅턴은 "경제발전을 하려면 적어도 일시적으로 정치적 참여를 억제해야 한다"고 말했다. 유신독재 시절 늘 듣던 이야기와 비슷하다. 민주주의와 경제성장 상충 가설을 리콴유李光耀(싱가포르 전 총리) 테제라고 하는데, 리콴유는 박정희 숭배자로서 경제성장을 위해서는 민주주의의 후퇴를 감수해야 한다고 강변한다.

그러나 독재옹호론은 타당하지 않다는 사실이 그 뒤 밝혀졌다. 이 문제에 대한 세계적 권위자는 미국의 정치학자 애덤 쉐보르스키Adam Przeworski다. 그가 1950년부터 1990년까지 세계 141개국의 자료를 분석한 연구(*Democracy and Development: Political Institutions and Well-Being in the World, 1950~1990*, Cambridge University Press, 2000)의 결론을 보면 독재와 민주주의 사이에 투자율의 차이는 없고(갈렌슨의 추측은 틀렸다), 경제성장률에도 차이가 없다(헌팅턴, 리콴유의 추측은 틀렸다). 즉, 독재라고 해서 경제성장률이 높지 않다는 것이다. 이 증거에 기초해서 노벨경제학상 수상자 아마르티야 센Amartya Sen은 "민주주의와 정치적 자유는 그 자체로 중요하므로 존중돼야 한다"고 말한다. 센은 더 나아가 경제발전의 정의를 소득의 증대가 아니라 '자유의 확대'로 바꿀 것을 제안하고 있다.

독재와 경제성장의 관계에 대해서는 쉐보르스키의 결정적 연구로 이미 결론이 난 셈이다. 그런데도 국내 보수파 사이에서는 독재 옹호론이 여전히 강세다. 이론이나 통계 분석을 통 믿지 않는 사람들에게는 사례를 보여주는 게 낫겠다. 민주투사 룰라 밑에서 이룬 브라질의 눈부신 성장은 어떤가. 한때 '눈이 내리지 않는 나라에는 민주주의가 없다'는 말이 있었다. 그러나 브라질은 열대 지역에서도 민주주의가 가능하며, 고도성장이 가능하다는 사실을 세계에 보여주었다. 인도는 또 어떤가. 민주주의의 표본인 인도가 최근 이룬 고도성장을 보더라도 민주주의와 성장은 얼마든지 양립가능함을 알 수 있다.

경제성장을 위한 독재 불가피론이나 애국 독재론 같은 궤변에 속아 넘어가서는 안 된다. 어용학자, 보수 언론이 아무리 독재를 미화한들 독재의 추악성을 덮을 수는 없다. 독재는 인간 존엄성의 파괴이며, 인류에 대한 범죄다.

허창수 신부와 사회적 시장경제

2009년에는 큰 별이 유난히 많이 떨어졌다. 노무현, 김대중 전 대통령만큼 잘 알려진 인물은 아니지만 허창수 신부도 그런 별 중 하나다. 허창수 신부(본명 헤르베르트 보타바)는 2009년 8월 26일 향년 68세를 일기로 선종했다. 독일 국적의 허창수 신부는 한국에 선교의 명을 받고 부임한 날이 하필이면 유신헌법 발표 하루 전인 1972년 10월 16일이었다. 거리의 탱크와 서슬 퍼런 군인들을 보고 충격을 받은 허창수 신부는 성주·왜관·구미·대구에서 노동사목 활동과 앰네스티 일을 하면서 유신독재에 맞섰고, 한국의 인권과 민주주의를 위해 헌신했다. 당시 전투경찰이 허신부가 있던 성당을 늘 포위하고 있었고, 각종 협박을 해왔다. 실제로 박정희 정권은 8명의 무고한 사람을 사형에 처한 인혁당 사건의 부당함에 항의하던 제임스 시노트 신부와 조지 오글 목사를 국외 추방했으니 허신부에 대한 협박도 빈말이 아니었다. 외국인이 왜 쓸데없이 한국 정치에 간섭하느냐는 경찰의 질문에 대해 허신부는 이렇게 대답했다. "내가 만일 길을 가다가 쓰러져 있는 한국인을 보면 내가 외국인이니 그를 못 본채 지나쳐야 합니까?"

허창수 신부는 구미가톨릭근로자문화센터를 만들었고, 한국 노동운동이 나아갈 길을 제시했다. 그것은 사회주의도 아니고, 자유방임 자본주의도 아닌, 말하자면 일종의 '제3의 길'이었다. 허신부가 생각한 이상적인 자본주의는 독일의 '사회적 시장경제'였다. 그것은 파쇼경제도, 스탈린식 사회주의 명령경제도 아닌, 시장경제를 지향하면서도 자유방임적 시장경제와는 다른 자본주의 모델로 2차대전 후 이른바 '라인강의 기적'을 일으킨 경제장관 에르하르트 밑에서 전성기를 맞았다.

여기서 시장경제 앞에 붙는 '사회적'이란 수식어가 중요한데, 그 의미는 국민경제의 운용을 영미형 국가에서 하듯이 그냥 시장에 방임하는 게 아니고, 기업간의 공정경쟁, 노사간 힘의 균형, 약자에 대한 배려를 위해 정부가 적절히 개입한다는 뜻이다. 2008년 미국발 금융위기가 결국 자유방임에서 온 걸 보면 사회적 시장경제가 더욱 돋보인다. 에르하르트는 일찍이 자유시장경제론의 대부 프리드리히 하이에크에게 "자유시장경제는 '사회적'으로 만들 필요가 있는 게 아니고, 태어날 때부터 '사회적'이다"고 일갈한 적이 있다. 그러나 '사회적 시장경제'는 어디까지나 자본주의체제이므로 현재 중국이 취하고 있는 '사회주의적 시장경제' 체제하고는 근본적으로 다르다.

허창수 신부는 한국에 와서 박정희 식의 관치경제, 재벌 위주의 불공정 경쟁, 억압적 노사관계, 방치되는 빈자들의 실상을 목격하고 사회적 시장경제 도입을 소리 높여 외쳤다. 그는 노사 대표들을 모아서 독일 연수단을 10여 회 조직했고, 노조 간부들을 대상으로 경제윤리 강좌를 꾸준히 열었다. 10여 년 전 필자는 허창수 신부의 요청을 받고 현대자동차 노조 간부들에게 경제윤리 강의를 하러 울산에 함께 갔었는데 그때도 허 신부는 건강이 썩 좋지 않았음에도 열정만은 대단했다. 그 선량한 눈빛, 조용하면서도 정열적인 목소리가 그립다. 진정으로 한국을 사랑했던 한국의 은인 허창수 신부를 우리는 오래오래 기억해야 한다.

허창수 신부 약력

1941. 2. 1 체코 프라하대교구 자이펜에서 출생
1962. 9. 17 오틸리엔 수도원에서 첫 서원
1968. 9. 1 사제서품
1972. 10. 한국 선교파견
1974. 8. 성주성당 보좌신부
1975. 4. 가천성당 주임신부(임시)
1976. 포교 성 베네딕도 수녀회 지도 신부
1976. 8. 대구가톨릭신학원 강사
1979~1985 구미 인동성당 주임신부
1985~1991 대구가톨릭신학원 원장
1985~2009 구미 노동사목 연구소장(구미가톨릭근로자문화센터)
1991~2002 국제앰네스티(국제사면위원회) 한국지부장
2009. 8. 26 선종

서울 중심주의와 세종시

한국의 수도권 집중은 다른 나라에서 유례를 찾기 어렵다. 이름난 유럽 도시의 인구는 대개 100만 명 미만인데, 서울은 1000만 명에다가 인근 경기도까지 합하면 2300만 명으로서 전국 인구의 48%가 수도권에 살고 있다. 세계적으로 수도권 집중이 심하기로 유명한 일본의 도쿄 인구가 전체의 33%이고, 유럽에서 수도권 집중이 심해서 '파리와 그 밖의 프랑스의 사막'이라는 자조적 표현을 갖고 있는 프랑스의 파리권 인구

는 19%에 불과하니 거기에 비하면 서울 집중은 명백히 과다하다.

정치·경제·문화·교육 등 모든 것이 서울에 집중되어 있고, 전국에서 제일 좋은 것은 서울에 있다고 해도 지나친 말이 아니다. 이러니 지방에 사는 절반의 인구는 자부심을 갖기 어렵다. 이것이 외국과의 큰 차이다. 외국에서는 지방 소도시에 살든 대도시에 살든 관계없이 자부심을 갖고 사는 데 비해 우리는 그렇지 못하다. 흔히 일본을 도쿄 1극집중체제라고 비판하지만 한국의 서울 1극집중체제는 일본을 훨씬 능가한다.

서울 집중이 1960년대 공업화 이후 심해진 것은 사실이지만 실은 이 문제는 오랜 역사적 뿌리를 갖고 있다. 그레고리 헨더슨의 명저 『소용돌이의 한국정치』를 보면 서울 집중은 이미 조선시대 500년을 통해 꾸준히 누적됐으며, 다른 나라에서 보기 힘든 특이한 현상이다. 서울은 거대한 '소용돌이'처럼 모든 것을 흡인하고 있었고 지방은 공백에 가까운 상태였다는 것이다.

1894년에 우리나라를 방문한 영국의 여류 지리학자 이사벨라 버드 비숍이 쓴 『조선과 그 이웃나라들』이란 여행기에는 서울 집중의 폐해가 생생히 묘사되고 있다. 비숍은 지방 관아를 세 군데 방문했는데, 공교롭게도 한 군데도 고을 수령을 만날 수 없었고 행방을 물어 보니 똑같이 서울 갔다는 대답을 얻었다. 지방 수령들은 백성들의 민생에는 무관심했고, 오로지 서울의 권세가에 아부하여 더 좋은 자리로 영전할 생각밖에 없었다. 심지어 어떤 수령은 부임하면서 딱 한 번 내려와 잔치를 벌이고, 백성들의 재물을 약탈한 뒤 다시는 코빼기조차 비치지 않았다고 하니 더 할 말이 없다. 관청은 청소를 안 해서 누추하기 짝이 없는데, 관리들은 장죽을 물고 하루 종일 노름을 하고 있었고, 하는 일이라고는 아침, 저녁으로 시간 알리는 북 치는 게 고작이었다.

오늘의 지방 정부를 생각하면 비숍의 관찰은 금석지감이 있으나 서울 집중은 그대로이고, 오히려 훨씬 더 심해졌다. 비숍은 당시 서울 인구가 20만 명이라고 쓰고 있는데, 현재 매년 수도권 순유입인구가 20만 명을 넘으니 100년간 서울 집중이 얼마나 심해졌는가. 폭우나 폭설이 오면 서울시 교통은 어김없이 마비상태에 빠져, 과밀의 비용을 잘 보여 준다. 최근 세계적 여행안내서 출판사인 론리 플래닛Lonely Planet이 뽑은 세계 최악의 도시에 서울이 3위에 올랐다. 이유는 서울이 '무질서하게 뻗은 도로, 옛 소련 스타일의 콘크리트 아파트, 끔찍한 대기오염, 영혼도 마음도 없는 지겨운 단조로움이 사람들을 알콜 중독으로 몰아가기' 때문이란다. 좀 과장이 있지만 우리로서는 아픈 데를 찔렀다고 본다.

몇 년 전 수도이전 문제로 온 나라가 벌집을 쑤신 듯 시끄러웠는데, 그때 헌법재판소가 제대로 된 결정을 했더라면 하는 아쉬움이 크다. 지금도 계속되는 수도권 집중으로 인한 비용과 모든 혼란은 사실 서울중심주의에 사로잡힌 헌법재판관들의 '관습헌법'이란 괴이한 결정이 빚어낸 것이다. 세상에 얼마나 논리가 궁하면 관습헌법이란 있지도 않은 헌법을 들이밀었을까. 우리나라 사법사상 최악의 판결이란 비판을 면키 어려울 것이다. 우리가 서울중심주의를 타파하지 않고는 서울도 지방도 서로 괴로울 뿐, 나라의 미래는 어둡다.

│ 강은 흐르고 싶다 │

민주화 이후 성립한 정부는 대개 적어도 서너 가지 정도의 업적은 내세울 게 있다. 김영삼 정부는 군부 내 하나회 청산으로 쿠데타 위험을 제거한 것, 금융실명제 전격 실시, 과거사 청산과 전두환·노태우 전 대통령을 법의 심판대에 세운 것 등이 생각난다. 김대중 정부는 남북화해, 환란 극복, 의약분업, 의료보험 통합 등의 업적이 있다. 노무현 정부는 권위주의 청산, 선거혁명으로 돈 안 드는 선거를 가능케 한 것, 지방 중시와 균형발전, 남북화해 등을 들 수 있다.

이명박 정부의 업적이라면 무엇이 있을까? 그런데 아무리 생각해봐도 업적으로 내세울 만한 게 별로 떠오르지 않는다. 이명박 대통령 본인은 기가 막힐 것이다. 그 자신이 평생을 열심히 살아온 부지런한 사람이고, '월화수목금금금'이란 말을 만들어낼 정도로 주말에도 쉬지 않고 열심히 일한 정부였는데 왜 이렇게 업적이 없을까? 이걸 보면 역시 정부의 업적은 부지런함에서 오는 게 아니고 올바른 방향감각에서 온다는 것을 알 수 있다. 간디가 말했듯이 방향이 틀리면 속도는 무의미하다.

이명박 정부의 업적으로 억지로 생각해줄 만한 후보로는 4대강 사업이 있긴 한데 이게 도대체 업적이 될지 실정이 될지 모르겠다. 이명박 정부가 가장 역점에 둔 사업이었던 4대강 사업조차 업적으로 보기에는 문제가 너무 많다. 이명박 대통령 임기 끝인 2012년 준공을 목표로 정부는 물불을 가리지 않고 공사를 추진했다. 22조 원이 넘는 예산이 들어가는 대규모 사업을 예비타당성 조사, 환경영향평가, 문화재 조사 등 충분한 검토 없이 졸속으로 추진했다. 3면이 바다로 둘러싸인 나라에서 한반도 대운하라는 황당무계한 공약을 2007년 대선에서 내걸더니 각계의 반대가 거세지자 결국 대통령이 되고 난 뒤에 대운하를 포기하고 홍수방지 사업이라며 4대강 사업으로 전환했다. 문제는 이것이 대운하 사업의 전초였다는 의혹이 있다는 사실이다. 그렇다면 이건 조삼모사인데, 국민은 원숭이가 아니다.

4대강 사업의 목적으로 정부가 내건 것은 물 확보, 홍수 방지, 수질 개선, 경관 개선 등이었다. 그러나 어느 것 하나 설득력이 없다. 사업 내용의 중심은 퇴적토 준설과 16개 보의 설치였다. 보를 쌓으니 강은 더 이상 강이 아니고 거대한 호소湖沼가 됐다. 고인 물이 썩는다는 것은 삼척동자도 안다. 보가 8개 설치된 낙동강은 유속이 8배나 느려졌다. 결국 여름에는 '녹조 라떼'라고 불린 심각한 녹조 현상까지 발생했다.

4대강 사업은 홍수 방지에도 도움이 안 됐다. 본래 홍수가 나는 곳은 4대강이 아니고, 지천이다. 물 부족 해소도 하지 못했다. 물 부족이 심각한 곳은 4대강 주변이 아니라 강원도 산골짜기 같은 곳이다. 지방경제에도 큰 혜택이 없었다. 지방에 소재하는 중소건설회사들에게 일감이 떨어지지 않고, 주로 서울 소재 대형건설회사가 집중적으로 이득을 봤다. 산천의 경관이 좋아진다고 주장했지만, 모래톱과 여울이 어울린 자연의 강과 시멘트를 들이부은 인공 수로, 어느 쪽이 아름다운가?

외국에서도 과거 강에 인위적 정비사업을 벌였던 곳을 자연의 강으로 되돌려놓는 사례가 많다. 독일의 이자르강, 스위스의 투어강 등이 좋은 예다. 미국 환경경제학의 대가인 존 번 교수가 지적하듯이 미국에서도 1930년대 콜로라도강 정비사업을 벌였다가 환경파괴를 가져온 끝에 복원사업을 지금까지 계속하고 있다.

19세기말 최고의 경제학자 알프레드 마셜의 『경제학원리』 첫 페이지에는 "자연에는 비약이 없다Natura non facit saltum"라는 말이 씌어 있다. 인간에 의한 자연개조는 용기가 아니라 오만이다. 강은 말없이 흐른다. 흐르는 물은 앞을 다투지 않는데流水不爭先, 사람들의 욕심과 조급증이 자연을 파괴한다. 국고를 낭비하고 자연을 파괴한 4대강 사업의 실체를 철저히 규명해야 한다. 우리가 과거 공업화 시절에 청계천 고가도로를 건설했다가 다 부수지 않았던가. 언제 4대강을 다시 자연의 강으로 돌리는 작업을 해야 하는 날이 올지 모른다.

지방재정위기와 연성예산제약

세계의 이목을 집중시키던 그리스, 스페인 등 소위 피그스PIGS 국가들의 재정적자 문제가 알고 보니 강 건너 불이 아니다. 지금까지 한국의 재정은 국제적으로 비교할 때 상당히 건전한 것으로 알려져 왔다. 국가

부채가 국내총생산의 35% 수준이니 OECD 평균 75%에 비하면 상대적으로 양호한 것이 사실이다. 그러나 우리나라의 재정은 속병을 앓고 있다는 사실이 조금씩 드러나고 있다.

2010년 성남시가 지급유예를 선언하면서 이 문제가 불거졌지만 실은 성남시보다 더 열악한 재정 상태인 지방정부가 많다. 지방정부의 재정자립도는 최근 52% 수준으로 떨어졌고, 심지어 공무원들 봉급 주기가 벅찬 허약한 지방정부도 적지 않다. 재정적자의 근본 원인은 이명박 정부의 무리한 부자감세·4대강 개발사업이고, 종부세 무력화로 인한 지방교부금 축소도 큰 요인이다. 경제위기를 극복한답시고 대통령이 지방정부의 재정 조기집행을 독려한 것도 적자 누적에 일조했다. 지방정부들이 다투어 호화 청사를 짓고 명목뿐인 각종 축제를 벌인 것도 비난받아 마땅하다.

외국에도 지방재정이 파산한 곳이 적지 않다. 한때 '유바리 국제판타스틱영화제'로 이름을 날린 일본 홋카이도의 유바리시는 탄광도시에서 관광도시로 변신하기 위해 리조트에 대규모 투자를 하는 등 재정을 방만하게 운용하다가 2006년 결국 파산하고 말았다. 그 뒤 버스요금이 400엔에서 1200엔으로 오르고, 학교가 통폐합되고 공공도서관이 문을 닫았다. 파산 당시 12만 명이던 유바리시 인구는 1만 명으로 줄었다.

미국 캘리포니아주는 한때 살기 좋은 곳의 대명사였으나 지금은 재정위기에 빠져 교육, 보건에 대한 지출을 줄이고 심지어 교도소 수감자들을 조기 석방하는 지경에 이르고 있다. 캘리포니아와 비슷한 재정위기를 겪고 있는 주가 일리노이·플로리다 등 9개나 더 있고, 이들 주의 주민 숫자가 미국 인구의 1/3이 되니 미국의 지방재정은 전체적으로 위기 상황이라고 해도 과언이 아니다.

수입에 맞춰 지출을 하는 가계와 달리 정부는 수입 이상의 지출을 해도 당장은 별 문제가 없다. 채권 발행으로 지출을 충당할 수 있고, 부채가 누적되면 장차 후손들이 세금을 내서 갚을 것이란 최후의 기댈 언덕이 있으니 정부의 재정운용에는 긴장감이 없다. 이는 과거 사회주의 하에서 기업 적자를 중앙정부가 메워주던 구조를 연상시킨다. 이를 가리켜 헝가리 출신의 경제학자 야노스 코르나이Janos Kornai는 연성예산제약soft budget constraint이라 이름 붙이고, 자본주의 기업의 경성예산제약과 대비시켰다. 연성예산제약은 방만한 기업운용을 가져와 결국 사회주의 몰락의 원인이 되었는데, 지금 우리나라와 각국 지방정부의 재정위기 상황을 보면 연성예산제약이 비단 사회주의만의 문제가 아님을 알 수 있다. 이 문제의 해결은 결국 감세 철회, 불요불급한 지출의 억제, 감시 강화, 국세의 지방세 전환 등이 될 수밖에 없다.

부자감세

1920년부터 12년간 공화당 대통령—하딩, 쿨리지, 후버—밑에서 계속 재무장관을 맡았던 재벌 앤드루 멜론은 감세를 좋아했다. 1923년 최하위 소득 집단의 세율을 4%에서 3%로, 최상위 소득 계층은 50%에서 25%로 인하하는 법안을 의회에 제출했다. 매사추세츠주 출신 하원의원 윌리엄 코너리는 의회에서 이렇게 연설했다. "멜론 자신은 소득세 80만 달러를 경감받고, 그의 동생 리차드 멜론은 60만 달러를 경감받게 되는 법안을 나는 지지할 수 없습니다." 그러나 야당의 반대를 무릅쓰고 멜론의 감세법안은 의회를 통과했고 미국의 소득분배는 악화일로를 걸었다.

미국 소득분배에서 최상위 10%의 소득몫은 보통 35% 정도인데, 이 값이 50%로 커져 빈부격차가 최악의 상태에 도달한 적이 두 차례 있었는데 1920년대 말과 2008년이다. 두 차례 다 공화당 정권의 부자감세와 친기업정책이 원인이다. 빈부격차가 사상최대로 벌어진 뒤 경제공황이 닥친 것도 두 시기의 공통점이다. 그리고 대통령 선거와 의회 선거에서 공화당이 국민의 가차없는 심판을 받고 민주당으로 정권이 넘어간 것도 공통점이다.

오바마 대통령은 2010년 말 종료되는 부시의 감세를 중산층 이하만 연장할 계획을 갖고 있었고, 공화당은 부유층까지 포함할 것을 주장하여 첨예하게 대립되고 있던 중 뜻밖의 일이 벌어졌다. 연간 100만 달러 이상 고소득자 45명이 자신들에 대한 감세 연장을 반대하고 나선 것이다. 부자감세는 재정 적자를 가져올 뿐아니라 다른 납세자들의 부담을 늘린다는 이유였다. 세상에 세금 내기 좋아하는 사람은 없는 줄 알았는데 미국 부자들 중에는 특이한 사람들이 다 있다.

임기 말에 결국 야당의 반대에 직면해서 철회하기는 했지만 한국의 이명박 대통령도 임기 내내 감세를 좋아해서 정책을 밀어붙였다. 이명박 정부가 추진한 소득세, 법인세 감세는 '작은 정부'와 감세는 무조건 옳다고 보는 맹목적 사고방식이 낳은 작품이다. 잘못된 이념이 나쁜 결과를 가져옴을 보여주는 대표적 사례가 부자감세일 것이다. 이명박 정부가 추진해온 부자감세 때문에 매년 20조 원 가까운 세수 감소가 발생했다. 게다가 4대강 사업이라는 단군 이래 최대의 낭비적 사업에 총 22조 원의 예산을 투입하고, 2008년 세계 경제위기 이후 정부의 재정지출을 확장 기조로 가져가는 바람에 국가부채가 3년간 309조 원에서 392조 원으로 급증했다.

반면 감세 효과는 미미했다. 한국의 법인세는 국제적으로 높은 편이 아니고, 다국적기업이 투자를 고려할 때 각국이 부과하는 법인세는 그리 중요한 요인이 아니므로 법인세 인하로 외국자본을 유치하는 효과는 별로 없다. 결국 법인세 감세로 국내 대기업들만 큰 이익을 보아 즐거운 비명을 지르고 있는 반면 중소기업들은 죽을 지경이었다.

사실 이명박 대통령에겐 반면교사가 있었다. 레이건 정부다. 미국에서 소위 '쌍둥이 적자(재정적자와 무역적자)'를 만들고 키운 것이 바로 레이건 정부다. 레이건의 감세는 당시 보수적 경제학자 아서 래퍼Arthur Laffer가 주장했던 소위 '래퍼곡선'에 기반을 두고 있었다. 래퍼는 당시 미국의 세율은 너무 높아 노동과 저축을 저해하고 있으므로 감세를 하면 노동, 저축, 경제활동의 인센티브가 높아져서 경제성장도 촉진되고 세수도 오히려 더 많이 걷힌다고 주장했다. 1974년 아서 래퍼가 이 가설을 워싱턴의 식당에서 어느 국회의원에게 설명하고 있었는데, 마침

옆에 종이가 없어서 식탁 위의 종이 냅킨에 그림을 그려 설명했다는 에피소드가 전해지고 있다.

레이건의 감세는 부자들의 소득이 먼저 올라가면 나중에는 가난한 사람들에게도 혜택이 돌아간다는 소위 낙수trickle-down효과와 래퍼곡선에 바탕을 두고 추진되었는데, 결과는 전혀 빗나갔다. 낙수효과는 없이 부자들만 크게 득을 봐서 빈부격차는 커졌고, 경제 회복에도 실패했다. 래퍼의 주장이 옳다면 세율을 낮춰줌으로써 세수총액이 오히려 늘어나야 하는데, 실제로는 세수가 감소했다. 말하자면 미국의 당시 상태가 역U자 모양인 래퍼곡선의 맨 꼭대기보다 오른쪽에 위치하고 있었던 것이 아니고 왼쪽에 위치하고 있었다는 뜻이다(역U자 모양의 래퍼곡선의 꼭대기보다 왼쪽 영역에서는 세율을 낮추면 세수가 감소하고 래퍼곡선의 꼭대기보다 오른쪽 영역에서는 세율을 낮추면 세수가 증대한다). 그렇다면 래퍼도 틀렸고, 레이건 정부도 헛다리를 짚은 셈이다.

레이거노믹스는 부자감세와 '공급측의 경제학supply-side economics'이 핵심이다. 공급측의 경제학이라 함은 과거 케인즈경제학이 수요측의 요인(투자, 정부지출, 소비 등)을 강조한 데 반해 레이건 정부의 경제철학은 세금을 줄이고, 규제를 완화함으로써 사람들이 더 저축하고, 더 열심히 일하려는 태도를 촉발시켜 경제를 살린다는 철학이기 때문이다. 요컨대 저축공급, 노동공급, 기업가정신의 공급을 늘여 경제를 활성화하려는 것이기 때문에 수요를 강조하는 케인즈경제학과 대비시켜 공급측의 경제학이라 불리게 됐다.

그러나 결론적으로 말하면 부자감세와 공급측의 경제학은 실패였다.

세수는 감소한 반면 정부 지출을 제어하지 않았기 때문에 막대한 재정 적자가 발생했고 국가부채가 급증했다. 레이건 집권 전 200년간 누적된 미국의 국가부채가 1조 달러였는데, 레이건 집권 후 4년 만에 1조 8000억 달러로 거의 두 배가 되었으니 레이건 감세 정책의 폐해가 얼마나 컸는지 알 수 있다. 최근 미국경제를 괴롭히는 쌍둥이적자twin deficits, 즉 무역적자와 재정적자는 레이건 집권 8년 동안에 급속히 형성된 것이다. 소위 레이거노믹스 덕분에 미국경제가 다소 회복한 것으로 잘못 알고 있는 사람이 더러 있는데 그것은 전혀 사실이 아니다.

레이건의 부자감세 정책은 결국 내부에서 반발을 불러왔다. 오죽했으면 레이건 감세 정책의 책임자로 활약했던 30대 중반의 예산관리청장 데이비드 스톡먼David Stockman이 4년 뒤 레이건의 감세 정책에 항의하며 사임까지 했겠는가. 그는 재임중 언론과의 인터뷰에서 예산관리청에서 일하는 사람들이 항상 숫자를 갖고 이야기하지만 그 의미를 아는 사람은 아무도 없다고 솔직히 실토하기도 했다. 그는 레이건의 감세정책을 '트로이의 목마Troyan Horse'에 비유하기도 했다. 무슨 말이냐 하면 감세를 통해 경제를 살린다 운운 하지만 그것은 모두 위장전술일 뿐이고 실제로는 딱 까놓고 이야기해서 부자들 세금 줄여주는 것이 본질이란 뜻이다.

미국의 감세는 1920년대, 1980년대, 2000년대 세 차례 모두 공화당 대통령에 의해 추진되었으나 모두 실패로 끝났고 경제에 엄청난 부정적 영향을 미쳤다. 그 여파로 미국 국민뿐만 아니라 전세계가 고생을 하게 됐다. 이런 역사가 엄연함에도 실패할 게 뻔한 정책을 임기 내내

고집한 이명박 정부 밑에서 살아야 했던 우리 국민은 울어야 하나, 웃어야 하나.

남북한의 화폐개혁과 '물자부족 경제'

북한이 2009년 11월 30일 단행한 화폐개혁이 큰 경제혼란을 가져온 것으로 보도되었다. 이 화폐개혁은 해방후 북한이 실시한 다섯 번째 화폐개혁이었다. 이 화폐개혁에서 신권과 구권의 교환비율은 100:1로 되어 있었는데, 이런 것을 화폐 호칭변경re-denomination이라고 한다. 구권 화폐를 가져오는 대로 몽땅 신권으로 교환해주는 경우에는 국민들은 큰 불만이 없다. 상품 가격이 일제히 달라지기 때문에 생활에 일시적 불편과 혼란이 있긴 하지만 그런대로 참을 만하다.

이것과 다른 방식의 화폐개혁도 있다. 화폐의 호칭변경과 더불어 신구권 교환에 상한선을 두어 제한하는 경우가 이에 해당한다. 과거에 소련·서독 등 여러 나라가 이런 방식을 취했고, 우리나라가 해방후 취한 두 차례의 화폐개혁도 이 방식을 취했다. 이 방식은 보유 현금이 얼마 안 되는 서민들에게는 직접 피해가 없지만 부자들이 소유한 고액 현금, 예금에 대한 교환이 일부 정지되므로 부의 재분배효과가 나타난다. 그리고 시중의 통화량을 일부 회수하여 인플레이션 압력을 줄이는 효과와 더불어 퇴장되어 있던 일부 자금을 경제개발 용도로 전환하는 효과를 기대할 수 있다.

이번 북한의 화폐개혁도 신구권 교환에 상한선을 두었다. 당초 상한선은 세대당 10만 원이었으나 주민들의 불만이 터져 나오는 바람에 상한선을 최고 50만 원으로 상향조정했다는 설도 있다. 북한에서는 화폐개혁 이후 물가가 폭등하고 쌀과 생필품이 품귀현상을 보인다는 보도가 나왔다. 쌀값은 화폐개혁 이후 무려 50~60배 가격이 올랐다고 한다.

왜 이렇게 물가가 폭등했을까? 이유는 두 가지다. 첫째, 화폐의 호칭을 100:1로 변경하면서 노동자들에게는 받던 임금을 그대로 지불했다는데, 이는 100배의 통화증발과 비슷하므로 물가 앙등이 불가피하다. 둘째, 신구권 교환에 상한을 두는 경우, 고액 현금 소유자는 수단방법을 가리지 않고 현금을 처분·양도하려 할 것이므로 광범한 환물換物 풍조가 일어나 물가 앙등을 더욱 부추기게 된다. 이런 이유로 화폐개혁을 할 때는 충분한 물자를 비축하여 인플레이션을 대비하지 않으면 안 된다.

그러나 북한은 오랫동안 사회주의체제를 고수해왔고, 사회주의체제는 물자공급이 부족한 것이 특징이다. 헝가리 출신의 경제학자 야노스 코르나이Janos Kornai는 사회주의 계획경제는 수요, 공급의 원리에 따라 움직이는 시장경제와 달리 만성적 물자부족에 시달린다는 이론을 제시했다. 사회주의에서는 계획당국은 가격 인상으로 인한 민중의 고통을 줄여주고 거기서 발생할 정치적 반발을 피하기 위해 가격 인상을 극도로 기피했다. 그래서 장기간 고정가격이 되는 경향이 있다. 그래서 자본주의에서는 항상 인플레이션이 일어나는 데 반해 사회주의에서는 장기간 물가안정이 이루어진다는 차이가 있다.

과거 중국을 방문한 관광객들이 식당에서 몇 년 전 쓰던 메뉴판이 그대로 벽에 붙어 있는 것을 보고 감탄하기도 했는데, 그만큼 사회주의에서는 명목적 가격인상은 드물다. 그렇다고 인플레이션이 없는 것은 아니다. 사회주의의 인플레이션은 명목적 가격인상으로 나타나는 게 아니고 다른 형태로 나타난다. 그것은 물자의 부족, 그리고 물건을 사기위해 사람들이 길게 줄을 서서 기다려야 하는 고통으로 나타난다. 소비재에 대한 만성적 초과수요가 가격 인상으로 나타나지 않고 긴 행렬로나타난 것이다.

과거 소련에서는 사람들이 길을 가다가 물건을 사려는 긴 행렬이 있으면 무슨 물건인지도 모른 채 일단 줄부터 서고 난 뒤에 무슨 물건을 파는지 물어보는 게 좋다는 농담이 있을 정도였다. 이처럼 사회주의에서는 인플레이션이 가격 인상이 아니라 물자부족의 형태로 나타났다. 이를 소련형 인플레이션Soviet inflation, 혹은 억압형 인플레이션Repressed inflation이라 불렀다. 명목상 물가는 오르지 않지만 다른 형태로 소비자를 괴롭히는 인플레이션이다. 가격 인상으로 인한 자본주의형 인플레이션과 물가는 오르지 않지만 속으로 고통을 당하는 사회주의형 인플레이션, 둘 중 어느 것이 더 고통스러운지는 말하기 어렵다. 코르나이에의하면 이런 이유로 사회주의 경제를 곧 '물자부족 경제shortage economy'라고 정의했다. 그렇다면 북한은 원래 '물자부족 경제'인 데다가 화폐개혁에서 신구권 교환에 상한을 둠으로써 결정적으로 인플레이션을 촉발시켰는데, 이는 마른 섶에 불을 던진 격이다. 화폐개혁에는 철저한 준비가 필요하다는 교훈을 일깨워주는 사건이 아닐 수 없다.

그런데 실패로 돌아간 2009년 북한의 화폐개혁은 남한의 1962년 화폐개혁과 비슷한 면이 있다. 5·16 군사정변 후 설치된 최고 권력기구이던 국가재건최고회의는 1962년 6월 10일 0시를 기해 화폐개혁을 단행했다. 구권 10환을 신권 1원으로 호칭변경하면서 1년 미만짜리 단기예금의 일부에 대해 지불을 정지하는 봉쇄조치를 취했다. 새 화폐의 주조는 영국의 조폐사 토머스 데 라루에 몰래 맡겼고, 부산항에 도착한 신권은 폭발물이라고 속여서 사람들의 접근을 막았다.

화폐개혁은 원래 1961년 7월 최고회의 재경위원이던 유원식이 박정희에게 제안하여 추진됐는데, 모든 과정이 철저히 비밀로 진행돼서 심지어 한국은행 총재 민병도, 당시 최고회의 재경분과위원장 김동하조차 전혀 모르고 있었다. 민병도는 1962년 6월 9일 저녁 7시 30분 최고회의에 참석해서 유원식의 발표를 듣고 처음으로 화폐개혁 사실을 알게 된다. 그는 나중에 회고록에서 이렇게 썼다. "나는 마치 쇠망치로 뒤통수를 크게 얻어맞은 기분이었다. (…) 나는 무척 기분이 나빴다. 나쁜 정도가 아니었다. 화가 났다."

더 화를 낸 쪽은 미국이었다. 미국은 건국 후 한 번도 화폐개혁을 한 적이 없는데, 화폐개혁 자체를 사회주의적인 것으로 보는 경향이 있다. 미국은 원조공여국인 자신에게 한국이 아무런 사전 통보나 협의 없이 화폐개혁을 비밀리에 추진한 데 대해서 크게 화를 냈다. 특히 일부 예금을 봉쇄한 데 대해 강력 항의하면서 원조를 중단하겠다고 협박했다.

결국 박정희가 굴복해서 봉쇄계정을 해제함으로써 원래 (지하) 퇴장자금을 끌어내 산업개발에 이용하겠다는 화폐개혁의 주요 목표는 희미해졌고, 결국은 실패로 끝났다. 화폐개혁의 입안자 유원식은 최고회의 재경위원직을 사임하고 권력의 뒤안으로 사라졌다. 훗날 그는 회고록에서 박정희가 미국의 압력·회유에 굴복해서 자신에게 한마디 상의도 없이 봉쇄계정을 해제해서 화폐개혁을 무용지물로 만들었고 대미의존적 종속경제로 전환했다고 비판했다.

유원식은 누구인가? 그는 일제시대 아나키스트이자 독립운동가였던 단주旦洲 유림柳林(1894~1961)의 외아들이다. 독립운동을 하다가 여러 차례 옥고를 치른 유림은 외아들이 일본군 장교가 됐다는 이유로 부자간 인연을 끊고 아예 얼굴도 보려고 하지 않았다. 그리고 사위가 이승만 정권의 고위 경찰이라는 이유로 사위는 물론, 외동딸과도 인연을 끊고 지냈다. "그대 있어 대한민국이 무겁더니 그대 떠나니 대한민국이 비었구나君在大韓重 君去大韓空." 1961년 4월 7일 서울시청 광장에서 거행된 단주 유림 선생 사회장 당시, 장례위원장인 독립운동가 심산 김창숙의 추도사 한 구절이다. 유원식은 5·16 쿠데타 직전 당시 윤보선 대통령을 찾아가 쿠데타 계획에 대해 미리 약간의 귀띔을 해주었다고 한다. 5·16이 일어나자 윤보선 대통령의 첫 반응이 '올 것이 왔다'는 말이어서 당시 민주당 정권 내부에서 대통령과 반목이 심하던 장면 정권이 망하는걸 바라고 있었던 게 아닌가 하는 오해를 받기도 했다.

최고회의의 진시황이란 별명을 갖고 있던 유원식도 화폐개혁 실패로 하루아침에 권력을 잃었고, 북한 노동당 계획재정부장 박남기도 화폐개혁 실패 후 사임하고, 심지어 총살설까지 나도니 화폐개혁은 참으로 만만히 봐서는 안 되는 어려운 작업임에 틀림없다. 화폐개혁은 권력자의 무덤인가.

통일비용과 북한 퍼주기 논란

OECD가 발표한 『2010년 한국경제 보고서』에는 남북한 경제격차 분석이 들어 있어서 우리의 눈길을 끈다. 2008년 현재 북한 인구는 2330만 명으로 우리의 절반쯤이지만 국내총생산GDP은 2.7%(247억 달러), 1인당 GDP는 5.6%(1060달러)에 불과하다. 북한 경제의 어려움은 도를 넘고 있다. 이 보고서는 남북한 경제격차의 확대는 장차 통일비용의 증가를 의미하므로 남북한 교역 확대를 통해서 격차를 축소할 것을 권고하고 있다.

통일비용이란 무엇인가? 남북한이 언젠가는 통일을 한다고 가정하고, 남북한의 1인당 소득을 같은 수준으로 만드는 데 필요한 금액을 통일비용이라고 정의하는 것이 통상적 방법이다. 이것은 꼭 과학적인 개념은 아니지만 편리한 개념이기는 하다. 이 개념을 따를 때 우리의 통일비용은 얼마일까? 2003년 세계 3대 신용평가회사 중 하나인 영국 피치Fitch는 한국의 통일비용이 2000억~5000억 달러에 이를 것이라 발표했고, 얼마 전 스탠퍼드대학 피터 벡Peter Beck 연구원은 무려 2~5조 달러라고 주장했다.

어쨌든 남북한 사이에 현재와 같이 20:1의 소득격차가 존재한다는 것은 우리가 장차 엄청나게 큰 통일비용을 부담해야 함을 의미한다. 1989년 독일 통일 당시에 서독과 동독의 인구 비율은 4:1이었고, 1인당 소득에서는 동독이 서독의 약 40%였다. 우리의 경우에는 남북한 간 인구 비율이 2:1이고, 1인당 소득은 20:1이니 독일에 비해 소득격차도 더 크고, 부양할 인구도 더 많다는 것을 알 수 있다. 독일과 비교할 때 우리의 통일비용은 훨씬 클 수밖에 없다. 그렇다면 통일을 안 하면 될 것 아니냐고 하는 약삭빠른 사람이 나올 수도 있는데, 그런 반통일적 사고방식을 가진 국민은 다행히 많지는 않다. 그리고 통일을 안 하면 안 하는 대로 국방비 등 분단비용이 만만찮게 든다는 사실도 알아야 한다.

흔히 보수언론과 새누리당은 김대중, 노무현 정부 10년 동안 북한에 퍼주기를 했다고 입버릇처럼 비난한다. 10년간 북한에 지원한 액수는 2조8000억 원이니 연 2800억 원 수준이고 이는 우리의 국내총생산 연 1000조 원에 비교하면 1000분의 1이 채 되지 않는다. 교회에서는 십일조라 해서 소득의 10분의 1을 기부하기를 장려하고 있는데 1000분의 1을 보태준 것을 퍼주기라고 한다면 이는 너무 악의적 중상모략이다.

북한의 굶주리는 아이들에 대한 최소한의 인도주의적 고려를 하더라도 그렇고, 단순히 경제적 측면만 보더라도 비료나 쌀에서 우리가 겪는 공급과잉, 가격 폭락 문제를 부분적으로 해결하는 부수적 효과도 있다.

더구나 북한 지원과 교역 확대는 남북한의 경제격차를 축소하여 궁극적으로 통일비용을 줄인다는 사실을 고려하면 퍼주기란 주장은 어불성설이다.

통일 전 서독이 동독에 지원한 액수는 우리보다 16배 많았다. 서독의 정권이 동방정책을 열심히 추진하던 사민당 정권에서 보수적인 기민당으로 바뀌었을 때 많은 사람들은 동방정책 후퇴를 염려했다. 그러나 콜 총리는 현명하게도 동방정책을 꾸준히 계승, 발전시켜 결국 독일 통일을 완수했다는 평가를 받는다. 모처럼 회복되어 가던 남북관계를 다시 파탄으로 몰고 가서 대결국면으로 바꾸어놓은 새누리당은 과연 무엇이 민족의 이익인지를 재고할 필요가 있고, 독일 기민당 콜 정부의 족적을 참고하는 것이 좋을 것이다.

최근 박근혜 대통령은 기회 있을 때마다 '통일대박'이란 말을 하고 다닌다. 과거 보수파에서는 북한을 조금 도와주기만 해도 '북한 퍼주기'라고 공격했고, 통일이 되면 엄청난 통일비용이 발생한다고 떠들고 다녔던 것과 비교하면 크게 진일보한 인식임에 틀림없다. 이런 인식 변화는 그 자체 바람직한 것이고, 그것이 앞으로 대북한 정책에도 반영되어 나타나기를 바란다. 다만 한 가지 '통일대박'이란 표현 자체가 너무 천박하고, 마치 돈벌이를 위해서 통일을 하자는 본말이 전도된 느낌, 물신숭배적 느낌이 있어서 예를 들면 '통일대운大運'이나 다른 좀 점잖은 표현을 썼으면 좋겠다는 생각이 든다.

제2장

부동산, 재벌, 미시경제

| 토지 문제에 정의는 없는가? |

2008년 11월 13일 헌법재판소는 종합부동산세에 대해 부동산의 세대별 합산은 위헌이며, 조세부담 능력이 낮은 1가구 1주택 장기보유자에 대해서는 보완이 필요하다는 결정을 내렸다. 헌재가 종부세의 입법 취지를 인정하고, 원본을 잠식할 만큼 과중하지도 않고, 2중과세도 아니며, 국세 형식으로 거두는 것도 문제가 없다고 하면서도 정작 핵심인 세대별 합산 문제에 대해 7:2로 위헌 결정을 내림으로써 종부세는 사실상 명을 다하고 말았다.

원래 소득세에서 부부합산 과세가 옳으냐, 부부별산 과세가 옳으냐 하는 것은 경제학에서 정답이 없는 것으로 유명한 문제다. 비례세인 경우에는 합산이든 별산이든 결과가 같으니 문제가 되지 않는데, 문제는 누진세의 경우다. 합산을 하면 합산을 하는 대로 불합리가 있고, 별산을 하면 또 그 나름의 불합리가 있어서 어느 쪽이 옳은지 알 수 없다는 것이 지금까지 경제학에서 내린 결론이다. 그런데 왜 헌재는 한쪽을 정답이라고 하고, 다른 쪽은 위헌이라는 딱지를 붙이는 것인지 도저히 납득할 수 없다.

그리고 주택은 다른 상품과 달리 소비주체가 가족이지 개인이 아니다. 주택 구입은 개인이 옷을 사는 것과는 다르다. 종부세에서 부동산의 기본 보유단위를 개인이 아니라 가족으로 본 것은 타당하다고 판단된다. 더구나 지금까지 가족 명의로 소유를 분산하는 방식으로 각종 부동산 투기가 극성을 부려왔다는 것이 국민들의 상식이다. 그런데도 가족 합산에 위헌 결정을 한 것은 투기의 빗장을 활짝 열어준 것과 마찬가지다.

또한 정부의 법률이나 제도 중에는 부부합산이 많다. 예컨대 정부는 국민기초생활보장 대상자를 선정할 때 본인 이외에 배우자와 부양의무자의 소득·재산까지 샅샅이 조사해서 정말로 딱한 경우조차 가차 없이 배제하고 있는데, 이것은 가족합산이 아니고 무엇이냐.

고대 로마공화국 시대 호민관 그라쿠스 형제는 지독한 토지불평등 문제를 해결하려다가 귀족들의 미움을 사서 무참히 죽임을 당했다. 조선 시대 역시 토지문제가 심각하여 이를 개혁하려던 조광조는 훈구파의 모함을 받아 사약을 받고 죽었다. 토지 문제에서 정의란 애당초 없는 것인가? 왜 없겠는가. 정의가 없는 게 아니고, 기득권층이 애써 눈을 감으니 안 보일 뿐이다. 문제는 정의감과 개혁의지다. 1970년 11월 13일에는 오래전 스물두 살의 전태일이 근로기준법을 지키라고 외치며

몸을 불살랐다. 법이 정의를 외면하면 가난하고 힘없는 사람은 뭘 믿고
살아가나.

누구를 위한 재개발인가?

1987년 베를린에서 열린 국제주거연맹Habitat International Coalition 총회에
서는 한국과 남아공을 가리켜 '세계에서 가장 폭력적으로 재개발을 하
는 나라'라는 성명을 발표했다. 개발과 성장으로 이름을 날리던 한국이
부끄러워진 순간이다. 당시는 불량주택 합동재개발에서 용역업체의 폭
력이 난무하던 시절이다. 재개발지역에서 철거폭력이 빈발하여 한두명
씩 사망하는 사건이 끊이지를 않았다. 그러나 2009년 1월 20일 용산처
럼 6명이 한꺼번에 목숨을 잃은 대참사는 처음이다.

1977년 4월 광주 무등산에서 움막을 짓고 살던 21세 청년 박흥숙은
철거반원들이 들이닥쳐 막무가내로 자기 집을 철거할 뿐아니라 불까
지 지르는 것을 보고 순간적으로 격분하여 철거반원을 네 명이나 살해
한 끝에 형장의 이슬로 사라지고 말았다. 그는 일기에 "60일 동안 굶주
려가면서 무등산에 집을 지었다. 흩어져 살았던 가족들과 함께 살고 싶
었고, 나는 이 집을 어머니께 선물로 바쳤다"고 썼다. 정부당국은 그를
'무등산 타잔', 이상 성격의 소유자로 몰고 갔으나 실은 그는 가난 탓
에 초등학교밖에 안 나왔지만 열심히 살아가던 성실한 청년이었다. 보

통 사람이 한순간에 살인을 저지르게 될 만큼 개발독재 시절의 재개발 정책은 난폭하고 야만적이었다.

30년이 지난 지금은 어떤가? 별로 개선된 건 없고 땅값 폭등으로 개발이익은 엄청나게 커져 문제는 더 심각해졌다. 이명박 전 서울시장 재임 4년 동안 뉴타운이란 이름으로 재개발한 면적이 이전 30년간 재개발 면적의 두 배나 된다. 오직 개발, 재개발로 질주하는 세상에서 인간의 생존권은 뒷전이고, 약자의 목소리는 들리지 않는다. 용산 재개발로 고층 건물이 들어서면 지주들과 개발업자들은 천문학적 개발이익을 누리고, 시장과 구청장은 화려한 도시의 외형을 자기 업적인 양 자랑하겠지만 그 뒤안길에는 생존마저 위협받는 세입자, 영세상인들의 고통이 있다. 인간을 무시하는 개발, 재개발이 과연 무슨 의미를 갖는가?

코펜하겐에는 300년 전 지은 시청보다 더 높은 건물을 지어서는 안된다는 조례가 있어서 인간적 도시, 걷고 싶은 거리가 유지되고 있다. 이 도시를 보려는 관광객의 발길이 끊이지 않는다. 우리가 도시 재개발 철학을 근본적으로 재고하고 피해자에 대한 공정한 보상방법을 강구하지 않는 한 오늘은 용산이지만 내일은 어디가 될지 모른다. 박흥숙은 일기에서 "정들었던 나의 보금자리, 정들었던 나의 움막…… 약자에겐 한없이 강하고, 강한 자에겐 한없이 약한 것이 우리의 인생임을 깨닫는다"고 썼다. 우리가 약자에겐 따뜻하고, 강자에겐 엄격한 사회에서 사는 날은 언제일까. 무참히 죽어간 고인들의 명복을 빈다.

토건국가의 악순환

2009년 정부와 여당은 당정협의를 갖고 서울을 제외한 지역에서 신축·미분양 주택을 연내 분양받으면 양도세를 50% 감면시켜주는 결정을 내렸다. 미분양주택을 10채를 사도 1가구 1주택자로 인정해주기로 했다. 민간택지 분양가 상한제도 폐지하기로 했다. 이 모두가 눈 가리고 아웅이 아닌가. 이명박 정부는 경제를 살린다면서 부동산 규제를 활짝 풀어버린 것이다. 임기 초부터 멀쩡한 종부세의 명맥을 끊더니 다음에는 양도세를 경기 활성화 수단으로 사용했다. 정책은 일관성이 생명인데, 우리나라의 부동산 정책은 역대 정부에서 온탕, 냉탕을 왕복한 횟수가 너무 많아 다른 나라 보기에 부끄러울 정도다. 당시 조치 역시 그런 악순환의 일부였다.

당 태종이 '역사는 거울'이라 말했듯 비슷한 10년 전 선례가 있다. 외환위기를 맞아 김대중 정부는 국제통화기금의 '경제 신탁통치' 조기졸업이라는 목표하에 모든 수단을 강구했다. 부작용이 있을 게 뻔한 인위적 경기부양책을 대거 동원한 점이 문제였고, 그 절정은 부동산 정책이었다. 1998년부터 2001년까지 토지공개념 제도 폐지, 분양가 자율화, 토지거래신고제 폐지, 분양권 전매제한 폐지, 아파트 재당첨 금지 기간 단축 및 폐지, 무주택 세대주 우선 분양 폐지, 신축 주택 구입시 양도세 면제, 취등록세 감면, 토지거래허가 구역 해제, 그린 벨트 해제 등 끝이 없다. 이쯤 되면 부동산 정책의 근간을 무너뜨렸다고 할 만하다.

국제통화기금을 조기졸업한 기쁨은 잠시였을 뿐, 미봉책의 부작용은 심각하고도 오래 갔다. 10년간 잠자던 부동산 가격이 기지개를 켰고, 2002년 이후에는 폭등세를 나타냈다. 부동산투기는 우리를 튀어나온 사자처럼 사납게 날뛰어 참여정부 5년 내내 괴롭혔다. 참여정부가 종부세 도입, 양도세 중과, 분양가상한제, DTI 제도 도입 등 초강수를 연발했음에도 불구하고 투기를 잡는 데 몇 년 동안 고생을 했다. 천신만고 끝에 날뛰던 사자를 우리 속에 집어넣은 것이 엊그제인데, 이명박 정부는 태연히 사자 우리를 열어젖혔다.

박근혜 정부가 2013년 4월 초 발효한 현정부 최초의 종합 부동산대책이란 것도 내용이 이런 정책과 별다를 바 없이 김대중 정부, 이명박 정부의 전철을 밟고 있어서 안타까움을 더해줄 뿐이다. 부동산을 경기부양의 수단으로 삼아서는 안 된다. 이것은 오랜 우리의 역사가 이미 증명한 바다. 부동산 경기부양의 상투적 수법이 가져올 결과는 뻔하다. 짧은 즐거움, 긴 고통. 이는 마약이다.

왜 이런 악순환이 반복되는가? 한국과 일본은 세계에서 건설업 비중이 가장 높은 나라다. 건설업은 경기에 지극히 민감하니 지금과 같은 불황기에 특별히 취약한 경제구조인 셈이다. 경기가 나쁠 때 건설에 불을 붙이면 경기는 쉽게 살아난다. 거기에 다른 산업에까지 연관효과를 미쳐 소위 승수효과가 나타나기 쉽다. 이런 게 정책당국을 유혹한다. 그러나 미봉책일 뿐 근본처방은 아니다.

그런데도 건설회사, 정치인, 관료, 보수언론 등 소위 건설족이 막강한 세력을 형성하면서 기어코 인위적 경기부양 쪽으로 정책을 왜곡시키고야 마는 점도 두 나라의 공통점이다. 일본이 '토건국가'의 악폐로 인해 '잃어버린 20년' 동안 고생한 것은 우리에게 교훈을 준다. 최근 미국의 금융위기가 지나친 부동산 규제완화에서 발발했다는 점도 교훈을 준다. 하지만 정부가 내놓는 정책은 늘 미봉책이다. 수십 년 고질병을 보고도 마약 처방만 내는 의사는 의사 자격이 없는 게 아닌가.

전세대란의 경제학

몇 년째 전세금 폭등이 서민들의 살림을 어렵게 한다. 전세금은 줄기차게 상승하여 세입자들을 울리고 있다. 정부도 문제의 심각성을 인식하고 연달아 전세 대책을 내놓았지만 근본적 처방은 보이지 않았고, 고작 전세자금 지원 확대 등 미봉책뿐이었다.

전세는 우리나라에만 있는 독특한 주택임대차 제도다. 이 제도는 약 100년 전 당시 집을 가진 사람들의 목돈 필요성에서 처음 도입되었다고 한다. 집 주인의 관점에서 보면 매달 집세 독촉을 할 필요 없이 1, 2년 집세를 미리 받아두는 효과가 있으니 강자를 위한 일종의 확보주의라고 할 수 있다.

전세 때문에 생긴 비극도 있었다. 지금부터 약 20년 전 어느 시민단체에서 주장해서 임대차 계약의 기본 기간을 1년에서 2년으로 연장하는 제도 개선이 이루어졌다. 세입자들을 잦은 이사의 번거로움과 잦은 집세 인상으로부터 보호하려는 좋은 취지였으나 전혀 뜻밖의 결과가 나타났다. 집 주인들이 2년간 올릴 집세를 미리 왕창 올림에 따라 돈 없는 세입자들은 거리로 내몰리게 됐다. 세입자들의 연쇄자살 사태가 벌어져 20명 가까이 목숨을 버렸다. 이 비극은 좋은 취지가 반드시 좋은 결과를 가져오는 건 아니라는 뼈아픈 교훈을 남겼다.

과거 금리가 높을 때는 전세가 세입자에게 큰 부담이었으나 최근 저금리 기조가 오래가면서 오히려 세입자들이 전세를 더 선호하는 현상이 나타나고 있다. 그 반면 집 주인들은 전세를 놓아봤자 금리가 워낙 낮아 재미가 없고, 따라서 월세로 전환하는 추세가 몇 년째 이어지고 있다. 그러니 전세 수요는 늘어나고, 전세 공급은 줄어들어 전세대란의 근본 원인이 되고 있다.

게다가 최근 부동산 투기의 종결도 한몫하고 있다. 과거 부동산 투기가 극성을 부릴 때는 너도나도 집 사두면 대박이라는 신화가 우리 머리를 지배하고 있었다. 그래서 매매 수요는 넘치고 전세 드는 사람은 바보 취급을 당했다. 그 결과 주택 가격은 고공행진을 하는 반면 전세는 주택가격의 절반도 안 되는 이상한 현상이 오래 지속됐다. 강남과 같은 투기의 중심지에서는 전세가격이 매매가의 2할도 안 되는 현상도 벌어졌다. 이는 비정상이다. 왜냐하면 이론적으로 경쟁적 시장에서는 주택의 매매가격과 전세 가격은 비슷해야 하기 때문이다.

수십 년간의 부동산 투기가 드디어 종말을 고하려는 지금 자연히 주택을 사려는 수요는 줄어들고 전세 수요가 증가하면서 매매가격은 하락하고 전세는 폭등하는 현상이 벌어지고 있다. 그러니 현재 전세대란의 근본원인은 부동산 투기의 종언과 저금리 현상이다. 그런데 역설적인 것은 부동산 투기의 피해자가 다시 전세대란의 피해자로 등장하고 있다는 사실이다. 자본주의에서는 강자는 늘 웃고 약자는 노상 설움을 겪어야 하나.

장기임대주택 공급의 부족도 중요한 원인이다. 노무현 정부 때 2007년 13만5000호까지 지었던 임대 아파트가 2010년에는 1만5000호로 줄었다. 게다가 서울시의 허황된 뉴타운 계획이 기존 주택의 멸실을 가속화시켜 전세대란을 더 악화시켰다. 정부는 부동산 투기를 부추겨서라도 경기를 살리려는 태도를 버리고, 서민들을 위한 임대주택 확충에 힘써야 한다. 언제 어디서나 정도를 걸어야 문제가 풀리는 법이다.

장기대책은 그렇다 치고 그럼 전세대란에 대한 당장의 대책은 없는가? 민주당은 전월세 상승률을 연 5%로 제한하고 1회(2년)에 한해 기존 세입자들의 계약갱신청구권을 주는 법안을 이미 제출해놓은 상태다. 전월세 상한제를 시장원리에 맞지 않는다는 이유로 반대하던 새누리당조차 사태의 심각성을 인식했는지 전월세 급등지역을 '관리지역' '신고지역'으로 지정, 관리하겠다는 법안을 내놓았다.

전월세 상한제는 일종의 집세통제rent control인데 이는 경제학자들에게 인기 없는 정책이다. 1990년 미국경제학회 회원들을 상대로 40개 명제에 대해 찬반 의견을 물었는데, 그중 하나가 집세통제에 관한 것이었다. '집세 상한제는 세 놓는 집의 양과 질을 떨어뜨린다'고 하는 명제에 무려 93.5%의 경제학자가 동의를 표시해서 40개 명제 중 단연 1위에 올랐다. 집세통제 정책은 경제학자들의 지지를 받지 못한다. 왜 그럴까?

집세통제의 역사는 전쟁과 관련이 있다. 유럽에서는 1차대전 중 집세통제가 처음 도입됐고, 미국에서는 2차대전 중 처음 도입됐다. 전쟁 때는 정부의 개입이 용인되는 사회적 분위기가 형성돼 있지만 전쟁이 끝나고 나면 대부분의 정부 통제는 약효를 잃는다. 그래서 대부분의 미국 도시에서 집세통제가 사라졌지만 유독 집세통제를 오래 유지한 도시가 뉴욕이다. 뉴욕에서는 집세통제로 인해 세입자 상호간의 불공평, 예를 들면 미아 패로 등 유명 배우들이 싼 집세의 혜택을 누리는 반면 정작 가난한 세입자들은 집을 못 구하는 문제가 나타났다. 집 주인들은 집세가 낮으니 비싼 돈을 들여 집을 유지, 보수하지 않으므로 집의 품질이 형편없이 떨어졌다. 그래서 집세통제를 하는 도시는 전반적으로 우중충하고 엉망이 돼버리는 부작용이 있다. '한 도시를 파괴하는 데 폭격 다음으로 좋은 수단은 집세통제다'라는 금언이 있을 정도다. 우리나라의 보수 연구소와 보수 학자들이 일제히 전월세 상한제를 공격하는 것도 이런 사고방식에 근거를 두고 있다.

그러나 집세통제에 대한 경제학자들의 반대는 전시의 경직적 집세통제를 염두에 두기 때문이다. 실제로 1970년대 이후 유럽과 미국에서 새로 도입된 집세통제는 과거처럼 경직적이지 않고 훨씬 융통성이 있다. 그래서 전시 집세통제를 경성硬性 집세통제, 혹은 1세대 집세통제라 부르고 그 뒤의 집세통제를 연성軟性 집세통제, 혹은 2세대 집세통제라 부른다. 전자는 문제가 많지만 후자는 충분히 권장할 만하다. 원래 임대

주택 시장은 완전경쟁시장과 거리가 멀고 정보의 비대칭, 힘의 비대칭 등 많은 결함이 있다. 이런 시장에 대해 정부가 개입하는 것은 정당하며, 특히 한국처럼 세입자들의 고통이 큰 나라에서는 더 말할 필요도 없다. 시장만능주의자들은 언제 어디서나 시장원리를 외치지만 최저임금제, 이자상한제 등은 분명히 장점이 많다. 전월세 상한제도 마찬가지이므로 보다 적극적 검토가 필요하다.

타블로 사건과 군집행동

무슨 사건이든 그렇지만 시작은 아주 사소했다. 인터넷에 가수 타블로의 학력 의혹 소문이 떠돌기 시작했다. 타블로를 공격하는 카페 '타진요(타블로에게 진실을 요구합니다)'는 회원이 삽시간에 18만 명으로 불어났다. 결국 경찰이 나서서 스탠퍼드대학 졸업이 맞다고 증명함으로써 이 사건은 일단락되었다. 스탠퍼드대학 당국자는 타블로의 학력에 대해 15번이나 답을 보냈다면서 도대체 몇 번을 답해야 믿을 거냐며 한탄했다. 이렇게 전 사회적으로 큰 화제가 되었던 타블로 사건을 비롯해 인터넷상의 마녀사냥 행태는 군집행동herd behavior이 무엇인지를 잘 보여준다.

군집행동은 곤충이나 동물에서 흔히 발견된다. 개미·물고기·쥐·말

·양 등은 평소에도 무리를 지어 행동하고, 위기가 닥치면 무리를 지어 도망간다. 생물학자 윌리엄 해밀턴은 1971년에 쓴 논문에서 위험에 처한 동물이 무리를 지어 도망가는 이유는 각자가 될 수 있는 대로 무리의 중심에 가까이 감으로써 자기에게 돌아오는 위험을 최소화하려는 데서 나타난다는 것을 밝혔다. 이는 합리적인 행동이다.

그러나 군집행동은 항상 합리적인 것은 아니다. 인간도 자주 군집행동을 하는데, 이 중에는 비합리적인 행동이 많다. 지금 건물 안에서 갑자기 불이 났다고 하자. 가까운 출구가 두 개 있을 때 대부분의 사람들은 어느 한쪽 출구에 몰리고 소수의 사람만 다른 쪽 출구로 달려가는 경향이 있는데, 이는 많은 사람들이 몰려가는 쪽에 살 길이 있을 것이라는 근거 없는 판단에 기초한 것이다.

군집행동은 인간의 경제활동에서 자주 등장하며, 특히 금융시장과 부동산시장에서 위력을 발휘한다. 사람들이 주식이나 부동산을 사기 시작하면 다른 사람들은 뭔가 이익이 있을 거라는 막연한 기대를 품고 따라가게 된다. 많은 사람들이 사니 가격은 더 오르고, 오른 가격은 그런 기대를 더욱 뒷받침해준다. 군집행동이 주식이나 부동산의 가격을 진정한 가치 이상으로 끌어올리는데 거품은 언젠가 꺼질 수밖에 없다. 가격 하락기에도 상승기와 마찬가지로 불합리한 군집행동이 나타나 가격의 폭락이 발생한다. 역사적으로 유명한 투기, 거품 사건은 모두 인간의 군집행동이 빚어낸 작품이다.

미국의 경제학자 소스타인 베블런Thorstein Veblen은 인간에게는 과시 경향과 모방 경향이 있음을 발견했다. 그는 유한계급은 과시적 소비를 하므로 고가의 사치품일수록 더 선호한다고 풍자했다. 이를 가리켜 '베블런효과'라고 한다. 다른 사람들이 어떤 물건을 사면 괜스레 따라서 사는 경향이 있는데, 이를 악대효과bandwagon effect라고 한다. 마을에 서커스가 등장해서 나팔을 불고 다니면 사람들이 덩달아 구경을 가는 것이니 일종의 군집행동이다. 반대의 행동도 있다. 경제학자 하비 라이벤슈타인Harvey Leibenstein은 남들이 어떤 물건을 많이 사면 자기는 남과 다르다는 것을 보여주기 위해 일부러 안 사는 경우를 지적했는데 이를 백로효과snob effect라고 한다. 자기는 뭔가 남하고는 다르다며 고고한 척하는 행동을 뜻한다.

인간은 이래저래 불완전하고 불합리한 동물이다. 그래서 도처에서 군집행동이 나타나기 쉽다. 그러나 타블로 사건처럼 악의적이고 공격적인 군집행동은 용납하기 어렵다. 우리는 이 사건을 거울 삼아 깊이 반성하고 두고두고 반면교사로 삼을 일이다.

승자의 저주와 드라마의 위기

2009년 모 탤런트가 출연료 문제로 다투다가 무기한 출연정지 처분을 받으면서 탤런트 출연료 문제가 불거졌다. 2000년 무렵만 해도 1회당 200~300만 원 정도이던 주연급 탤런트의 출연료가 상승에 상승을 거듭하더니 최근에는 억대로 치솟았다. 배용준의 1회 출연료가 2억5000만 원이라니 으악 하고 벌어진 입이 다물어지지 않는다.

이런 현상의 배후에는 한류 열풍이 있다. 〈겨울 연가〉〈대장금〉 등 한국 드라마가 외국에서 선풍적인 인기를 누린 것은 참으로 나라의 경사라 할 만하다. 일본·중국 등의 TV에서 한국 드라마가 방영되던 시간에는 사람들이 서둘러 귀가하는 바람에 시내가 쥐죽은 듯 조용해졌다고 하니 얼마나 자랑스러운가. 한탕을 노리는 드라마 제작사들이 우후죽순처럼 생긴 것은 하나의 결과였다. 한류스타 영입 경쟁이 벌어졌고, 스타들의 몸값이 천정부지로 오른 것은 경제학의 수요, 공급의 원리에 비추어 보면 당연한 결과다.

문제는 그 다음이다. 인기 스타들의 출연료가 하늘 높은 줄 모르고 오르기만 하니 드라마 제작에 큰 부담으로 작용하게 되었다. 드라마 제작비 중에서 탤런트 출연료가 차지하는 비중이 60~70%로 올랐다. 이웃 일본의 경우를 보면 국민배우 기무라 타쿠야의 1회 출연료가 우리 돈으로 5000만 원 정도이고, 탤런트 출연료가 드라마 제작비에서 차지하는 비중은 20~30%밖에 안 된다. 한국과 일본의 1인당 국민소득의 차이를 생각하더라도 한국 탤런트들의 출연료는 올라도 너무 올랐음을 알 수 있다.

스타들의 출연료 급상승으로 인해 한국 드라마는 내리막길을 걷게 되었다. '겹사돈'이란 희귀 현상이 드라마 속에 자주 등장하는 이유도 배우들의 몸값이 워낙 비싸서 출연 배우들의 숫자를 줄여서 비용을 절감해보려는 고육지책이었다고 한다. 2013년에는 나문희 씨 등 조연급

배우들에 대한 출연료 체불현상이 심각하다는 사실이 드러났다. 주연급은 출연료를 미리 받지만 조연급의 출연료는 뒤로 밀리다 보니 생긴 현상이라고 한다. 임금체불은 영세 중소기업에서나 발생하는 줄 알았는데, 큰 방송국에서도 이런 일이 벌어지다니 믿기 어렵다.

이래저래 스타급 배우에 대한 대우가 과다하다 보니 출연료의 양극화도 생기고, 그마저 체불되는가 하면 그 주름살이 다른 데 여러 군데 미친다. 출연료 상승 때문에 다른 비용을 감축하려고 무리에 무리를 거듭하게 되고, 드라마의 품질이 눈에 띄게 떨어져버렸다. 품질이 떨어지니 드라마 해외수출도 최근 들어 현저히 줄어들고 있다. 한때의 성공이 지금의 실패를 부르고 있다.

이런 현상을 가리켜 경제학에서는 '승자의 저주the winner's curse'라 부른다. 경매의 최종 승자가 비록 이겼지만 너무 높은 가격을 부른 바람에 오히려 망한다는 역설적 현상을 가리키는 말이다. 승자가 거꾸로 저주를 받는 기이한 현상, 이것이 바로 최근 한국 드라마의 위기를 설명해준다. 『손자병법』에 '전승불복戰勝不復'이란 말이 있다. 한 번 전쟁에 이겼다고 반복해서 이길 수는 없다는 뜻이다. "승리가 미래 패배의 씨앗을 잉태하지 않도록 조심하라"는 랄프 소크먼의 명언도 새길 만하다. 소치 올림픽에서 이승훈, 모태범의 패배 소식이 들려온다. 승리하는 것보다 승리를 지키는 것이 훨씬 더 어렵다는 것을 실감하게 된다. 한국 드라마는 과거의 승리 때문에 지금 오히려 고난의 길에 접어들었지만 출연료 인하 등 엄혹한 전략을 모색해야 한다.

부모의 자식 사랑과 삼성의 경영권 승계

이 세상 부모치고 자식을 사랑하지 않는 부모는 없다. 그러나 사랑하는 방식은 집집마다 많이 다르다. 1904년 러일전쟁 때 노기 마레스케乃木希典 육군 대장은 여순 전투에서 천신만고 끝에 승리를 거두긴 했으나 일본군에도 엄청난 사상자가 나왔다. 전쟁에서 자식을 잃은 수많은 부모들이 노기 대장의 귀국 소식을 듣고 항의하러 항구로 몰려갔다. 그러나 그들은 배에서 내리는 노기 대장을 보고는 그만 입을 다물고 말았다. 왜냐하면 노기 대장이 여순 전투에서 전사한 두 아들의 유골함을 안고 배에서 내렸기 때문이다. 두 아들이 모두 죽어서 노기 집안의 대가 끊겼고, 그는 몇 년 뒤 메이지 천황이 죽자 부부가 함께 자결을 해서 전세계에 충격을 주었다. 노기는 그 뒤 군국주의가 극성을 부리던 시대에는 군신軍神으로 추앙받기도 했으나 그 뒤에는 다행히 교과서에서 사라졌다.

유한양행의 창업주 유일한이 1971년 세상을 떠났다. 유언장을 읽어보니 전재산인 유한양행 주식 36만 주(현재 시가 2400억 원)를 사회사업과 교육사업에 쓰라고 되어 있었다. 1만 달러는 손녀 학비로, 그리고 아들에게는 '대학까지 공부시켰으니 앞으로는 자립해서 살아라'는 말만 남겼다. 그밖에 남긴 것은 구두 2켤레, 양복 3벌, 만년필 1개, 지팡이와 파이프뿐이었다. 유일한은 평소 기업은 국가와 국민의 것이고, 기업가는 관리자일 뿐이라고 말하곤 했는데, 세상을 떠날 때도 그 철학을 그대로 실천했던 것이다. 20년 뒤 1991년 그의 딸 유재라가 세상을 떠났는데, 유언장에는 수백억 원의 재산을 유한재단에 기증하라고 적혀 있어서 다시 한번 놀람과 감동을 주었다. 2대에 걸쳐 부의 사회적 환원을 실천한 유일한, 유재라의 사례는 한국 재계의 귀감이 되고도 남음이 있다.

세계 1위의 부자 빌 게이츠는 약 500억 달러의 재산 중 자녀 몫으로 1000만 달러만 남기고 나머지는 모두 사회에 기부하겠다고 약속했다. 그는 말했다. "상상할 수 없는 규모의 재산이 자식에게 돌아가는 것은 자식에게도 건설적이지 않습니다." 거기에 감동하여 세계 2위의 부자 워렌 버핏도 재산의 85%인 370억 달러를 자선기금으로 내놓겠다고 약속했다. 버핏의 세 자녀도 그 결정에 흔쾌히 동의했을 뿐 아니라 자기들도 거액의 재산기부를 하겠다고 약속했다. 부전자전이란 말이 괜한 말이 아니다.

이에 비해 오늘날 한국 최고 재벌가의 자식사랑은 부끄러운 쪽으로 유별나다. 마침 노무현 대통령 영결식이 있던 2009년 5월 29일 오후 대법원은 삼성의 경영권 승계에 대해 6:5로 무죄판결을 내렸다. 6명의 무죄 주장자 중에는 촛불 재판 개입으로 사퇴압력을 받고도 버티던 신영철 대법관이 포함되어 있다. 불과 한 표 차이이니 신 대법관이 결정을 내렸다고 해도 과언이 아니다. 이재용은 1994년 아버지로부터 증여받은 61억 원에 대해 16억 원의 증여세를 물고 나머지 45억 원을 갖고 에버랜드라는 비상장회사의 전환사채, 신주인수권부사채를 헐값 인수했다. 이재용은 이 과정을 통해 재판 이전에 이미 빌 게이츠의 자녀보다 100배 이상 많은 재산을 갖고 있었다. 1심과 2심에서 유죄판결을 내린 이 사건에 대해 대법원이 전혀 납득할 수 없는 무죄판결을 내림으로써 이재용은 총매출 200조 원의 삼성그룹을 별다른 대가 없이 지배할 면죄부를 얻은 셈이다.

이런 교묘하고도 상식 밖의 수법이 무죄라면 감옥 안에 억울한 사람이 너무 많겠다. 우리 사회의 8자 성어 '무전유죄 유전무죄'는 누구의 책임인가? 법이 정의의 최후의 보루인지, 강자와 부자의 최후의 도피처인지를 심각하게 묻지 않을 수 없다.

이익공유제 논란

2011년 초 정운찬 동반성장위원장이 제안한 이익공유제 논란이 세상을 뜨겁게 달구었다. 이 아이디어는 대기업의 초과 이익을 협력 중소기업과 나누자는 내용으로서 대기업이 연초 예상보다 많은 이익을 냈을 경우 초과이익에 협력사가 기여한 부분을 대기업이 자율적으로 평가해 협력사를 지원하도록 하겠다는 것이었다.

당시 이익공유제를 놓고 논쟁이 뜨겁기는 했는데 실은 찬성은 찾아보기 어려웠고 반대가 압도적으로 많았다. 당시 한나라당 홍준표 최고

위원은 '이익공유제는 급진 좌파적 주장'이라고 공격했다. 기자가 이건 희 회장에게 이익공유제에 대해 어떻게 생각하느냐고 묻자, 그는 "내가 어릴 때부터 기업가 집안에서 자랐고 학교(일본 와세다대 상학부 졸업)에 서 경제학 공부를 계속해 왔는데 그런 얘기는 들어보지 못했다. 이해가 가지 않고 무슨 말인지 모르겠다…… 도대체 경제학 책에서 배우지 못 했다…… 사회주의 국가에서 쓰는 말인지, 자본주의 국가에서 쓰는 말 인지…… 모르겠다"고 대답했다.

과연 이익공유제는 경제학에 없는 좌파적 개념인가? 그렇지 않다. 이 익공유제profit sharing은 엄연히 경제학 책에 나오는 개념이다. 이 제도는 회사에서 발생한 이익을 자본가나 경영자가 몽땅 가져가지 않고, 그 일 부를 노동자와 나누는 것을 말한다. 사회주의와는 상관이 없고 순수히 자본주의적 제도다.

이 제도의 효시는 미국이다. 제퍼슨 대통령 밑에서 재무부 장관을 지 낸 앨버트 갤러틴Albert Galatin이 경영하던 펜실베니아 유리 회사에서 1795 년 사상최초로 이 제도를 도입했다. 이익공유제는 좌파나 사회주의와 는 거리가 멀고 자본주의를 더 건강하게 발전시키려는 취지에서 많은 나라에서 시행돼 왔다. 그 효과는 긍정적이다. 기업가와 노동자의 태도 에 긍정적 영향을 미치며, 생산성도 높인다. 생산성과 기업 성과를 개선 시킨다는 연구가 압도적으로 많다. 1991년 최병렬 노동부장관이 적극 추진했던 총액임금제도 실은 이익공유제와 비슷하다.

물론 정운찬 위원장이 제안한 이익공유제는 대기업의 초과이익을 협 력 중소기업과 나눈다는 점에서 원래의 이익공유제와는 다르다. 그런데 노동자와의 이익공유가 장점이 있듯 협력업체와의 이익공유도 장점이 있을 수 있다. 실제로 협력업체와의 이익공유제도 여러 나라에서 시행중이다. 토요타자동차는 오래전부터 협력업체와 이익을 공유하고 있으며, 세계적으로 주목받는 애플사는 협력업체와 3:7로 이익을 나누고 있다. 국내에서도 포스코 등 여러 회사에서 협력업체와 이익공유를 실천하고 있다.

이 제도가 사회주의적인 것으로 의심받고 있는데, 실은 사회주의와는 반대다. 실제로 구소련에서 어떤 회사가 기술혁신으로 생산성을 올린 경우에 계획당국은 그 다음해 생산 할당량을 높임으로써 기술혁신 인센티브를 말살했고, 그것이 사회주의 몰락의 중요한 원인이 됐다. 현재 한국의 중소기업이 처한 상황이 그것과 비슷하다. 중소기업이 기술혁신을 해봤자 바로 납품단가 인하를 강요받기 때문에 기술혁신의 인센티브가 없는 것이다. 이 문제를 해결하는 여러 방법 중의 하나가 이익공유제가 될 수 있겠다.

문제는 우리나라 기득권층의 사고방식이다. 조금만 색다른 이야기가 나오면 '좌파' '사회주의'라고 딱지를 붙이는 것이 거의 버릇처럼 돼버렸다. 다 알다시피 중소기업은 강제적 납품단가 인하, 다른 대기업과의 계약 방해, 신기술 탈취 등 대기업의 횡포 아래 신음하고 있다. 이 문제를 해결하는 데 이익공유제가 정답은 아닐지 모르나 적어도 하나의 방법으로 검토할만한 가치는 충분히 있다. 그런데도 기득권층은 이런 아이디어를 좌파라고 한마디로 매도해버리니 언제 어디서나 상투적 이념 공세는 문제 해결에 도움이 되지 않는 법이다. 낡은 이념틀이 아니라 실사구시적 태도가 절실히 필요하다.

'농부의 역설'과 쌀 직불금

2008년 쌀 직불금을 고위 공직자가 부당 수령한 사건으로 온 나라가 시끄러웠었다. 쌀 직불금은 농업 보조정책의 일종으로서 쌀값 하락에 따른 농가 타격을 줄이기 위해 정부가 경지면적에 비례해서 농가에 직접 소득을 지불하는 제도다. 각국은 다양한 농업 보조정책을 시행하고 있다. 유럽이나 미국처럼 농민들이 잘 사는 나라에서도 여전히 막대한 농업보조 예산을 쓰고 있으니 우리나라처럼 농촌이 가난한 상황에서 농업 보조정책은 당연하다.

과거 대표적인 농업 보조정책은 가격지지정책이었다. 이는 정부가 개입하여 농산물에 높은 가격을 보장해주는 것을 말한다. 우리나라가 반세기 동안 유지했던 추곡수매정책이 여기에 해당한다. 정부는 농민에게서 비싸게 쌀을 사서 내다 팔 때는 적자를 보면서 싸게 팔았기 때문에 이를 2중곡가제라고 부르기도 한다. 당연히 큰 예산이 소요되었다.

그러나 농산물 가격지지정책에는 부작용이 있다. 높은 가격은 농민들로 하여금 증산을 자극하므로 다음 해 공급과잉을 가져오고, 결국 가격을 하락시킬 위험이 있다. 특히 농업에서 공급과잉은 가격 폭락을 가져오는데, 그 이유는 농산물이 생필품이고 생필품은 수요가 비탄력적(가격 등락에 대해 수요량이 크게 변동하지 않는 성질)이기 때문이다. 풍년이 들면 농산물 가격이 폭락하여 오히려 농민들이 더 살기 어려워지는 소위 '농부의 역설'도 바로 이런 원리 때문이다. 농민들이 땀 흘려 경작한 금쪽같은 배추, 양파, 배를 폐기하거나 밭을 갈아엎는 일견 극단적 행동을 하는 이유도 같은 원리로 설명될 수 있다.

따라서 각국 정부는 가격지지정책 대신 농민에게 직불금을 주거나 오히려 농산물 공급을 감소시켜 농민들의 소득을 보전하는 정책을 취하고 있는데, 미국의 휴경보조금이 하나의 예다. 농사를 짓지 않고 땅을 놀리는 데 보조금을 준다는 것은 대단히 이상하게 보이지만 다 이유가 있는 것이다. 우리나라도 과거에는 가격지지정책 또는 쌀 증산정책을 썼으나 이제는 시대에 맞지 않는다. 과거 쌀이 모자라던 시절에는 매년 '쌀 증산왕'을 표창하였으나 그 말이 사라진 지 오래다.

최근 농업보조 추세는 직불금이다. 가격지지가 가져올 '농부의 역설'이라는 부작용을 피하면서 가난한 농민을 돕는 직불금 제도는 분명히 장점을 갖고 있다. 그러나 2008년 쌀 직불금 사태에서 보듯 실제로 농사를 짓는 농민 대신 지주가 부당하게 돈을 타가는 허점이 드러나고 있다. 정책 취지는 좋으나 정부의 준비가 소홀했다고 말할 수밖에 없다. 직불금 제도는 유지하되 허점은 철저히 보완해야 한다.

널뛰기하는 배춧값과 거미집 이론

해마다 김장철이면 배춧값이 천정부지로 올라서 난리가 난다. 시장에서 배추 한 포기 값이 예년 가격의 서너 배로 뛰었다는 뉴스는 예사다. 식당에서 김치 구경하기가 어렵고, 추가 김치를 먹으려면 돈을 내야 하는 진풍경도 벌어진다. 배춧값이 너무 비싸다보니 김장을 포기하는 집도 늘었다. 뒤늦게 사태의 심각성을 깨달은 정부에서는 중국에서 배추를 긴급 수입하고, 매점매석을 단속하는 등 대책을 내놓지만 뒷북 친다는 비난을 듣곤 한다.

특히 2010년의 배춧값 널뛰기는 유별나서 기억에 오래 남는다. 당시 이명박 전 대통령은 배춧값이 폭등했다는 이야기를 듣고 "배추가 비싸니 내 식탁에는 배추김치 대신 양배추 김치를 올리라"고 지시했다. 그러나 당시엔 양배추 값 역시 폭등해서 한 포기에 1만 원 가까이 했기 때문에 이는 전혀 해결책이 아니었다. 대통령의 말은 순수한 걱정에서 나왔겠지만 과거 누군가의 말을 연상시킨다. 프랑스 혁명 시기에 백성들이 빵이 없어 굶주린다는 말을 듣고 왕비 마리 앙투아네트는 "빵이 없으면 케이크를 먹으면 되지"라고 철없는 말을 했다고 알려져 있다.(다만 왕비가 진짜로 이런 말을 한 게 아니라는 설도 있다. 그러나 당시 파리에는 이런 소문이 널리 퍼져 시민들이 격분했다고 한다.)

2010년 배춧값 폭등의 원인으로 정부와 여당은 폭염·폭우 등 이상

기후로 인한 흉작을 든 반면 야당과 일부 농민단체는 4대강 사업 때문에 채소 재배면적이 줄어든 것을 의심했다. 4대강 사업으로 인한 채소 재배면적 감소의 크기에 대해서는 의견이 크게 엇갈렸다. 야당과 농민단체에서는 10~20% 줄었다고 보는 반면 정부와 여당은 1~2% 줄어들었을 뿐이라고 변명했다. 매년 김장철 영남지역에서 소비하는 배추의 30%가 낙동강변에서 재배되었는데, 2010년에는 4대강 사업으로 몽땅 사라졌다고 하니 그 영향이 작지 않을 것이다. 경상대학교 경제학과 장상환 교수는 이미 2010년 4월에 '4대강 사업으로 하천둔치 경작지가 줄면 시설채소 재배 면적이 16.4% 감소해 채소 가격이 오를 것'이라고 예측했다고 하니 그 선견지명이 놀랍다. 정부는 그동안 뭘 하고 있었단 말인가. 정부가 자연을 거스르는 무모한 사업을 벌이니 이런 재앙이 생기는 게 아닌가.

농산물은 수급의 특성상 가격이 크게 변동하는 성질이 있다. 금방 생산이 가능한 공산품과는 달리 생산기간이 길고 계절을 타므로 공급이 가격에 대해 비탄력적이다. 또한 농산물은 생필품이 많아서 수요 역시 가격에 대해 비탄력적이다. 가격 비탄력성 때문에 농산물은 작은 공급량 변동에도 가격이 크게 요동치게 된다. 이것을 수요, 공급곡선으로 그리면 거미집 모양이 되므로 경제학에서는 이를 거미집 이론이라 부른다. 어떤 해 농산물 가격이 낮으면 다음해 생산 감소를 가져와 다시 가격 앙등을 가져오는 식의 파동이 나타나는 것이다. 2년전 배추가 너무 싸서 농민들이 밭을 갈아엎을 정도였으니 그것이 올해의 생산 감소와 가격 폭등의 배경이 된다고 이 이론은 가르친다. 결국 2010년의 배춧값 폭등은 날씨, 거미집 이론, 4대강 사업이라는 몇 가지 변수를 더해 비로소 풀이할 수 있겠다.

배춧값이 폭등하고 얼마 지나지 않아 거꾸로 폭락을 해서 농민들이 울상짓는 일도 생긴다. 2010년 가을 한 포기에 1만2000원을 넘어 김치가 아닌 '금치'로 불리게끔 한 배춧값이 이듬해 봄에는 포기당 2500원으로 곤두박질쳤다. 비슷한 현상이 과거에도 여러 차례 있었다. 배추뿐만 아니라 양파, 마늘, 수박 등 각종 채소 가격이 폭락해서 분노한 농민들이 밭을 갈아엎거나 시위를 벌이고, 천금같은 농작물을 대량 폐기하는 일이 반복됐다. 송훈석 전 국회의원은 국정감사에서 "지난 5년간 채소값 파동으로 대파·양파·마늘·배추 등을 산지에서 폐기한 물량은 무려 36만4000천 톤에 이른다"고 말했다.

이런 사태는 한국에만 있는 것은 아니다. 대공황 때 농산물 가격이 폭락하자 미국에서 농산물과 우유, 치즈 등을 대량 폐기했다. 한쪽에서는 실업자들이 주린 배를 움켜잡고 있는데, 다른 쪽에서는 귀한 식품을 불태우고 바다에 빠뜨렸으니 얼마나 역설적인가. 자본주의 체제의 모순을 극명하게 보여준 사건이었다. 그 뒤에도 오렌지의 공급과잉으로 가격이 폭락하자 캘리포니아 농민들이 오렌지를 대량으로 폐기하는 일이 실제로 벌어졌다. 넓은 벌판에 산더미 같은 오렌지가 방치된 채 썩어가는 광경은 충격적이었다.

생산에 오랜 시간이 걸리고, 공급이 비탄력적인 재화에서는 농산물과 비슷한 거미집 현상이 나타난다. 미국 대학에는 학과별 정원이 없고, 학생들의 학과 선택이 자유다. 어떤 학과의 졸업생이 적으면 공급 부족으로 그 분야 종사자들의 연봉이 올라간다. 그러면 그 분야를 공부하는 대학생들의 숫자가 늘어난다. 몇 년 뒤에는 인력 과잉으로 몸값이 떨어진다. 그러면 그 분야에 학생들이 오지 않는다. 이리하여 미국에서는 8년(대학 4년의 두 배) 주기로 어떤 분야의 인력 수급과 몸값이 등락을 반복하는 순환 경향이 있다. 이 현상 역시 거미집 이론으로 설명이 가능하다.

거미집 현상 때문에 매년 농산물 가격이 불안정하고 따라서 농민 소득도 불안정하다. 농산물 수집을 밭떼기 상인들 손에 맡겨둘 것이 아니라 일본처럼 정부와 농협이 보다 적극적 역할을 해서 농민 소득을 안정시킬 필요가 있다. 정부는 농산물 시장의 특성을 잘 알고 미리 대비해야 한다. 2010~2011년처럼 사태가 걷잡을 수 없이 악화한 뒤에야 비로소 대책을 세운다고 부산을 떠니 이것이 사후약방문이 아니고 무엇인가.

이런 일을 당하고도 정부는 우선 당장 미봉책으로 떼우고 넘어간 뒤 언제 그런 일이 있었느냐는 듯 태무심하다. 정부는 이 문제에 도무지 체계적 대책을 세우는 법이 없다. 그 결과는 거미집 이론이 예측하는 그대로다. 2012년에는 다시 배추값이 폭등했고, 2013년에는 폭락하는 사태가 연이어 일어났다. 정부가 배추 시장의 특성을 잘 파악해서 대책을 강구하지 않는 한 2년을 주기로 배추값이 폭등, 폭락을 반복하는 일은 멈추지 않을 것이다.

담뱃값 인상과 수요의 탄력성

2011년 4월 일부 외제 담뱃값이 2500원에서 2700원으로 올랐다. 6년 만의 인상이다. 다 오른 게 아니고 던힐, 마일드세븐 등 몇 개 품목만 가격이 인상됐는데, 당시 이들 담배는 가격이 8% 인상된 데 비해 판매 량은 크게 감소했다. 던힐을 판매하는 BAT코리아의 판매량은 28% 감소했고, 마일드세븐을 판매하는 JTI코리아의 판매량은 19% 감소했다. 두 회사의 판매량은 한 주에 70만 갑 정도 감소했는데 그 대신 가격을 올리지 않은 필립모리스와 국산 담배의 판매량이 꼭 그만큼 증가했다. 일부 담배만 가격이 오르니 소비자들이 가격이 오르지 않은 다른 담배로 말을 갈아탄 것이다. 특정 담배에 대한 충성이 강하지 않다는 뜻이다.

이런 문제를 경제학에서는 수요의 가격탄력성이란 개념으로 설명한다. 가격탄력성이란 근대경제학의 초창기인 19세기에 당시 물리학에서 쓰던 개념을 빌려온 것으로서 가격 변동에 따른 수요량 변동의 민감성을 측정하는 도구다. 어떤 제품이든 가격이 오르면 수요량은 감소하고, 가격이 내리면 수요량은 증가한다. 가격과 수요량은 항상 반대 방향으로 움직이는데 궁금한 것은 그 움직임의 정도다. 수요량의 변동비율을 가격 변동비율로 나눈 값을 수요의 가격탄력성이라 부른다.

수요의 가격탄력성이 1보다 크면 탄력적 수요, 1보다 작으면 비탄력적 수요라고 한다. 1이란 값이 중요한 경계선이다. 담배의 경우 가격탄력성이 1보다 훨씬 큰 것으로 나타났다. 가격탄력성이 1보다 크면 가격인상에도 불구하고 회사의 판매수입은 줄어든다. 판매량이 가격 인상비율보다 더 큰 비율로 줄어들기 때문이다. 담뱃값을 인상한 두 회사는여러 가지를 다 고려한 뒤 그런 결정을 내렸겠지만 판매수입 급감이란의외의 복병을 맞아 깊은 고민에 빠졌을 것이다.

수요의 탄력성의 크기를 결정하는 요인은 무엇인가? 첫째, 대체재가있느냐 없느냐가 중요하다. 가격이 오를 때 가까운 대체재가 있으면 쉽게 그리로 옮겨갈 수 있으므로 탄력성이 크다. 둘째, 필수품이냐 사치품이냐? 필수품은 인간이 살아가는 데 반드시 필요하므로 가격이 올라도 소비를 해야 되지만 사치품은 포기해도 된다. 따라서 필수품은 탄력성이 작고, 사치품은 탄력성이 크다. 셋째, 시간도 중요하다. 가격이오르면 사람들은 우선 당장 직격탄을 맞지만 시간이 흐를수록 살 길을 찾는다. 예컨대 1970년대 석유위기 때 유가가 4배로 올랐다. 단기적으로는 석유 소비를 계속할 수밖에 없지만 차차 난방 방식을 석유에서석탄·가스·전기 등 다른 방식으로 바꿀 것이다. 종래 대형차를 몰던사람들도 당분간은 그 차를 몰지만 시간이 지날수록 소형차로 바꿀 것이다. 따라서 장기로 갈수록 수요의 탄력성은 커진다.

넷째, 상품의 범위도 영향을 준다. 탄력성은 상품의 범위를 넓게 잡을수록 작고, 좁게 잡을수록 크다. 이번에 담배가 좋은 예다. 담배는 중독성이 있어 가격이 올라도 계속 피울 수밖에 없고 따라서 탄력성은 작다. 그러나 이번처럼 일부 담배만 가격을 인상하면 그 수요 탄력성은 매우 크다. 왜냐하면 값이 오르지 않은 다른 담배라는 기댈 언덕이 있기 때문이다. 담배 일반의 수요 탄력성은 작지만 그중 일부의 탄력성은 크다는 것. 그것이 가격인상을 단행한 두 회사의 고민이다.

석유가격의 경제학

2011년 세계 각국의 고민은 인플레이션이었고 그 중심에 석유가격과 식품가격이 있었다. 세계적 불황이 한 고비를 넘기면서 국제유가가 연일 고공행진을 했기 때문이다. 게다가 이집트 혁명의 여파로 유가가 더욱 치솟아 배럴당 100달러를 넘나들고 있었다. 국제유가야 우리의 통제 밖이니 그렇다 치더라도 국내 유가를 둘러싸고 한동안 논쟁이 뜨거웠다.

당시 이명박 대통령이 "기름값이 묘하다"고 발언한 뒤 정부 각 부처가 연일 정유업계를 압박하였다. 쟁점은 두 가지였다. 첫째, 가격변동의 대칭성 여부다. 국내 정유업계는 국제유가가 오를 때는 국내유가를 득달같이 올리지만 반대로 내릴 때는 굼벵이 걸음이 아닌가 하는 의심을 받고 있었다. 정부가 이 문제에 대해 국내 두 대학에 조사를 의뢰했는데, 한 곳에서는 가격의 상하 움직임이 비대칭적이라고 의심할 만하다고 결론을 내렸고, 다른 데서는 정반대의 결론을 내렸다. 과연 어느 장단에 춤을 춰야 하나?

둘째는 국내 유가의 절대수준이 문제다. 이 문제는 국내 유류세 문제와 직결된다. 세금을 뺀 국내 유가를 다른 나라와 비교해보니 우리나라보다 높은 나라도 있고 낮은 나라도 있는데 우리나라 유가는 평균보다 높지는 않은 것으로 나타났다. 유가가 높은 이유는 주로 세금이다. 휘발유 소비에는 교통에너지환경세·교육세·주행세에 부가세까지 붙어서 휘발유 가격의 53%는 세금이다. '물 반, 고기 반'이라는 말이 있듯이 '기름 반, 세금 반'인 셈이다. 미국만 예외로 하고 다른 나라들도 대개 유류세가 높다. OECD 국가의 평균 유류세가 57%이니 우리나라는 국제 평균의 약간 밑에 있다.

유류세는 왜 이렇게 높은가? 휘발유 소비가 일으키는 마이너스의 외부효과, 쉬운 말로 하면 피해가 매우 크기 때문이다. 자동차 운행은 첫째, 매연을 발생시키고 둘째, 교통체증이란 손실을 끼치며 셋째로 교통사고라는 불청객을 피할 수 없다. 이 세 가지 외부효과를 합하면 그 크기가 엄청나며 이처럼 큰 마이너스의 외부효과를 갖는 상품은 찾기 어렵다. 20세기 초 경제학계에서 케인즈의 라이벌이었던 아서 피구Arthur C. Pigou는 마이너스의 외부효과를 줄이는 방법으로 '내부화'란 답을 내놓았다. 외부효과를 내부화하는 수단이 바로 세금이고, 이를 '피구의 세금Pigovian tax'이라 부른다. 유류세는 전형적인 '피구의 세금'이다.

그러니 유류세가 높은 건 이해할 만하다. 문제는 다른 데 있다. 유류세가 공해 방지가 아니라 건설업 지원에 쓰이고 있는 게 문제다. 유류세의 대종인 교통에너지환경세의 80%가 교통시설특별회계로 들어가서 그 절반은 도로건설에, 나머지 절반은 철도·공항·항만 건설에 지출된다. 정작 환경(15%), 에너지(3%), 균형특별회계(2%)에는 20%만 쓰고 있다. 그러니 유류세의 이론적 취지는 좋으나 실제 쓰임새를 보면 경제학자 피구가 지하에서 통탄할 노릇이다. 결국 유가나 유류세의 수준이 문제가 아니고, 유류세를 엉뚱한 데 쓰는 게 문제라는 걸 알 수 있다. 정부는 쓸데없이 정유회사와 주유소 팔 비틀기 하는 데 힘을 낭비할 게 아니라 유류세 용도를 개선해야 한다. 이것이 정부의 '주유소 습격사건'의 진실이다.

제3장
노동·복지·교육의 경제학

민영화의 망령: 의료와 철도

철도와 의료, 얼핏 보면 아무런 공통점이 없어 보인다. 그러나 이 둘은 현재 한국에서 민영화 문제로 온 국민의 관심사라는 공통점이 있다. 산업 중에는 민영화해도 좋은 산업이 있지만 결론적으로 말해서 이 둘은 민영화해서는 안 된다. 왜 그런가?

의료의 공공성을 평가하는 두 개의 지표가 있다. 의료제공체계의 공공성과 의료재정의 공공성이다. 의료제공체계를 보면 한국의 전체 병원 중에서 공공병원의 비중이 10% 미달인데, 선진국은 이 비율이 대개 60~90%이다(그런데도 공공병원인 진주의료원을 폐쇄한 도지사가 있다). 다만 미국은 선진국 중에서 예외로서 이 비율이 25%에 불과하다. 또 하나의 지표인 의료재정에서 공공이 차지하는 비중을 보면 한국은 53%인데, 유럽은 대개 80% 이상이고 다만 미국이 예외로 45%에 불과하다.

두 가지 지표로 볼 때 한국은 유럽과는 거리가 멀고 미국에 가깝다. 한국과 미국은 의료에서 난형난제인데, 하버드대학의 샤오 교수는 한국 의료의 공공성이 미국보다 더 낮다고 평가한다. 세계 인구의 5%를 차지하는 미국은 세계 의료비의 50%를 쓰면서도 국민 건강지표가 별로 좋지 않은 나라다. 우리가 미국을 반면교사로 삼아야지 추종해서야 되겠는가. 한국 의료는 미국처럼 민영화로 갈 게 아니고 공공성을 높이는 방향으로 가야 한다.

한국의 의료서비스 공급체계가 거의 민간병원으로 이루어져 있음에도 불구하고 미국과 차이가 나는 점은 영리법인이 허용되지 않고 있다는 점이다. 그런 의미에서 영리병원 불허는 한국 의료의 낮은 공공성을 지키는 최후의 마지노선이라 할 수 있다. 그러나 이명박 정부는 영리병원 도입을 목표로 정하고 1단계로 제주도에서 그것을 시도했다. 당시 김태환 지사는 영리병원 도입이 제주도 발전에 도움이 된다고 반상회에서 홍보하는 등 적극적으로 이 문제를 밀어붙였고 이 문제는 2008년을 뜨겁게 달구었다. 결국 이 안건은 주민 대상 여론조사에서 간발의 차이로 반대가 찬성을 누름으로써 폐기됐다. 이것은 한국에서 의료민영화의 최초의 시도이자 의료 공공성의 마지노선을 둘러싼 큰 싸움이었는데 다행히 여론조사가 큰 둑이 무너지는 것을 막아주었다.

2014년 박근혜 정부는 원격진료와 서비스산업 선진화라는 외피를 쓰고 은근히 민영화를 추진하고 있다. 아무리 외피를 달리 해도 본질은 달라지지 않는다. 원격진료는 의료사고 가능성 등 문제가 많으며, 의료를 서비스산업 규제완화 차원에서 접근하는 것 역시 설득력이 없다. 최근 박근혜 대통령은 의료를 포함한 서비스산업의 규제완화 필요성을 역설하고 있는데, 실제로 한국의 규제는 국제적으로 비교해서 많은 편이 아니다. 세계은행이 매년 발표하는 '기업하기 좋은 나라' 순위에서 한국은 2013년 현재 세계 7위다. 이런 나라에서 규제를 더 풀겠다는 것은 설득력이 없다.

2013년 말 온 국민의 눈과 귀를 사로잡은 것은 수서발 KTX 자회사 설립 문제였다. 이 문제는 원래 이명박 정부 때 추진하려다가 코레일의 반대로 실패로 돌아간 것인데, 박근혜 정부가 들어서자마자 국토교통부에서 앞장서고 코레일이 적극 동조하면서 밀어붙인 사안이다. 정부는 이를 철도 민영화가 아니라고 주장하지만 노조의 눈에는 민영화로 보인다. 철도 민영화이거나 국토교통부 관료들의 노후 고액 연봉 일자리 마련 말고는 구태여 수서발 KTX 자회사를 설립할 이유가 없다. 둘다 국민에게 인기 없고, 설득력 없긴 매한가지다.

한때 세계은행은 세계 각국에 민영화를 권고했는데, 1990년대 영국, 미국에서 연이어 철도 사고, 정전 사고 등을 경험하고는 입장을 바꾸었다. 그래서 철도·전기·수도·가스 등 소위 망 산업network industry에 대해서는 더 이상 민영화를 주장하지 않는다. 철도는 대표적인 망 산업이다. 워낙 시설비용이 크기 때문에 동일 노선에 두 개의 회사가 성립할 수 없다. 하나의 회사가 초기 거대한 시설비용을 들여서 적자를 보되 그것을 다른 노선의 흑자, 혹은 국민이 세금으로 보상하게 된다. 이를 경제학 교과서에서는 자연 독점natural monopoly이라 부른다.

지금 정부는 국민들 사이에 민영화가 인기가 없다는 것을 알고는 교묘히 경쟁 도입이란 표현을 쓰고 있는데, 수서발 KTX와 서울역발 KTX는 서로 경쟁할 일이 없다. 수서발 KTX는 노른자위 노선으로 코레일의 흑자를 대부분 흡수해 갈 것이므로 앞으로 코레일의 적자는 더욱 커질 것이며, 그렇게 되면 결국 경영 압박에 몰린 코레일은 적자 노선 폐쇄, 요금인상 조처를 취하기 쉽다. 이것이 민영화의 대표적 폐해다.

세계적으로 철도를 민영화해서 성공한 사례가 드물다. 흔히 성공사례로 독일과 일본을 들지만 독일은 통일 후 동독의 적자 철도를 흡수한 대신 천문학적 부채를 탕감해주는 조건으로 민영화가 됐다. 일본의 철도 요금은 너무 비싸서 '이동의 자유가 없는 나라'라는 별명을 갖고 있다. 한때 민영화의 성공 사례로 꼽히던 영국은 다시 공영화로 돌아섰고, 한때 철도 개혁의 세계적 대세라고 불리던 상하 분리(운영과 시설의 분리)도 지금은 평가가 다르다. 망 산업의 민영화를 반대하는 원칙을 정했던 참여정부도 당시 세계적 추세라고 해서 철도의 상하 분리를 도입했지만 프랑스처럼 상하 분리를 했다가 다시 통합으로 돌아선 사례가 있기 때문에 재고할 필요가 있다.

일자리 나누기와 임금 삭감

긴 실업난으로 실업자가 100만 명을 넘나들고 있는지 오래다. 취업난이 심각하니 요즘 학교를 졸업하고 노동시장에 진입하는 사람들은 불운한 사람들이다. 이런 와중에 일자리를 유지해보려는 몸부림이 있으니 이른바 일자리 나누기라는 것이 그것이다. 공기업, 금융기관, 대기업에서 대졸초임을 삭감하는 대신 그렇게 절약한 돈으로 인턴사원을 더 채용하는 방식이다. 정부도 이 방식을 권장하고 나섬으로써 일자리 나누기는 일종의 유행처럼 퍼져나갔다. 과연 이 방식은 바람직한가? 또 성공할 수 있을까?

원래 일자리 나누기job sharing란 일하고 있는 사람의 노동시간을 줄이면서 일하는 사람의 숫자를 늘이는 것이다. 그렇게 함으로써 각 개인이 전보다는 늘어난 여가 시간을 가정생활, 취미활동, 혹은 인적자본 투자에 쓸 수 있게 된다. 이것은 노동 쪽에 치우쳤던 시간의 배분을 바꾸어 개인생활을 보다 풍부하게 하는 이점이 있다. 또한 일자리 나누기는 불황기에 실업을 줄이는 수단으로 쓰이기도 한다. 1932년 미국의 후버 대통령은 '일자리 나누기 위원회'를 만들어 100만 개의 일자리를 창출하려는 계획을 추진했는데, 시어스Sears, 제네럴 모터스GM 등 3500개 기업이 이 운동에 호응하고 나섰다. 1990년대 초 독일의 폭스바겐은 노동자의 주당 노동시간을 36시간에서 29시간으로 줄이고 임금을 10% 삭감하여 일자리를 지켜낸 사례도 있다.

2009년 한국에서 추진된 일자리 나누기는 임금 삭감을 수반하고 있으며, 그것도 오로지 신입사원들에게 그 부담을 떠넘긴다는 점에서 다른 나라의 제도와는 성질이 다르다. 먼저 임금 삭감이 고용 유지와 불황 타개에 과연 도움이 되느냐 하는 의문이 제기된다. 이 문제는 바로 케인즈가 그의 명저 『일반이론』에서 깊이 파고들었던 유명한 문제다. 케인즈는 당시 주류경제학인 고전파 경제학이 불황 타개책으로 임금 삭감을 내세우는 데 대해 그 논리적 허점을 낱낱이 지적하며 반박했다. 임금 삭감은 소비·투자·금리 등에 어떤 영향을 주느냐에 따라 효과가 달라지는데, 온갖 가능성을 검토한 뒤 케인즈가 내린 결론은 임금 삭감은 불황의 해결책이 못되고, 오히려 임금 안정이 필요하다는 것이었다.

　문제는 여기에 그치지 않는다. 케인즈도 『일반이론』에서 임금 삭감에 따르는 사회정의의 문제를 말하고 있지만 한국형 일자리 나누기는 심각한 불공평을 내포하고 있어서 더욱 문제가 된다. 기존 사원은 그대로 두고, 유독 신입사원만 연봉으로 1000만 원이나 적게 받는다면 이는 선후배 사이에 심한 불공평이 되므로 두고두고 부작용이 클 것이며, 회사 조직이 정상적으로 유지되기 어려울 것이다. 경제이론에서 말하는 내부자/외부자 모형으로 설명한다면 이것은 내부자들의 공모에 의한 외부자 차별이 된다. 결론적으로 말해서 한국형 일자리 나누기는 내용에 문제가 많고, 성공하기도 어려워 보인다.

최저임금제의 효과

2008년 노동부가 고령자 최저임금 삭감을 추진해서 논란이 됐다. 최저임금제는 정부가 노동시장에 개입하여 저임금 노동자들의 임금을 인상함으로써 이들의 생활을 개선하고 빈곤 축소, 분배 개선에 기여하는 정책이다. 그 대신 고용 감소, 실업 증가가 일어날 수 있다고 경제학 교과서는 가르친다. 시카고학파 등 보수 성향의 경제학자들이 이 제도에 반대하는 이유도 바로 그것이다.

그런데 1980년대 말부터 종래의 통설을 뒤엎는 연구결과들이 나오기 시작했다. 청소년들을 많이 고용하는 맥도날드, KFC 등을 대상으로 해서 최저임금의 고용효과를 조사한 경제학자들은 최저임금이 올라도 고용은 감소하지 않는다고 결론을 내렸다. 드디어 이 문제가 1996년 미국 대통령 선거에서 주요 쟁점이 되었다. 클린턴 대통령은 경제학계의 새 연구를 바탕으로 최저임금 인상을 공약으로 내걸었다. 공화당은 경제에 악영향을 준다며 인상에 반대했다. 선거 결과는 클린턴의 승리였고, 그는 대통령에 재선되자마자 곧 최저임금을 시간당 4.25달러에서 5.15달러로 대폭 인상하였다. 결과는 어떤가? 클린턴의 임기 내내 경제는 호조였고, 고용도 완전고용에 가까웠다. 최저임금의 대폭 인상에도 불구하고 실업은 증가하지 않았다.

미국의 최저임금은 그 뒤에도 한 차례 더 인상되어 오바마 대통령이 재임중이던 2009년 7월 시간당 7.25달러로 인상됐다. 2014년 1월 대통령 연두교서를 발표하는 자리에서 오바마 대통령은 다시 최저임금 인상 카드를 꺼내들었다. 그는 공화당에게 최저임금 인상을 줄기차게 요구했으나 거절당해 왔기 때문에 양당 합의에 의한 의회 입법으로 최저임금을 인상하는 대신 우선 급한 대로 대통령 명령으로 정부 부문에서 일하는 저임금노동자들의 임금을 시간당 10.10달러로 인상하겠다고 발표했다. 그 대상자는 정부에서 일하는 급사, 건설노동자들, 군 부대 안의 식당이나 세탁소에서 일하는 수십만 명의 저임금 노동자들이다. 이것은 전체 노동자 중에서 아주 적은 숫자이지만 상징적 의미가 있다. 오바마 대통령은 두번째 임기의 최우선 국정과제로 미국경제의 불평등 축소를 내걸었는데, 그것을 실현하려는 의지를 최저임금 인상으로 표명한 것이다.

참고로 미국의 최저임금은 1938년 처음 제정된 이래 22차례나 인상되었지만 그 수준은 중위임금median wages의 40% 수준에 불과해서 국제적으로 비교하면 낮은 편에 속한다. 유럽 각국은 대개 이 비율이 50% 내외다. 현재 미국 최저임금의 실질 수준은 1950년대의 최저임금과 같은 수준이니 반세기 동안 명목적으로는 많이 올랐으나 물가상승을 감안하면 실질적으로는 하나도 오르지 않은 셈이다. 이런 배경 속에서 오바마 대통령의 최저임금 인상 명령이 나오게 된 것이다. 미국의 최저임금은 민주당 대통령 시절에 많이 올랐고, 공화당 대통령 시절에는 거의 오르지 않았는데, 그것은 양당 경제철학의 차이를 극명하게 보여준다고 할 수 있다.

우리나라는 우여곡절 끝에 1987년에 겨우 최저임금법을 제정하였다. 한국이 최저임금제를 도입할 당시 이미 세계 70여 개국이 최저임금제를 시행중이었으니 우리나라는 경제발전 수준에 비해 아주 늦게 법을 제정했음을 알 수 있다. 당시 재계와 보수파에서는 제도 도입에 강하게 반대했으나 그들이 우려했던 고용 감소는 일어나지 않았다. 왜냐하면 정부가 정한 최저임금이 너무 낮아서 기업에 전혀 부담을 주지 않았기 때문이다. 최저임금이 처음 시행된 1988년 이후 최저임금은 꾸준히 상승해왔으나 여전히 전체 노동자 평균임금의 절반에 훨씬 못 미치는 낮은 수준을 맴돌고 있다. 한국의 최저임금은 평균 임금총액 대비 30% 정도에 불과하다. 최저임금이 평균임금의 30%에 불과하다면 너무 낮은 수준이어서 과연 이런 최저임금이 애당초 실효가 있는지조차 의문스럽다.

국내 연구를 보면 예상대로 한국의 최저임금은 고용을 감소시키는 효과가 없는 것으로 나온다. 우리나라의 많은 사회정책, 제도가 그렇듯이 최저임금제 역시 외국의 좋은 제도라고 해서 도입하긴 했지만 그 내용이 워낙 빈약해서 유명무실이란 표현이 딱 들어맞는다. 노동부의 최저임금 삭감안에 대해서 야당이 "벼룩의 간을 빼먹는다"고 하면서 강력 반발하고 나섰는데, 일리가 있는 말이다. 우리나라의 최저임금은 결코 높지 않다. 게다가 임금을 낮춘다고 기업 형편이 좋아지고, 경제가 살아나는 것도 결코 아니다.

우리나라에서는 매년 최저임금 결정 시한을 눈앞에 두고 노사간 줄다리기가 벌어진다. 최저임금 결정을 앞두고 노사가 벌이는 논쟁은 일종의 연례행사이지만 최근에 와서는 유난히 대립이 첨예하다. 2013년 현재 최저임금은 시간당 4860원, 월급으로는 101만6000원(주 40시간 기준)이다. 2014년에는 시간당 5210원으로 정해져 있다. 매년 최저임금 수준을 놓고 노동계는 대폭 인상을, 사용자 측은 경제가 어렵다는 이유로 동결 혹은 심지어 삭감을 주장해왔다. 그렇지 않아도 경제위기를 맞아 서민들이 살기 어렵고, 물가도 오르는 판에 저임금 노동자들이 대롱대롱 매달려 있는 최후의 밧줄인 최저임금을 삭감하자는 것은 피도 눈물도 없는 냉혹 그 자체다.

그러면 한국의 최저임금이 과연 경제에 부담을 줄 만큼 지나치게 높은가? 전혀 그렇지 않다. 한국의 최저임금은 국제적으로 비교할 때 매우 낮은 수준이다. 다른 나라와 비교할 때 한국의 최저임금은 OECD 국가 중 멕시코 다음으로 가장 낮은 편에 속한다. 한국의 최저임금은 1987년 도입 후 계속해서 지극히 낮은 수준이었다. 형식적 제도 도입이었고, 약자를 도울 진정한 의지가 없었기 때문이다. 그나마 2000년 이후에는 전보다 인상률을 높여서, 개선되었지만 여전히 낮은 수준이다.

2000년 이후 한국의 최저임금이 과거보다 빠른 속도로 상승해온 이유는 무엇일까? 두 가지다. 하나는 2000년 10월 도입된 국민기초생활보장제도의 영향이다. 이 제도는 일을 하든 안 하든 모든 국민에게 국가가 최저한의 생활을 보장해주겠다는 제도다. 중세 영국의 구빈법 전통 이래 '열등처우의 원칙principle of less eligibility'이란 게 있다. 일하지 않는 빈민이 받는 복지급여는 일하는 노동자의 최하 임금보다 높아서는 안된다는 원칙이다. 이 원칙과 지나치게 낮은 최저임금이 충돌하는 사태가 벌어진 것이다. 따라서 뒤늦게나마 최저임금 상향조정이 이루어진 것이다.

또 하나는 정권의 성격이다. 위에서 보았듯이 미국의 최저임금은 공화당 집권기에는 정체하고, 민주당 집권기에 상승하는 경향이 있다. 경제학자 폴 크루그먼은 공화당 정권에 의한 최저임금 저하를 미국의 소득분배 악화의 중요한 요인으로 본다. 우리나라에서도 과거 보수정권에 비해 10년의 민주개혁정권(보수파는 이를 '잃어버린 10년'이라 부른다)에서 최저임금이 상대적으로 개선되었다. 각 정권별 실질(물가상승률을 감안한) 최저임금 인상률을 보면 김영삼 정부 3.1%, 김대중 정부 5.5%, 노무현 정부 7.7%, 이명박 정부 1.4% 박근혜 정부 2.2%이다. 보수냐 진보냐에 따라 최저임금 인상률은 명백히 차이가 있다. 민생을 걱정하는 것은 역시 진보정권이다. 진짜 잃어버린 10년은 언제인가?

결론적으로 꾸준한 인상에도 불구하고 한국의 최저임금은 여전히 낮은 수준이다. 보수적인 이명박 정부가 들어서자마자 최저임금에 대한 공격이 시작된 것은 미국의 경험과 흡사하다. 같은 이유로 박근혜 정부에서도 최저임금 상승은 기대하기 어렵다. 어떤 경우에도 한국의 낮은 최저임금 수준을 생각한다면 재계의 최저임금 삭감 주장은 어불성설이다. 그렇다고 대폭 인상도 답이 아니다. 과거 푸에르토리코나 짐바브웨의 경험이 보여주듯 대폭 인상은 실업 증가를 가져오므로 정답이 아니다. 정답은 무엇인가? 매년 점진적 인상을 계속하는 것이다.

3중고에 시달리는 비정규직

비정규직법 문제가 첩첩산중이다. 최근 많은 나라에서 노동시장의 유연화 추세에 따라 비정규직이 확산되는 경향이 나타나고 있지만 우리만큼 문제가 심각한 나라는 눈을 부비고 찾아봐도 찾기 어렵다. 한국의 비정규직은 방대성·악성·차별성이란 3중고에 시달리고 있다. 첫째, 규모를 보면 통계청 추계로는 최근 540만 명으로서 전체 노동자의 1/3에 해당하는 놀랄 만큼 큰 숫자다. 그러나 실제 비정규직은 이보다 훨씬 더 많을 가능성이 높으니 문제가 여간 심각한 게 아니다. 다른 믿을 만한 추계에 의하면 우리나라 비정규직은 850만 명으로서 전체 노동자의 53%나 된다고 한다.

둘째, 비정규직의 성격이 악성이다. 한국 비정규직의 60%는 한시적 노동자들로서 고용 자체가 불안하다. 이와는 달리 선진국에서는 비정규직의 주종은 시간제 노동자들이다. 시간제 노동이란 노동자 개인의 사정에 맞추어 유연하게 일할 수 있어서 사실 많은 노동자들이 원하는 노동 형태이기도 하다. 그런 점에서 선진국의 비정규직은 양성 비정규직이다. 반대로 한국에서는 시간제 노동자는 아주 드물고, 언제 잘릴지 모르는, 부평초 같은 한시적 노동자들이 넘쳐난다는 것이 문제다.

셋째, 임금차별이 너무 심하다. 유럽에서는 비정규직이라도 시간당 임금에서는 정규직과 동일 임금을 받는 경우가 많은데 비해 한국에서는 동일 직장에서 동일 노동에 종사하는 경우에도 임금에 큰 차이가 난다. 비정규직 임금은 정규직의 50~60%에 불과해서 '동일노동 동일임금'의 원칙이 뿌리째 흔들리고 있다. 건강보험·고용보험·국민연금 같은 사회보험 혜택에서도 정규직은 80~90%가 적용을 받고 있는 데 비해 비정규직의 적용률은 30%대에 머물고 있어 하루하루가 불안할 수밖에 없다. 차별이 너무 커서 비정규직의 억울함을 달랠 길 없고, 한 국가 안에 1등 시민과 2등 시민이 공존하는 듯한 자괴감이 저절로 든다.

미국 흑인들은 1960년대 민권투쟁 이전에는 버스 앞좌석에 앉을 수 없었고, 식당이나 공원 출입도 자유롭지 못했다. 심지어 '개와 흑인은 출입금지'라는 모멸적 팻말이 식당 문 앞에 버젓이 붙어 있기도 했다. 지금 한국의 방대한 비정규직 노동시장에서 일상적으로 벌어지는 인권 침해와 차별은 과거 미국 흑인들이 받던 고초를 연상시킨다. 이 문제야말로 우리가 시급히 해결해야 할 최대의 과제가 아닐 수 없다. 국회는 비정규직 시한 연장이니 유예니 하는 말초적 접근을 버리고 발본적 대책을 강구해야 한다.

2009년 국회에서 비정규직법 개정을 둘러싸고 여야 대립이 치열하게 벌어졌다. 2007년 이 법을 만들 때 비정규직 고용 시한을 2년으로 정했었다. 따라서 비정규직을 고용하는 기업은 둘 중 하나를 선택해야 한다. 비정규직 노동자를 2년 이상 쓰려면 정규직으로 전환하든지, 아니면 2년이 되기 전에 해고하든지. 그러므로 이 법이 시행된 지 2년이 되는 2009년 7월 1일은 중요한 시점이었다.

정부와 한나라당은 비정규직법을 그대로 두면 7월 1일 이후 '백만 해고 대란'이 발생할 것이라고 호들갑을 떨면서 고용 시한을 4년으로 연장하는 법 개정 혹은 법의 시행 유예를 주장했다. 이는 문제 해결이 아니고 뒤로 미루는 것이며, 비정규직을 더 확대할 우려가 있다. 민주당 등 야당은 그런 조처가 근본적 해법이 아니라며 반대했다. 양측의 팽팽한 대치 끝에 7월 1일을 넘겼지만 우려했던 해고 대란은 없었다. 그래서 정부와 한나라당은 공포 분위기를 조성해서 법을 개악하려 했다는 의심을 받게 됐다. 또 하나 특이한 사실은 최근 비정규직 해고가 민간 부문이 아니라 공기업, 국회 사무처, KBS 등 공공부문에서 많이 일어나고 있다는 사실이다. 민주당의 김유정 대변인은 브리핑에서 "정부가 '거짓선전(대량해고)'이 탄로날까 두려워 공공부문 계약해지를 독려하는 형국"이라며 "집주인이 집에 불난다고 떠들었는데 막상 불이 나지 않자 직접 불을 지른 것"이라고 비판했는데 비유가 아주 재미있다.

공공부문의 비정규직 해고는 특히 비판을 받아 마땅하다. 왜냐하면 정규직은 '공공재'와 유사한 성질이 있기 때문이다. 일자리가 안정적인 정규직 노동자들은 장기적 시야를 갖고 기업특수적 기술 연마에 힘쓰기 때문에 생산성 향상에 유리하다. 하루살이 같은 비정규직이 무슨 애착이 있어 자기 회사의 기술을 열심히 배우겠는가? 또 비정규직에 비해 정규직의 높은 임금과 안정된 일자리는 소비심리상 지금과 같은 불경기 때 경기회복에도 유리한 영향을 미친다. 바꾸어 말하면 정규직 고용에는 경제학에서 말하는 플러스의 외부효과가 발생하는 것이다. 이런 이유로 최근 일본에서는 전통적 종신고용 제도의 장점을 살리려는 움직임이 있다. 정규직이 갖는 좋은 외부효과에도 불구하고 개별 기업의 미시적 관점에서는 우선 당장 돈이 아까워 비정규직을 선호한다. 이는 어두운 골목에 가로등이 필요한 건 모두들 알면서도 내 돈 내고 설치하라면 기피하는 인간 심리와 비슷하다.

가로등은 공공재이므로 정부가 공급하듯이, 공공재의 성격을 갖는 비정규직 문제 해결에 정부의 적극적 역할이 필요하다. 정부가 나서서 민간기업에 정규직 채용을 권장하고, 특히 불경기 때는 정규직 채용 장려금도 고려할 만하다. 정부 스스로 정규직 채용을 늘이는 솔선수범도 필요하다. 그런데 현실은 거꾸로 가고 있다. 이명박 정부 들어서는 공공기관 등 공공부문에서 비정규직 노동자에 대한 계약해지가 급증한 것으로 나타났다. 공공부분이 비정규직의 정규직 전환에 솔선수범은 못할망정 오히려 해고에 앞장서고 있어 개탄스럽다. 공공재 파괴에 앞장서는 공공부문은 공익기관 대신 스스로 '공공의 적'이 되려는 게 아닌가?

미누와 이주노동자 문제

2009년 네팔 출신 노동자 미누(본명 미노드 목탄)가 네팔로 추방됐다. 20세에 한국에 와서 18년간 살면서 노동과 노래를 우리에게 선물했던 미누는 한국인보다 한국말을 잘했고, 계속 한국에 살고 싶었으나 불법체류자로 분류되어 추방되고 말았다. 미누의 많은 한국인 친구들과 시민단체가 추방 반대 운동을 펼쳤지만 아무 소용이 없었다. 그는 몇 년 전 네팔의 어머니가 돌아가셨을 때도 귀국하지 못했는데, 결국 원치 않은 귀국을 하게 된 셈이다.

우리나라의 법은 이주노동자들에게 3년 이상 국내 체류를 금지하고 있다. 그리고 한국의 국적취득 요건은 5년 이상 계속 거주를 요구한다. 무슨 뜻인가? 한마디로 이주노동자들에게 일은 시키되 한국 국적은 주지 않겠다는 것이다. 물론 정부 입장도 전혀 이해가 가지 않는 것은 아니다. 법을 지켜서 3년 이전에 출국한 선의의 외국인과 법을 어긴 불법 체류자 사이에 법의 형평은 있어야 하기에. 문제 해결이 쉽지는 않으나 어쨌든 개선의 여지는 있어 보인다.

이주노동자들은 소위 3D업종에 종사하므로 한국인들의 일자리를 빼앗아 가는 부작용 없이 한국의 경제성장에 기여해왔다. 외국인이 한국에 와서 3년이 지나면 우리말도 잘하고 일도 잘하는 단계인데, 무조건 본국송환이라니 이것은 고용주도 어느 누구도 원치 않는 일이다. 우리도 1960년대 서독에 광부와 간호사를 파견했고, 1970년대 중동에 많은 건설노동자들을 보내지 않았던가. 과거를 돌이켜보면 우리가 이주노동자 문제에 대해서 보다 포용적 태도를 가질 필요가 있다. 2007년 2월 여수 외국인보호소 화재 참사에서 드러났듯이 우리가 이주노동자들에 대해서 비정하고 차별적 정책을 견지해온 것은 아닐까.

이주노동의 역사를 보면 19세기 말에는 연평균 세계 인구의 10%가 국경을 넘을 정도로 이동이 활발했는데 최근에는 그 규모가 연 1억 7000만 명 정도로서 세계 인구의 3%에 불과하다. 이것이 19세기 말의 제1차 세계화와 현재 진행중인 제2차 세계화의 큰 차이다. 100년 전 이탈리아·아일랜드 등 유럽의 빈민들은 미국이라는 신세계에 희망을 걸고 대거 대서양을 건넜다. 그러나 지금은 선진국에 들어가는 문은 거의 잠겨버려 과학자·의사 등 일부 전문직을 제외하고는 하늘의 별따기다.

진정한 세계화가 되려면 노동이동은 지금보다 훨씬 자유로워야 하고, 외국인 차별은 철폐돼야 한다. 우리가 올챙이 시절을 잊어버리고, 자칫 편협한 인종우월주의에 빠져 있는 것은 아닌지 미누 사건을 보면서 깊이 반성할 필요가 있다.

아! 전태일

1970년 11월 13일 아름다운 청년 전태일은 스스로 몸을 불살라 산화했다. 전태일은 1948년 대구에서 태어나 1970년 청계천6가 평화시장 앞에서 '근로기준법' 책과 함께 몸을 불살라 22년의 짧은 인생을 마감했다. "근로기준법을 준수하라!" "내 죽음을 헛되이 하지 말라"는 게 마지막 외침이었다. 6·25전쟁이 1950년대를 상징하고, 4·19혁명이 1960년대를 상징하듯이 전태일의 죽음은 1970년대를 상징한다 해도 과언이 아니다.

전태일은 진정 공부하기를 좋아했다. 그는 일생에서 가장 행복했던 순간은 대구에서 잠시 공민학교에 다니던 시절이었다고 회상했다. 그는 대구의 뜻있는 대학생들이 명덕초등학교(이 학교는 『저 하늘에도 슬픔이』라는 일기를 써서 영화화되기도 했던 이윤복 어린이가 다녔던 학교다. 비슷한 시기에 낮에는 이윤복이, 그리고 밤에는 전태일이 이 학교에서 공부했다) 교실을 빌어 야간에 운영하던 청구공민학교를 다녔다. 당시 전태일의 일기를 보면 경북대학교 교정을 빌려 청구공민학교 운동회를 하던 날 전태일이 느꼈던 하늘을 날아갈 듯한 기쁨을 표현하고 있다. 필자는 오가다가 명덕초등학교와 경북대 운동장을 지날 때면 전태일이 생각난다.

전태일은 구두닦이, 신문팔이 등 사회 밑바닥을 전전하며 밥굶기를 밥먹듯 했지만 자신의 배고픔보다 동생들의 배고픔을 더 아파했다. 청계천에서 일하는 동안 그는 재단사로서 자신의 처지보다 바로 옆에서 미싱을 돌리는 여공들의 처지를 더 아파했다. 얼마 안 되는 임금으로 풀빵을 사서 점심을 굶는 여공들에게 나누어주고 정작 본인은 버스비가 없어 멀고 먼 수유리 집까지 걸어가기도 했다. 그가 평화시장에서 조직하고 회장을 맡았던 모임 이름이 '바보회'였으니 그는 원조 바보인 셈이다. 그는 인간 이하의 대접을 받는 노동자들의 처우를 조금이라도 개선해보고자 근로기준법 책을 혼자서 공부하고, 여기저기에 호소하러 다니고 온몸으로 부딪치다가 이래도저래도 안 되는 암담한 현실에 저항하여 결국 최후의 선택을 했던 것이다.

전태일이 일하던 청계천의 평화시장은 2만 명의 노동자를 고용해서 각종 옷을 만들고 있었는데, 1970년 평화시장의 노동조건을 조사한 미국의 한 인권단체는 이렇게 보고했다. "14~16살의 어린 소녀들이 마루바닥에 꿇어앉아서 아침 8시에서 밤 11시까지 하루 평균 15시간을 일해야 했다. 노동자들은 한 달에 이틀만 쉴 수 있었다. 할 일이 매우 많을 때는 철야작업까지 했다. 이런 가혹한 노동에 대한 임금은 월 1500

원에서 3000원 사이였다. 그들의 하루 임금은 다방 커피 한잔 값이었다."

저임금의 배후에는 독재가 있었다. 하버드대학의 경제학자 대니 로드릭은 독재일수록 임금이 낮고, 민주화와 함께 임금은 상승한다고 주장하면서 한국을 예로 든다. 실제로 이승만, 박정희 독재정권은 노동운동을 극단적으로 탄압하며 자본의 편에 섰다. 초기 노동청장 10명 중 7명이 경찰 간부 출신이었고, 5·16 직후 중앙정보부는 직접 한국노총의 간부를 지명하면서 그 설립을 주도했다.

MIT의 경제학자 앨리스 암즈덴Alice Amsden도 한국의 고도 성장과정에서 노동이 배제되고 극도의 탄압을 받았음을 지적했다. "한국의 중앙정보부는 노동문제에 실질적 지배권을 행사하고 있었으며, 고임금·저임금의 구별 없이 노동자는 모두 생명조차 위협받는 탄압을 받고 있었다."

암즈덴의 말이 과장이라고 생각하는 독자가 있다면 아래의 증언이 도움이 될 것이다. 1954년 처음 한국에 온 이래 도시산업선교회에서 12년간 일했던 조지 오글George Ogle(한국명 오명걸) 목사의 증언이다.(조지 오글 목사는 제임스 시노트 신부와 더불어 1974년 8명이 억울하게 처형당한 인혁당 사건에 항의하다가 강제로 국외 추방당했다. 그는 2002년 한국인권협회가 수여하는 제5회 인권상을 수상하러 다시 한국 땅을 밟았다.)

"모든 노조 지도자들에게 위협이 가해졌다. 중앙정보부가 지목한 사람은 항상 감시 대상이었다. 검은 찝차에 두 사람과 운전수가 나타나면 사람들의 심장은 콩콩 뛸 수밖에 없었다. 한두 명의 노조 지도자가 갑자기 사라졌다가 돌아와서는 유순하고 조용해지면 두려움은 널리 퍼졌다. 중앙정보부가 공포의 대상이 되었던 이유는 고문을 통해 엄청난 고통을 가했기 때문이다. 한 명의 노조 지도자가 남산(중앙정보부의 별칭)에 다녀오면 다른 지도자들조차 공포에 떨곤 했다. 기업 경영자들은 노동자와 노조를 조종하기 위해 여러 가지 수법을 동원하였다. 거기에 경찰이 가세하여 잔혹성을 더했지만 사람들에게 가장 큰 공포심을 유발한 것은 역시 중앙정보부였다"(George E. Ogle, *South Korea: Dissent within the Economic Miracle*, Zed Books, 1990 pp. 60~61).

사실 노동탄압은 한국뿐만 아니라 후발공업화를 추진한 거의 모든 나라에서 공통적으로 나타났지만 다만 한국과 다른 후발국의 차이는 한국에서는 노동조합이 탄압에 굴하지 않고 저항하여 끊임없는 노사분규가 일어났다는 점이다. 박정희 치하 극단적 노동탄압에 온몸으로 맞선 사람이 전태일이었다. 그의 죽음은 사람들로 하여금 비로소 노동문제에 눈뜨게 만들었으니 진정 그는 시대의 선각자요 순교자였다.

전태일이 죽을 때 뒷일을 부탁했던 어머니 이소선 여사는 평범한 주부에서 일약 '노동자의 어머니'로 변신해서 평생을 노동운동, 민주화운동에 헌신하다가 2011년 81세를 일기로 세상을 떠났고, 한국의 노동문제를 걱정하던 미국 MIT의 여성경제학자 앨리스 암즈덴도 2012년 68세를 일기로 갑자기 세상을 떠났으니 사람은 결국 모두 한 번은 세상을 떠나는데, 얼마나 오래 사느냐가 문제가 아니고, 어떻게 사느냐, 그리고 때로는 어떻게 죽느냐가 더 의미 있는 게 아닌가 하는 생각이 든다.

노동절과 노동귀족

5월 1일은 세계 노동절(메이데이May Day)이다. 노동절은 19세기 말 미국에서 유래한다. 1886년 5월 1일 미국 시카고에서 노동자들이 하루 8시간 노동을 요구하는 총파업을 벌이다가 경찰의 발포로 여섯 명의 노동자가 죽었다. 이에 항의하는 집회가 5월 4일 시카고의 헤이마켓Haymarket 광장에서 열렸다. 집회가 끝나갈 무렵 의문의 폭발물이 터져 노동자·경찰관 등 다수의 사상자가 생겼다. 노동자들을 적대시하던 자본가·정치인·보수언론은 이를 노동운동 탄압의 기회로 삼았다. 이들은 평소 눈에 가시 같이 여기던 시카고 노동운동 지도자들에게 살인 혐의를 씌우고, 심지어 집회 현장에 있지도 않았던 사람들까지 엮어 넣었다.

각계의 탄원, 구명 운동도 소용이 없이 네 명의 노동운동가에게 사형이 선고됐다. 사형수 중의 한 명인 앨버트 파슨즈는 교도소에서 사형 집행 전날 밤 마지막 면회를 온 아내를 위한 노래를 불렀다. 남편의 목숨을 구하기 위해 발이 닳도록 전국을 쫓아다녔던 사랑하는 아내를 위해 그가 감옥의 죄수들이 다 들을 수 있도록 큰 목소리로 부른 노래는

'애니 로리'였다. 7년 뒤 자료를 검토한 일리노이 주지사는 헤이마켓 사건의 죄수들이 모두 무죄라는 사실을 인정하고 그때까지 감옥에 남아 있던 죄수들을 석방했다.

억울하게 사형당한 네 명의 노동운동가들을 기리기 위해 1890년 5월 1일 열린 대규모 집회가 메이데이의 효시이며, 그 뒤 각국은 이 날을 기념하고 있다. 그러나 정작 메이데이의 원적지 미국에는 메이데이가 없다. 미국은 1893년부터 9월 첫째 월요일을 노동절Labor Day로 정해 하루 놀 뿐이지 메이데이는 없다. 우리나라에서는 일제시대부터 노동자들이 온갖 탄압을 무릅쓰고 메이데이를 지키려고 노력해왔다. 그러나 해방 후 이승만 정권은 1958년 노동절 날짜를 어용적 대한노총 탄생일인 3월 10일로 바꾸었고, 박정희 정권은 이름조차 '근로자의 날'로 바꿔버렸다. 지금의 5월 1일 노동절을 되찾은 것도 1987년 민주화대투쟁 이후에야 비로소 가능해진 일이다.

2011년 현대자동차 노조는 장기근무한 정규직의 자녀에게 채용 특혜를 주는 단체협약안을 마련했다. 이는 고용 세습이요, 세습은 귀족주의의 특징이다. 귀족주의·특권주의를 타파하고 민주주의를 하자는 게 노조의 본령일진대 세습 규정은 노조가 스스로의 임무를 망각하고 노동귀족임을 선언한 것과 마찬가지가 아닌가. 그동안 한국 노조는 여러 가지 건설적 역할에도 불구하고 보수적, 적대적 환경 속에서 노동귀족이라는 둥 경제를 망친다는 둥 각종 음해에 시달려 왔다. 그런데 일부 노조의 세습 선언으로 앞으로는 노조 반대자들이 노동귀족이라 공격해도 할 말이 별로 없게 됐다. 진정 노조가 할 일은 회사의 민주주의를 지켜내고 차별받는 비정규직 노동자들을 위해 목소리를 내는 일이다. 19세기말 미국 노동운동가들이 그랬듯이.

남녀차별과 유리천장

경제협력개발기구OECD가 2010년 발표한 보고서를 보면, 한국의 남녀 간 임금격차가 조사대상 21개국 중 가장 큰 것으로 나타났다. 정규직 노동자의 임금을 보면 한국 여성은 남성보다 38% 정도 덜 받고 있는 것으로 나타났는데 이는 21개국의 평균 격차 18%보다 훨씬 크다. 이 자료는 정규직 노동자만 대상으로 했으므로 비정규직이 많고 특히 여성들이 비정규직에 많이 종사하는 우리나라의 현실은 이 숫자보다 훨씬 더 열악하다고 봐야 할 것이다.

이는 명백히 한국의 남녀차별이 심하다는 것을 보여주는 증거다. 한국 남성들은 최근 몇몇 시험에서 여성들이 괄목할 만한 성적을 올리는 것을 보고 과거에 비해 한국 여성의 지위가 많이 향상됐다고 생각하는 경향이 있지만 실제는 그렇지 않다. 다른 지표인 여성권한척도를 보더라도 한국은 2007년 세계 93개국 중 64위에 머물고 있다. 여성권한척도는 여성 국회의원 수, 행정관리직 및 전문기술직에서 일하는 여성의 비율, 그리고 남녀 소득격차 등을 기초로 산출한다. 2007년 보고서에 따르면, 노르웨이·스웨덴·핀란드·덴마크·아이슬란드가 각각 1~5위를 차지하여 북구가 단연 강세를 보이고 있다. 우리나라의 여성권한척도가 이처럼 낮은 이유는 남녀간 소득격차가 크고 국회의원 및 고위직 여성 비율이 낮기 때문인데, 고위직에서 일하는 여성 비율을 보면 노르웨이 30%, 아이슬란드 27%, 호주 37%, 미국 42%, 영국, 34%인 데 비해 일본 10%, 한국 8%에 불과하다. 최근 자료인 2012년 세계경제포럼 WEF에서 발표한 남녀격차지수(경제 참여와 기회, 교육 성취도, 건강과 생존, 정치적 권한으로 구성)를 놓고 봐도 한국은 135개국 중 108위에 머물러 있다.

미국은 고위직 여성 비율이 높은 편에 속하지만 직장에서의 남녀평등을 더욱 높이기 위해 1995년 '유리천장위원회Glass Ceiling Committee'의 보고서가 나오기도 했다. 유리천장glass ceiling이란 여성이 고위직으로 올라가는 것을 막는 각종 장애를 뜻한다. 얼핏 보기에는 위로 올라갈 수 있을 것 같은에 막상 올라가려고 하면 눈에 안 보이던 유리천장에 부딪히게 된다는 뜻이다. 미국도 남녀 차별이 큰 나라이지만 그래도 꾸준히 남녀 소득격차가 감소하는 추세를 보이고 있다. 그럼에도 2010년 3월 8일 오바마 대통령은 백악관에서 열린 세계 여성의 날 100주년 기념식에서 여성을 차별하는 유리천장은 이제 깨져야 한다고 연설해서 주마가편하고 있다.

한국은 전혀 다른 세상이다. 예를 들어 참여정부는 남녀차별 문제를 완화하기 위해 2006년에 '적극적 고용개선 조치'라는 정책을 도입했다. 회사들로 하여금 남녀간 고용 상황을 매년 보고하고 심한 불균형을 보이는 회사는 그 이유를 설명하도록 요구하는 지극히 온건한 정책이다. 그러나 재계는 이명박 정부가 들어서자마자 건의한 규제완화 희망 목록에 이 정책을 포함시켰다. 이 제도는 존속하고 있긴 하지만 기업이 두려워할 만한 제재 조처가 없어서 종이호랑이에 불과하다. 앞으로 남녀간 심한 고용 불균형을 보이며 개선 기미가 없는 기업에 대해서는 언론에 그 명단을 발표한다든가 정부조달 참여에 제한을 가한다든가 하는 적극적 보완조처가 필요하다. 그래야 비로소 이 제도가 힘을 발휘할 것이다.

원래 이 제도는 1960년대부터 미국에서 시행중인 '적극적 조치 Affirmative Action'를 참고해서 만든 것이다. '적극적 조치'는 원래 미국 정부가 아니라, 미국 기업가들이 린든 존슨 대통령에게 건의해서 도입됐다는 사실을 인식하는 것이 중요하다. 존슨 대통령이 1964년 민권법이 의회를 통과한 뒤 대표적 기업가들을 백악관에 초청해서 앞으로 어떤 후속조치가 필요한지를 물으니 기업가들이 '적극적 조치'를 도입할 것을 권고했다고 한다. 기업가들이 앞장서서 이런 제도를 도입하자고 하는 나라가 있는가 하면 정부가 도입한 제도를 없애려 하는 나라도 있다. 양국간 기업가들의 인식 차이에 놀라지 않을 수 없다. 저 넓은 인식의 강을 어떻게 넘느냐, 이것이 우리나라 남녀차별 문제 해결의 첫걸음이다.

김대중, 노무현 시대의 소득분배

무슨 운명의 조화인지 민주화를 위해 헌신한 노무현, 김대중 두 대통령은 2009년 불과 석 달 사이에 연이어 우리 곁을 떠났다. 두 분은 공통점이 많다. 두 분은 꽃을 좋아했다. 작고하던 해 5월 1일 일기에서 김대중 대통령은 마당에 영산홍과 철쭉꽃이 핀 것을 보면서 "꽃을 많이 봤으면 좋겠다"고 썼다. 노무현 대통령은 꽃에 관한 지식이 해박해서 청와대 경내에 핀 꽃을 보면 일일이 관심을 표시하고 옆의 사람들에게 상세하게 해설을 해주곤 했다. 두 분은 꽃을 좋아했지만 꽃보다는 사람을 더 사랑했고, 특히 약자에 대한 연민이 많았고 눈물이 많았다. 그래서 당연히 경제정책도 약자 위주로 가고, 따라서 소득분배 개선과 빈곤 축소가 기대되었는데, 결과는 뜻밖에도 반대로 나타났다. 오히려 김대중, 노무현 시대에 소득분배는 악화하고, 빈곤은 늘어났다. 왜 그런가?

보수 쪽에서는 정책이 분배 위주로 가서 실패한 거라고 주장한다. '좌파' '분배주의'라는 딱지가 보수언론의 단골 메뉴였고, '분배에 치중하다가 성장의 발목 잡았다'고 하는 표현이 보수언론의 애창곡이었다. 그들이 유행시킨 말이 '잃어버린 10년'이었다. 다른 한편 진보 쪽에서는 분배정책을 쓰지 않고, 성장지상주의·시장만능주의를 추종했기 때문에 이런 결과가 왔다고 해석한다. 본격적 분배정책을 기대했는데, 집권 후 엉뚱한 방향으로 갔다고 섭섭함을 감추지 않는다. 이처럼 양쪽의 평가는 하늘과 땅처럼 벌어져 있다. 그래서 노무현 대통령은 '그럼 우리는 좌파 신자유주의네요'라고 자조적으로 이야기한 적도 있다.

도대체 정확한 평가는 무엇인가? 방향은 옳았고, 노력도 꽤 하긴 했는데, 충분치 못했다고 보는 것이 정확할 것이다. 김대중 정부는 국민기초생활보장제도를 도입하고 의약분업을 시행하는 등 제도개혁에 적극적이었고, 복지지출도 많이 늘였다. 노무현 정부도 동반성장을 내세우면서 경제예산을 줄이고 복지예산을 크게 늘였다. 실제로 경제예산 : 복지예산의 비율이 참여정부 첫해에는 28 : 20이었는데, 마지막 해에는 20 : 28로 역전되었다(참고로 선진국 평균은 경제예산 10%, 복지예산 50% 정도다). 그리하여 정부가 갖는 소득재분배 효과가 역대 정부에서는 시장소득 불평등의 3% 축소에 그치던 것이, 국민의 정부에서는 6%, 참여정부 9% 축소로 조금씩 높아졌다. 그러나 선진국 정부가 갖는 소득재분배 효과가 평균 42%인 것과 비교하면 6~9% 라는 값은 여전히 부끄러운 수치다. 그래도 과거 보수정부에 비하면 진일보한 것으로 평가해야 한다.

또 하나는 두 대통령의 집권 시기가 세계적으로 시장만능주의가 팽배하고, 불평등이 심화하던 시대였다는 배경을 염두에 두어야 한다. 복지국가가 확립된 소수의 나라를 제외하고 많은 나라에서 분배가 악화했다. 미국에서는 클린턴이 8년간 집권해서 공화당의 부자 중심 정책을 탈피하고, 불평등을 심화시키는 시장의 힘에 저항했으나 분배 상태가 더 이상 악화하는 것을 겨우 막고 현상유지에 그쳤을 뿐, 개선까지는 가지 못했던 것을 보라. 더구나 한국은 분배를 입에 담으면 좌파로 몰아세우는, 특이한 성장지상주의 국가가 아닌가. 10년간 이 정도 노력한 것도 한국 상황에서는 꽤 안간힘을 쓴 것이라 할 수 있다. 분배를 위한 노력 '때문에' 분배가 악화한 게 아니고, 분배를 위한 노력에도 '불구하고' 분배가 악화한 것이다. 그러므로 우리는 분배 개선을 위해 더 노력해야 한다.

성장지상주의의 저주, 저출산

2010년 OECD가 발표한 자료는 우리에게 큰 충격을 주었다. G20 회원국 중 2030년 65세 이상 노인 인구 비율에서 한국은 일본, 독일, 이탈리아에 이어 4위가 될 것으로 예측됐다. 한국의 노인 인구 비율은 1970년에 3.1%로서 20개국 중 가장 낮았지만 2000년에는 7%를 넘어 '고령화사회'에 진입했다. 앞으로 2019년에는 14%를 넘어 '고령사회'에, 2026년에는 20%를 넘는 '초고령사회'에 도달할 것으로 예상되고 있다. 또한 한국의 고령화 추세는 2030년 이후에도 꾸준히 지속되어 2050년에는 일본에 이어 세계 2위의 노인국가가 될 것으로 전망됐다.

고령화가 진행되는 것은 현재 세계적 추세지만 유독 한국은 그 속도가 빠르다. 선진국들이 '고령화사회'에 진입해서 '초고령사회'에 도달하는 데 걸리는 시간이 대개 100년 내외로서 고령화가 완만한데, 한국은 그 시간이 불과 26년이라 하니 아예 비교가 안 된다. 다른 나라들은 마라톤 선수처럼 달리는데 한국은 인간탄환 우사인 볼트처럼 질주하고 있다. 고령화 전망은 우리에게 심각한 경종이다. 고령화가 진행할수록 생산가능인구 비율이 줄어들고, 노인 부양의 부담이 증가하고, 성장잠재력이 떨어지기 때문이다.

2009년 11월 국무총리실 산하 경제·인문사회연구회에서는 한국의 경제사회적 발전 수준을 OECD 30개국과 비교한 흥미 있는 연구를 발표했다. 한국의 성적이 제일 좋은 분야는 과학기술 경쟁력으로서 4위에 오른 것은 무척 자랑스럽다. 그러나 성적이 제일 나쁜 분야는 30위로 꼴찌를 차지한 복지/분배다. 분배가 불평등하기로 악명 높은 멕시코와, 국민소득이 우리 절반밖에 안 되는 터키보다 우리가 뒤처진다는 사실은 충격적이다.

같은 날 국내 모든 신문은 한국의 출산율이 1.22명으로 세계에서 끝에서 2등이라는 유엔인구기금 보고서를 대서특필했다. 이 보고서에 의하면 한국의 인구는 지금 4800만 명인데 현재의 저출산 추세가 계속되면 40년 뒤에는 400만 명이 줄어들 것이라고 한다. 머나먼 미래를 예측한 다른 추계에 의하면 지금부터 300년 뒤에는 한반도에 사람이 사라질지도 모른다는 공포스런 시나리오도 있다.

복지/분배 꼴찌와 출산율 꼴찌는 별개의 사실이 아니다. 복지/분배가 꼴찌이니 출산율도 꼴찌가 된 것이다. 공교롭게도 비슷한 시기에 홍헌호 박사가 발표한 연구를 보면 한국의 가족정책 예산이 국민소득 대비

0.3%로서 OECD 평균의 1/7밖에 안 된다고 한다. 가족수당, 육아휴직 급여, 보육서비스, 자녀 교육지원 등에 배정된 예산이 다른 나라에 비해 턱없이 부족하다는 뜻이다. 그러니 개인이 아이 낳아서 키우는 비용이 많이 들 수밖에 없다. 병원·보육시설·학교 어디를 가도 국가에서 제대로 도와주지 않으니 개인이 스스로 해결해야 하고, 그러니 아이 키우는 비용이 다른 나라에 비해 너무 많이 드는 것이다. 그 결과가 애 안 낳기다.

한국의 출산율이 급전직하한 이유는 무엇인가? 여성의 사회적 진출의 증가, 결혼과 출산에 대한 가치관의 변화 같은 요인도 있지만 뭐니 해도 가장 중요한 것은 애 키우는 데 보육비·교육비·사교육비가 너무 많이 들기 때문이다. 말하자면 젊은 부부들이 애 키우기가 너무 힘들어 '출산파업'을 벌이고 있는 셈이다. 우리가 복지국가 건설을 게을리하고 생활의 모든 부담을 개인과 시장에 돌린 결과가 세계 최저 출산율이라 하지 않을 수 없다. 우리와 세계 최저 출산율을 다투는 타이완·홍콩·일본이 소득은 높으나 복지국가 후진국이고, 남녀차별이 심한 나라들이라는 사실에 주목할 필요가 있다.

저출산과 함께 진행하는 현상이 고령화이다. 고령화의 원인은 무엇인가? 의학의 발달, 섭생의 개선으로 인간 수명이 연장되는 것도 있지만 가장 중요한 요인은 출산율의 하락이다. 고령화 비율의 분자인 65세 이상 인구가 증가하는 것도 원인의 하나지만 분모에 해당하는 젊은 인구가 유입되지 않는 게 더 문제인 것이다. 가임여성 1인이 평생 출산하는 아이의 숫자를 나타내는 합계출산율을 보면 한국의 경우 1960년에는

6.0명, 1970년에는 4.5명이던 것이 1990년대 이후 급격히 떨어져서 최근에는 1.2명으로 세계 최하수준으로 떨어져버렸다.

저출산은 머지않아 노동력이 부족해지고, 따라서 경제성장이 떨어질 것임을 의미한다. 저출산은 고령화를 가져온다. 사실 이 둘은 동전의 앞뒷면과 같다. 물론 저출산, 고령화는 많은 나라에서 나타나는 공통 추세이긴 하지만 그 속도에서 우리만큼 빠른 나라가 없다. 이 문제를 해결하지 않고는 우리는 경제성장 전망을 포기할 수밖에 없다. 우리가 성장을 계속하기 위해서라도 출산율을 대폭 높여야 하며, 이를 위해서는 젊은 부부들이 출산파업을 끝낼 수 있도록 보육·교육·복지에 대폭 투자해야 한다.

해답은 복지국가다. 프랑스와 스웨덴은 19세기에 이미 고령화가 시작됐지만 100년 넘게 건재하며 현재 출산율은 우리보다 훨씬 높다. 프랑스는 한때 출산율 하락을 겪었으나 출산 및 양육을 국가 책임으로 인식하고 공공보육 지원, 출산휴가 연장, 가족수당 지급 등 획기적 정책으로 반전에 성공한 것을 거울삼아 우리도 나라의 틀을 근본적으로 바꾸지 않으면 안 된다. 더 늦기 전에 복지국가로 가야 한다.

그런데 우리의 현실은 어떤가. 우리나라 역대 보수정권은 복지와 분배를 무시하고 오직 성장지상주의에 매진해왔다. 그러나 지금은 복지와 분배를 무시하고는 더 이상 성장이 불가능한 상황이다. 우리나라 보수파가 애창하는 '복지/분배가 성장의 발목 잡는다'는 노래는 이제 그만 불러야 한다. 그 대신 '성장과 분배는 동행', 이런 노래를 불러야 한다. 새는 두 날개로 날고, 사람도 두 다리로 걷듯이 성장과 복지/분배는 같이 가는 것이다. 저출산은 우리가 40년간 매달려온 성장지상주의의 저주다. 우리 앞에 놓인 세계 최저 출산율이라는 시한폭탄이 벌써 재깍재깍 돌아가고 있다. 너무 늦어 후회하기 전에 복지와 분배에 눈을 돌려야 한다.

정조의 손상익하損上益下와 복지국가

"위에서 손해를 보고 아래가 이득이 되게 하라損上益下. 그것이 국가가 할 일이다."(정조) 이 말은 원래 『주역周易』에 나오는 말인데, 정조가 이 말을 한 배경은 아래와 같다.

이미자의 노래 〈흑산도 아가씨〉로 잘 알려진 전라도의 섬 흑산도는 원래 토지가 척박하고 가난한 섬이다. 1년에 쌀 서 말을 먹기가 어려웠다. 고등어는 그물에는 안 잡히고 낚시로 잡는 것이라 1년 가도 몇 마리 못 잡는데 주민들은 어장세, 고등어세에 시달렸다. 특히 흑산도에서는 닥나무 껍질을 벗겨 종이를 만드는 것이 중요한 생업이었는데, 세금(1년에 닥나무 40근에 해당)이 과중해서 큰 고통을 당하고 있었다. 흑산도 주민 김이수(1756년생)는 이 문제를 해결하기 위해 발 벗고 나섰다. 먼저 흑산진에 호소했으나 원님은 들은 척만 하는 것도 모자라 공연히 분란을 일으킨다고 김이수를 미워하고 해코지를 했다. 목포 앞바다는 풍랑이 심해 해난 사고가 잦은 곳인데도 김이수는 목숨을 걸고 육지에 올라 나주목에 호소했으나 역시 허사였다. 마침내 전주에 있는 전라감영까지 찾아가서 호소했으나 아무 소용이 없었다.

불굴의 김이수는 그래도 포기하지 않고 멀고 먼 서울에 가서 임금에게 호소하기로 마음먹었다. 그는 길을 떠나기 앞서 주민들을 모아놓고 이렇게 말했다. "지금 다행히 성군이 위에 계시니 우리의 어려운 사정을 아뢴다면 아무리 멀리 있어도 은혜를 입을 겁니다." 당시 백성들의 눈에도 정조 임금이 성군으로 비춰졌음을 알 수 있다. 흑산도는 정약용의 형 정약전이 귀양 와 있으면서 『자산어보』를 저술했던 곳이다. 이때는 정약전이 귀양 오기 몇 년 전인데, 그래도 누군가 귀양 온 사람을 통해 김이수가 서울 사정을 전해 들었을 가능성이 있다.

김이수는 서울에 와서 격쟁擊錚이란 제도에 의지해서 임금에게 호소할 길을 찾았다. 격쟁이란 꽹과리를 두드리는 것인데, 억울한 일을 당한 백성이 임금의 행차 길에 꽹과리를 두드리면 임금이 길을 멈추고 그 호소를 들어주었다. 조선 초기 신문고라는 제도가 있었으나 그 북은 의금부 안에 있어서 백성들은 접근하기 어려웠고, 그나마 연산군이 폐지해 버렸다. 실로 오랜만에 정조가 부활한 민원 제도가 격쟁이다. 이 제도에서도 우리는 정조의 애민정신을 엿볼 수 있다.

정조는 재위 24년 동안 66회 궁궐 밖 행차를 해서 조선왕조 27명 임금 중 가장 많이 궁궐 밖 출입이 가장 잦았던 왕이다. 왕의 행차에서 격쟁으로 접수해서 처리해준 민원 건수가 3355건에 이른다. 특히 효자인 정조는 아버지 사도세자의 능(현륭원)을 자주 참배했는데, 마침 그 길목에 김이수가 기다리고 있다가 꽹과리를 울려 자기들의 억울함을 호소하는 데 성공했다. 김이수가 서울을 향해 출발한 것은 1790년 가을, 드디어 임금을 만난 것이 1791년 1월 18일이라고 주민들이 쓴 『김이수전기』에 기록돼 있다. 의지의 사나이 김이수는 몇 달이나 걸려 드디어 정조를 만나는 데 성공한 것이다.

정조는 이날 능행을 마치고 돌아와서도 바로 잠자리에 들지 않고 그날 격쟁으로 올라온 107건의 민원을 일일이 이렇게 저렇게 하라는 지시를 내리고 잠자리에 들었다고 하니 김이수 말대로 진짜 성군이다. 흑산도 주민들의 호소에 대해 정조는 현장 조사 지시를 내렸고, 넉 달 뒤 조사 결과가 나왔다. 주민들의 고통이 큰 것은 사실인데, 그 세금을 감면해주면 전라감영에 세수결손이 발생한다는 것이었다. 이 보고를 들은 정조는 "위에서 손해를 보고 아래가 이득이 되게 하라損上益下. 그것이 국가가 할 일이다"라고 말했다.

약자의 고통을 같이 아파하고, 소득재분배의 의지를 가진 지도자의 모습, 우리가 복지국가를 건설하는 데 모범으로 삼아야 할 모델이 아닐 수 없다. 백성들과 소통하고 주민들의 고통에 귀 기울인 정조도 성군이지만 주민들의 고통을 자기 일처럼 앞장선 김이수도 위대한 민주시민이다. 지금 흑산도에 김이수 묘가 있고, 그의 6대손들이 살고 있다.(몇 년 전 KBS에서 이 사건을 다큐멘터리로 제작 방영했다.)

카이스트의 비극

명문대 카이스트KAIST에서 2011년 네 명의 학생이 자살해서 나라가 발칵 뒤집어졌다. 성적 평점이 3.0에 미달하면 0.01점 당 6만 원씩 등록금이 올라가는 징벌적 등록금 제도와 전과목 영어 수업이 학생들에게는 큰 심적 고통을 주었다. 영어 수업이 필요한 과목도 있긴 하지만 전과목 영어 수업은 말이 안 된다. 우리말로 하면 훨씬 쉽게 설명할 수 있는데, 왜 군이 전과목을 영어로 해야 하나? 딱 까놓고 이야기하자면 학생들에게 엉터리 영어 가르치고, 전공 공부도 방해하는 바보 같은 방식이다.

성적 3.0을 경계선으로 정해놓으면 3.0을 훨씬 넘는 학생들조차 불안해진다. 비슷한 예를 들어보겠다. 1980년 전두환 정부 초기에 졸업정원제가 도입됐다. 대학 졸업 정원의 130%만큼 입학시켜놓고 4년간 경쟁시킨 뒤 졸업 때 30%를 탈락시키는 제도라서 학생들은 끊임없는 심리적 압박에 시달렸다. 급기야 필자가 근무하는 경북대에서 한 여학생이 성적 스트레스로 자살을 하는 사건이 벌어졌다. 이 학생은 성적이 상위권이었는데도 항상 탈락의 불안에 시달렸던 모양이다. 당시는 전두환 독재정권 시절이라 대규모 시위는 감히 꿈도 꾸지 못할 시절이었는데도 불구하고 이 사건 직후 수많은 학생들이 매일 자발적으로 시위에 참가했고 얼마 안 가서 경북대 전교생이 시위에 나섰다. 필자는 대학에서 크고 작은 시위를 수없이 보아왔지만 이때만큼 대규모 시위는 본 적이 없다. 시위대의 앞에서 맨 뒤가 안 보일 정도로 긴 행렬이 끝없이 이어졌고, 그런 시위가 매일 계속됐다. 결국 정부는 두 손을 들었고 졸업 정원제라는 악명 높은 제도는 일거에 폐지됐다. 아마 카이스트의 경우도 비슷했을 것이라고 짐작한다. 학점 위주의 과도한 성과주의가 대다수 학생들에게 엄청난 스트레스를 주었을 것이다.

인간은 경쟁을 시켜야 열심히 일하고 공부하는가? 보수 쪽에서는 그렇다고 본다. 카이스트가 추구했던 개혁은 보수파의 교육철학, 즉 경쟁주의, 성과주의와 박자가 잘 맞는다. 이 철학은 과연 옳은가? 아니다. 옳지 않다는 수많은 연구가 나와 있다. 인간은 금전적 보상에 의해 움직이는 게 아니라 자존심에 의해 움직인다는 연구가 많다.

스탠퍼드대학의 저명한 경영학자 제프리 페퍼 교수의 연구는 회사에서 택하는 성과주의는 단기 효과는 있지만 장기적으로는 효과가 오히려 마이너스임을 보여준다. 그는 개인별 보상에 반대하고 집단적 보상을 권고한다. 심리학자 알피 콘은 "설탕이 치아를 해치듯 경쟁은 인간의 자존심을 해친다"고 말한다. 그는 성과주의에 대해 "아무 생각없이 할 수 있는 극도로 단순한 작업에만 효과가 있다"고 결론내린다. 콘은 학교에서 개인별 학습보다 집단적 협동 학습이 더 효과적이라고 주장한다. 페퍼와 콘의 연구는 외적 보상이 오히려 내적 동기를 해친다는 역설적 현상을 설명해준다.

실제로 협동학습으로 유명한 핀란드가 국제학력평가에서 계속 1등을 하는 것을 보라. 핀란드에서는 학교에서 아예 경쟁을 없애 학생들의 등수를 매기지 않고 공부 잘 하는 학생이 뒤처지는 동료 학생들을 가르쳐준다. 성적을 소수점으로 쪼개서 차등 등록금을 내도록 한 카이스트의 조처는 개혁이 아니라 비인간, 반교육의 극치다. 당나귀를 움직이려면 당근과 몽둥이가 필요하지만 인간은 당나귀가 아니다. 카이스트가 시도한 교육개혁은 결국 개혁의 이름 아래 교육을 황폐화시키고 학생들을 죽음으로 내몬 것이다. 불쌍한 네 명의 희생자들이 경쟁 없는 하늘나라에서 편히 쉬기를 빈다.

경찰과 대학: 성과주의의 함정

2010년 피의자를 끔찍하게 고문해서 세상을 발칵 뒤집은 서울 양천경찰서의 경찰관 네 명이 구속됐다. 고문은 과거 독재시절의 유물인 줄 알았는데, 민주화 이후에도 고문이 자행되다니 경악을 금할 수 없다. 당시 채수창 서울 강북경찰서장이 이 고문 사건은 서울 경찰청의 잘못된 성과평가제도 때문이라며 경찰 지휘부의 무리한 실적주의를 비판하고 조현오 당시 서울경찰청장의 사퇴를 촉구했는데, 그러자 곧바로 직위해제되어서 시민들 사이에 논란이 더욱 커졌다.

실제로 서울 경찰청에서는 범죄별로 점수를 정해서 실적 경쟁을 부추겨왔음이 밝혀졌다. 예를 들어 살인은 50점, 강도살인은 70점, 절도는 20점, 이런 식이다. 서울 경찰청은 산출된 점수에 따라 산하 31개 경찰서를 가, 나, 다 세 등급으로 나누고 등급이 낮은 경찰서 간부들을 상대로 감찰조사를 벌이기도 했다고 한다.

이 사건이 반드시 성과주의, 실적주의의 산물인가 하는 것은 논쟁의 여지가 있다. 서울 경찰청의 다른 경찰서에서는 고문이 없지 않았느냐 하는 주장을 하는 사람도 있었고, 반대로 지나친 성과주의가 없었더라면 그렇게까지 고문을 했겠느냐 하는 반론도 있었다. 고문과 성과주의 사이에 인과관계는 아니더라도 적어도 상관관계는 분명히 있어 보인다.

한편 이명박 정부가 개혁을 한답시고 이상한 대학정책을 추진하는 바람에 아주 고약한 성과주의가 한국 대학에서 기승을 부리고 있다. 교수들의 업적을 논문·발표·사회봉사 등등 시시콜콜한 것까지 수십 개 지표를 만들어 점수를 매기고, 연봉을 차등지급하고 있다. 일부 악덕 재단이 지배하는 사립대학에서는 이걸 악용해서 자기들의 통제를 강화하는 데 쓰고 있다. 여기서는 국공립대학보다 훨씬 더 조악하고 야비한 평가방법을 동원한다. 이런 대학에서는 재단에 잘 보이는 교수는 연구를 안 해도 승승장구하고, 바른말 하다가 재단 눈 밖에 난 교수는 아무리 연구, 강의를 잘 해도 배겨내기 어렵다.

점수를 통해 교수들을 관리, 통제하는 양태가 조지 오웰의 『1984년』에 나오는 빅브라더Big Brother를 연상시킨다. 성과주의는 원래 미국의 산물인데, 미국 대학에서도 이렇게 하지는 않는다. 미국 대학도 성과 평가는 하지만 우리처럼 양적·점수 평가가 아닌 질적·종합적 평가를 한다. 그리고 그 평가를 놓고 교수와 학과장이 토론을 해서 최종 결론을 내린다. 우리의 경우에는 오로지 양적 평가, 위로부터의 일방적 평가가 있을 뿐이다.

18세기 최고의 철학자 임마뉴엘 칸트는 프로이센의 쾨니히스베르크에서 태어나서 80년 평생 한 번도 그 도시를 떠나본 적이 없는 것으로 유명한 사람이다. 매일 정해진 시각에 산책을 해서 동네 사람들이 칸트가 지나가는 것을 보고 시계를 맞췄다고 한다. 그는 48세에 처음 대학교수가 되었고, 60세가 다 되어서야 『순수이성비판』을 썼고, 환갑이 지나서 『실천이성비판』『판단력비판』을 써서 소위 3대 명저를 완성한 것이 66세 때였다. 만일 칸트가 지금 한국에 태어난다면 그는 애당초 대학교수가 못 될 것이고, 설사 교수가 된다 하더라도 연구업적이 없어서 금방 쫓겨날 것이다.

미시간공대에서 최우수교육자상을 수상한 조벽 교수는 강의 잘 하기로 유명한 교수다. 그는 교수들의 성과 평가에 기초한 연봉제는 교수들 사이에 동료의식을 없애고 개인주의를 조장하며 논문쓰기에 쫓겨 강의를 무시하는 등 장기적 부작용이 너무 크므로 한국에서는 채택하지 마라고 권고한다. 그런데도 현재 한국 대학은 미국에서는 상상할 수 없는 비인간적이고 불합리, 불공평한 성과주의와 연봉제를 다투어 도입하고 있어서 그 부작용은 이루 말로 다 할 수 없을 정도다.

성과주의는 물론 열심히 일하도록 동기부여를 하기 위해 만든 제도다. 이 제도가 성공하려면 성과를 측정하는 지표를 잘 선정해야 하고, 평가가 합리적이고 공정해서 조직 구성원들의 흔쾌한 동의를 얻을 수 있어야 하는데 이는 결코 쉬운 일이 아니다. 한국 경찰과 대학의 조악한 성과주의는 득보다 실이 많은 잘못된 제도다. 인간은 점수에 따라 움직이는 기계적 존재가 아니다. 인간의 두뇌는 훨씬 고차원적이므로 인간의 자존심을 살려줄 때 인간은 진정 열의를 갖고 일한다.

정글자본주의와 미친 대학 등록금

2011년 칠레 수도 산티아고에서 북쪽으로 120킬로미터 떨어진 발파라이소에서 공교육 개혁을 주장하는 학생들이 몸에 페인트를 바른 채 '즉시 무상교육을 실시하라'란 현수막을 들고 시위를 벌였다. 칠레에서는 대학생들의 등록금 인하 및 교육개혁을 요구하는 시위가 계속됐다. 칠레는 국립대 등록금이 우리 돈으로 900만 원 정도로, 국민소득 대비 등록금이 가장 높은 나라 중 하나라고 한다.

일본은 한국과 대학 재정 상황이 비슷한 국가다. 한국처럼 사립대학 비율이 77%에 이르는 데다 대학 재정 중 등록금 의존도도 우리나라만큼 높다. 2007년 기준 일본 사립대 전체 수입의 57%가 학생들로부터 받은 등록금이었다. 일본 대학은 1980년부터 시작된 저출산 현상으로 위기를 맞았다. 청년층 인구는 계속 감소한 반면 사립대학들은 우후죽순처럼 탄생했기 때문이다. 결국 2007년에는 대학 입학 정원이 신입생 수보다 많은 '전입숏ㅅ(전원 입학)' 시대가 도래했다. 정원 미달로 재정이 어려워진 대학은 이제 생존을 걱정해야 한다.

칠레, 일본도 문제가 심각하지만 우리나라 대학 등록금은 비싸도 너무 비싸다. 한국보다 등록금이 비싼 나라는 사실 별로 없다. 유럽은 대학교육이 거의 무상이니 아예 비교 대상이 아니다. 흔히 미국 대학 등록금이 세계에서 제일 비싸다고 하는데, 미국에서 사립대는 많이 비싸고, 주립대는 싸다. 그 점은 우리나라와 비슷하다. 그런데 미국 대학정원의 3/4이 주립대이고, 한국 대학정원의 3/4이 사립대인 점은 정반대다. 이런 구성의 차이를 감안하면 양국 비교에서 한국의 사립대 등록금과 미국의 주립대 등록금을 비교하는 게 손쉽다. 이렇게 비교하면 양국의 등록금 수준은 비슷하다. 1인당 국민소득은 미국이 한국의 3배 가까이 되니 소득 대비 한국의 등록금은 미국보다 훨씬 비싼 셈이다. 따라서 한국만큼 비싼 대학 등록금을 가진 나라는 거의 없다고 해도 과언이 아니다.

언제부터 등록금이 이렇게 비싸졌나? 과거에 대학을 '우골탑牛骨塔'이라 불렀지만 지금처럼 미친 수준은 아니었다. 전에는 소 팔면 대학 갈 수 있었으나 지금은 못 간다. 대학 등록금이 빠른 속도로 상승한 것은 주로 1989년 정부의 사립대 등록금 자율화 조처 이후의 일이다. 이때부터 사립대 등록금이 미친 듯 오르기 시작했다. 특히 세계화를 신봉하고 시장만능주의를 추종한 김영삼 정부 때 가장 많이 올랐다. 2002년 정부가 국공립대 등록금마저 자율화하자 국공립대 등록금 인상률이 사립대를 능가하고 있다. 1985년부터 2010년까지 전국소비자 물가가 2.9배 올랐는데, 대학 교육비용(주로 등록금)은 6.7배나 올라서 타의 추종을 불허하는 부동의 1위다. 과거 학생들이 수시로 등록금 인상 반대투쟁에 나섰지만 역부족이어서 대학과 정부는 수수방관할 뿐이었다.

한국의 대학 등록금은 왜 이리 비싼가? 그 이유는 한국 대학들은 외국과는 달리 기부가 적고, 적립 재산이 적고, 정부의 지원도 적어 거의 등록금에 의존해서 대학을 운영하기 때문이다. 이는 대학 자체의 문제라기보다는 보다 넓게 자본의 문제, 정부의 문제, 결국은 우리나라 자본주의의 성격 문제로 귀착한다. 비정한 자본, 비정한 정부, 거기에 시장만능주의까지 활개치니 한국의 자본주의는 한마디로 정글자본주의가 되버린 셈이다. 정글자본주의하의 대학은 재정을 학생, 학부모에 의존할 수밖에 없는 구조인 것이다.

이렇게 비싼 등록금 내고 대학을 졸업한들 좋은 세상이 기다리고 있는 것도 아니다. 2010년 대학졸업자의 취업률이 52%밖에 안 됐다. 수천만 원씩 대학에 갖다 바치고, 혹은 빚을 내거나 쉴 틈 없이 아르바이트해서 대학을 졸업하고 온갖 스펙을 쌓아도 취업의 희망은 멀리서 가물거릴 뿐이다. 밤샘 아르바이트 하느라고 공부도 못하고 잠도 제대로 못자는 대학생이 뭣 때문에 이렇게 사는지 모르겠다고 푸념하는 TV 다큐물을 보니 동정과 동감을 금할 수 없다. 실상이 이러니 사람들이 절망하고 분노하는 것이다.

2008년에는 미친 소가 시민을 촛불집회에 내몰더니 2011년에는 미친 등록금이 기어코 젊은이들을 촛불집회로 내몰았다. 소고기는 누구나 먹는 필수재라는 사실이 온 국민으로 하여금 촛불을 들게 했다. 다른 나라는 그렇지 않지만 한국에서는 대학교육도 필수재에 가깝다. 지금 고등학교 졸업생의 8할 이상이 대학을 가니 한국에서는 대학교육이 필수재라 해도 과언이 아니다. 대학교육이 필수재가 된 까닭은 그것이 지위재position goods이기 때문이다. 대학을 가고 안 가고가 사람의 사회적 지위를 결정하는 것이다.

2011년 반값 등록금을 요구하는 촛불이 거리로 나오자 비로소 정치권에서 사태의 심각성을 인식하고 설익은 대책이 난무했는데 그중 어떤 것은 백해무익인 졸속 내용이었다. 일각에서 운위하는 기여입학제는 우리 사회의 공정성을 무너뜨릴 대표적인 나쁜 제도다. 정부가 보조해서 반값 등록금을 만드는 것은 구조조정 대상인 부패하고 부실한 일부 사립대를 연명시키는 문제가 있다.

학자금 융자에 취업후 상환제를 뒤늦게나마 도입한 것은 다행이지만 이미 수십 년간 상승을 거듭하여 세계 최고가 돼버린 등록금 수준 자체가 문제다. 이 문제를 해결하려면 등록금 상한제를 도입해야 한다. 문제는 대통령과 새누리당이 시장원리를 내세우며, 이 문제에 소극적인 것이다. 이명박 대통령은 재임시 대학총장들과의 모임에서 등록금 상한제를 하면 '관치교육'이 된다며 반대했다. 글쎄. 대학 자치라는 말은 좋지만 무작정 등록금을 인상하는 대학에 이 문제를 맡길 수 있는가? 정글자본주의에서 시장원리를 내세우면 약자는 살아남기 어렵다.

등록금 상한제의 내용도 문제다. 지금 여야가 논의하는 등록금 인상률이 물가상승률의 1.5배를 넘지 않는다고 하는 정도로는 문제의 악화를 막는 정도이지, 이미 높은 등록금 문제 해결에는 전혀 도움이 되지 않는다. 깊은 상처에 반창고 붙이는 격이고, '백년하청百年河淸'이란 말 그

대로다. 정글자본주의 문제를 포함하여 대학 등록금 문제를 보다 근본적으로 접근해야 한다.

결론적으로 올바른 대책은 무엇일까? 우선 정부가 대학 등록금 규제에 나서야 한다. 미친 등록금은 분양가 자율화 이후의 아파트 가격 폭등과 비슷하게 시장만능주의의 부작용이다. 미친 등록금은 일종의 독과점 횡포이므로 정부가 가격을 규제해서 소비자를 보호해야 한다. 대학 기부금에 대한 세제혜택을 확대해서 기부를 유도할 필요가 있다. 기업의 학벌 위주 채용관행도 개선이 필요하다. 대학도 바뀌어야 한다. 미국 대학은 가난한 학생에게 장학금을 주는데, 한국 대학은 성적순 장학금이란 잘못된 관행을 고수하고 있다. 시간이 걸리겠지만 정부, 기업, 대학이 자기 할 일을 찾아가야 미친 등록금이 가라앉을 것이다.

장학금은 누구에게 주어야 하나?

정부가 2010년부터 대학 학자금 대출제도를 바꾸었다. 대출한도를 늘리고, 취업 후 경제적 능력이 생길 때까지 상환을 유예해주는 내용이다. 이는 2005년부터 시민단체들이 줄기차게 요구해온 '등록금 후불제'를 사실상 정부가 수용한 셈이다. 이 정책의 취지는 '교육의 기회균등'이며, 당시 이명박 대통령이 부쩍 강조하던 친서민적 정책기조와 연결되는 것으로 해석된다.

　이런 변화는 일단 긍정적이지만 이것만으로는 문제가 해결되지 않는다. 무엇보다 대학 등록금이 너무 비싸다. 국립대의 경우 최하 1년에 400만 원이고 사립대에서는 연 1000만 원을 돌파한 곳조차 있어 학부모의 허리가 휠 지경이다. 등록금이 올라도 너무 올랐다. 필자가 대학 1학년이던 1968년에 등록금을 내려고 추운 날씨에 바깥에서 끝도 없이 긴 줄에 서있던 기억이 생생한데, 당시 등록금이 한 학기 1만5000원이었다. 한 달 하숙비는 5000원이었다. 40년 전에 비해 현재 국립대 등록금은 126배이고, 하숙비는 80~100배다. 다른 물가는 어떤가? 40년 동안 계란 값은 20배, 담뱃값은 40배 올랐다. 모든 상품가격의 평균인 도시 소비자물가가 40년간 23배 상승한 것과 비교하면 대학교육 비용은 폭등했음을 알 수 있다.

　이것이 중산층, 서민을 힘들게 하는 문제의 원천이므로 보다 근원적 접근이 필요하다. 유럽에서는 대학이 거의 무상교육이다. 물론 유럽식 복지국가는 우리에게 요원한 미래지만 너무 비싼 우리나라 대학교육 문제를 해결하지 않고는 '교육의 기회균등'이란 좋은 취지를 살리기 어렵다. 게다가 정부는 학자금 대출제도를 바꾸면서 지금까지 저소득층 학생들에게 지원해오던 대출이자 보조와 연 450만 원의 무상 장학금을 폐지하는 결정을 내렸다. 이것은 기계를 수리하면서 엉뚱한 부속품을 끼워 넣는 꼴이다. 이렇게 되면 가난한 학생들은 대학 다니기가 전보다 더 어려워질 것이다.

　장학금은 누구에게 주어야 하는가? 답은 명확하다. 가난한 학생에게 주어야 한다. 그것이 원래 장학금의 취지이고, 교육경제학에서 확립된 이론이며, 선진국 대학의 오랜 관행이다. 그러나 우리나라에서는 장학금은 의례히 성적 좋은 학생들에게 주는 것으로 잘못 인식되고 운영되어 왔다. 담벼락에서 흔히 보는 대학생 아르바이트 광고에 '모대학 장학생'이란 문구는 필경 성적이 우수한 학생이란 뜻이지 가난한 학생이란 뜻은 아닐 것이다. 그만큼 한국에서는 장학금 개념이 왜곡돼 왔다. 이를 바로잡아야 한다.

이런 근거에서 지난 정부 때 약간이나마 장학금 정책의 개선이 있어서 현재 국립대에서는 정원의 9%까지는 가난한 학생들에게 장학금을 주는 원칙을 갖게 됐다. 이를 더 늘려나가도 모자랄 판에 무상 장학금 폐지는 잘못이다. 장학금은 가난한 학생에게 주는 것이라는 기본원칙을 확립할 것, 과다한 대학 등록금을 제한할 것, 이 두 가지가 문제를 푸는 근본이다.